サッカー新しい攻撃の教科書

カウンターと組織的攻撃の正しい理解と活用

坪井健太郎 著
小澤一郎 構成

サッカー 新しい攻撃の教科書

はじめに

守備の進化に伴ってさらに進化を遂げた攻撃の戦術

お陰様で、『新しい教科書』シリーズも第3弾となりました。今回は「攻撃」がテーマとなっています。ここ数年のサッカーを見ていると、攻撃面における進化が顕著で、まさに「攻撃の時代」です。前作の『サッカー新しい守備の教科書』発刊から2年が経ちました。２０１６年当時は守備の進化が進んでいましたが、今度はそれに対抗する形で攻撃のバリエーションが増えています。欧州サッカーにおいては分析の設備投資、システムが拡充しています。そういったハードを取り扱うアナリストの分野にも、優秀な人材が集まるようになってきました。それによって、サッカーというスポーツがより高度な情報戦になってきています。

現代サッカーのトップレベルの試合では、目まぐるしく展開が変化します。システムを試合中に変更することはもちろん、攻撃と守備で別のシステムを用いること、プレーしているゾーンによってポジション配置を変えるということは今や当たり前の時代です。

そうした進化の激しいサッカーにおいて選手に求められる知性、インテリジェンスは一昔前とは比べものになりません。１つのポジショニングのミスが攻撃を台無しにしてしまい、１つのボールロストから鋭いカウンターを食らって失点をしてしまうレベルになっています。

果たして、日本サッカー界から世界トップレベルで通用する選手が継続的に育って来るのでしょうか？　ワールドカップで上位に食い込むために必要な戦術的駆け引き、情報戦を采配できる監督が出てくる土壌が日本サッカーの現場や指導理論にあるのでしょうか？　今後、ヨーロッパのサッカーの進化のスピードに日本はついていけているのでしょうか？

本書では進化が著しい攻撃の戦術を、整理されたスペインの理論を通してできる限りわかりやすく体系化しています。それによって、攻撃やサッカーそのものの構造を読み解くことができる内容となっています。一見細かいパスワークを多用しながら自由にプレーしていると思われがちなスペインのサッカーではありますが、その中にはかなり綿密に練られた戦略、戦術的な決め事が存在しています。それを読み解くにあたり、全体像とディティールを論理的に理解することが必要です。本書はそれに大きく役立つ内容となっているはずです。

- 論理的にサッカーを理解できるようになりたい。
- 自分の指導しているチームで攻撃のパフォーマンスを引き上げたい。
- 選手としてもっと上手くなりたい。
- ヨーロッパサッカーで何が起きているのかを詳しく知りたい。
- サッカーをする子を持つ親としてサッカーの構造や知的側面を理解したい。

といった方々にはピッタリの一冊です。
Chapter 1とChapter 2では、攻撃の定義や原理原則、キーファクターがどのようなものか、というテオリア(理論)を中心に展開しています。スペインサッカー理論を用いて展開していますが、私独自の見解も織り交ぜたオリジナルな構成でサッカーにおける攻撃を整理しています。スペインサッカー理論の特徴は、徹底的に整理、体系化されており、とても明確です。私自身、日本で指導していた時は感覚的理解にとどまり、サッカーでは当たり前だと思い込んでいたことも実はそれは思い込みに過ぎず自分の中で「言語化がなされていない」ことにスペインに来てようやく気づきました。例えば、「ビルドアップ」と日本語訳される「サリーダ・デ・バロン」など、日本には存在しない戦術アクションの概念を本書では詳しく解説しています。
Chapter 3では、攻撃の理論を用いて欧州のトップクラブ、日本のクラブと代表のプレーモデルを分析しています。欧州クラブの攻撃のプレーモデルを分析した時、選手、土地、人種などそれぞれが異なる背景を持った中で、どういった特徴を打ち出し、どのようなサッカー、攻撃を展開しているのかが理解できる内容となっています。近年、欧州では3バックを採用して攻撃のプレーモデルを構築するチームが増えてきました。その中心として活躍しているジョゼップ・グアルディオラ監督が率いるマンチェスター・シティ、同じ3バックでもタイプの異なる攻撃を繰り広げるチェルシーなど、新たな攻撃のトレンドを作り出しているチームのプレーモデルを分析しています。Chapter 4では、トレーニングメソッドとして攻撃の理論をどのように現場に落とし込んでいくかについての考え方を説明しています。

『新しい教科書』シリーズを手にとって頂いている読者の中には、小学生年代の指導をされている方も多いと思います。そのような指導者のために、サッカーを始めて間もない選手たちが学ぶべき「個人戦術」のトレーニングの一例も紹介もしていますので、日々の活動の参考になるはずです。また、レベル、カテゴリー、年齢にかかわらず、サッカーをプレーしている選手にも手にとってもらいたい内容です。選手に求められる情報処理能力、戦術メモリーが増加の一途を辿る今のサッカー界で「うまくなる」、「いい選手になる」ためには本書のような内容を頭で理解し、言語化できるレベルになっていなければいけません。例えば、プロサッカー選手にも読んでもらうことができれば、それは著者冥利に尽きます。

日本のプロサッカー選手はいまだ育成年代で整理された指導やサッカーに触れる機会が少ないはずですから、本書を読んでもらうことによって何らかのヒントになるかもしれません。7年間の日本での指導、そして10年間のスペインでの指導、指導者として日々アップデートされ続ける私のサッカー観をまとめた一冊となっておりますので、ぜひお楽しみください。

【CONTENTS】

Chapter 2
攻撃のテオリア(理論)

Chapter 3
攻撃のプレー分析

Chapter 4
攻撃のトレーニングメソッド

本書に入る前に

本書内では、ピッチを３つのゾーンに分けた
「ゾーン1」「ゾーン2」「ゾーン3」の考え方をベースに話を構成しています。
つねに下図を頭に入れながら、本書をお読みください。

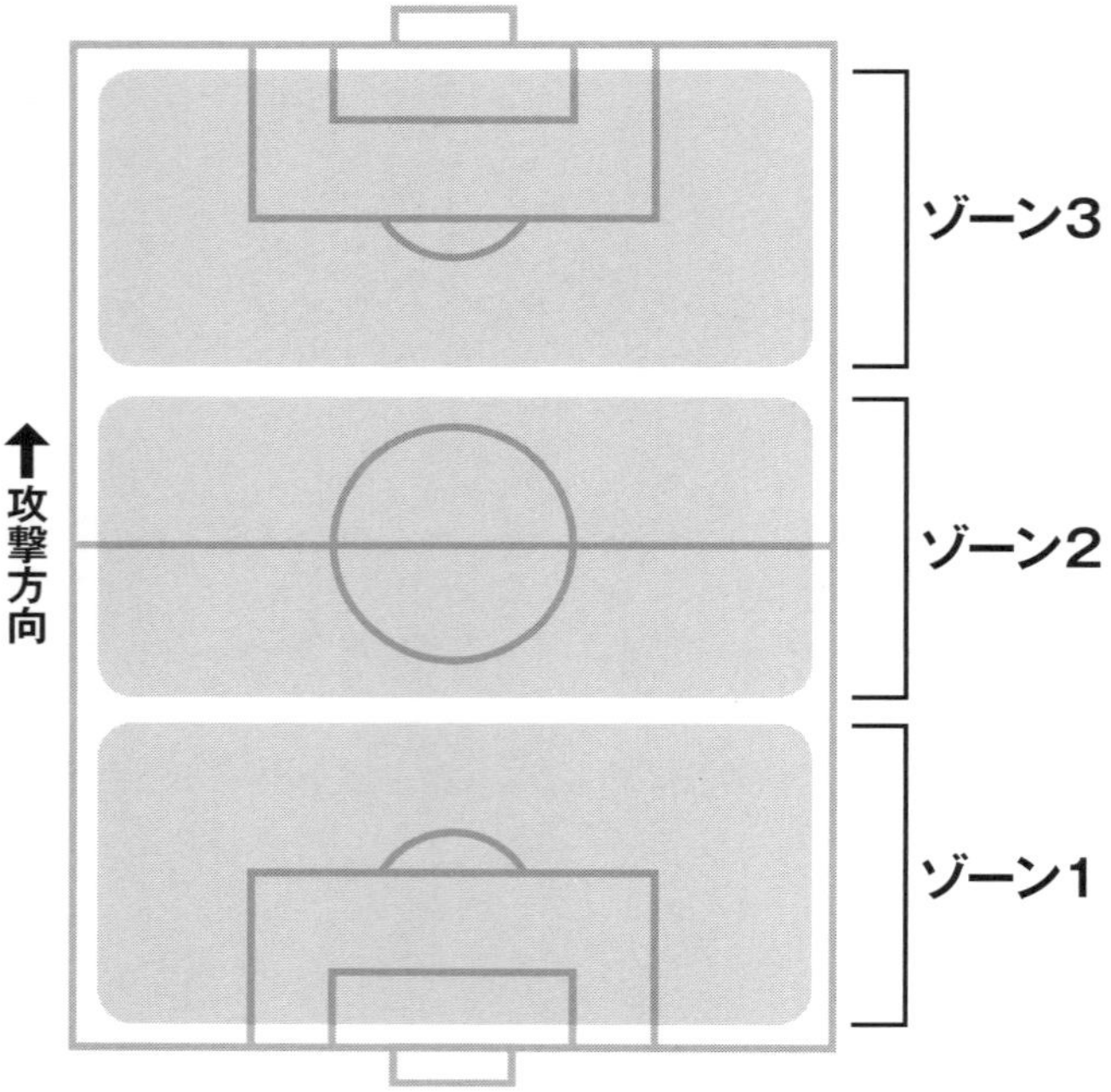

※本書内に出てくる図の矢印は以下をご参照ください。

人の動き ------→　ボールの動き ———→　ドリブル 〜〜〜→

Chapter 1
サッカーにおける攻撃とは

サッカーの4つのモーメント

『新しい教科書』シリーズもお陰様で第3弾となり、今回は攻撃をテーマとした内容となります。攻撃について話す前に、改めて前提としての「サッカー」について整理しましょう。

サッカーにおける戦術とは、**「状況を解決する行為」**のことです。

システム、ポジション、オートマティックな動きというのはそのための方法であって、それ自体が目的となるわけではありません。

また、サッカーとは集団で行う「戦術」のスポーツです。

相手の戦い方を把握し、それに対してリアクションすることも「駆け引き」であり、それが戦術アクションとなります。

「サッカーとは、社会的活動を伴うスポーツである。その中で与えられる役割や仕事は、関わる全てのもの（例えば、時間やスペース、一方のチームが目的を達成するために相手チームを攻略しようとする意図など）**が相互作用で影響を及ぼし、不確定要素の事柄が含まれているという特徴をもっている。そして、それはルールに則った中で行われる」**

これは長年に渡りＦＣバルセロナのフィジカル部門の責任者を務めているフランセスク・セイルロ（Seirul-lo,F）の言葉ですが、他のスポーツと比べてもサッカーは集団競技という要素が強い競技だということがわかります。

教科書シリーズを通していつも提示していることではありますが、サッカーの展開の中には大きく分けると４つの種類のモーメントが存在します。

Ⓐ攻撃（ボールを保持している時）
Ⓑ攻撃から守備への切り替え（ボールを失った時）
Ⓒ守備（ボールを保持していない時）
Ⓓ守備から攻撃への切り替え（ボールを奪った時）

この概念を持った上で試合を見ると、サッカーがわかりやすくなります。野球で言えば、表と裏のような概念ですので、サッカーにおいても理解すればわかりやすい内容だと想像します。

この４つのモーメントにおいては、チームの共通目的を理解させるための決め事が設定されています。サッカーは複雑性の高いカオスなスポーツですから、そこに規則性を導入した方が良いのです。

チームとしてこれを認識している場合、チームは生き物のように機能し、優位にゲームを進めることができます。ボディバランス、コーディネーションなどに優れた、体の部位のそれぞれのパーツがバランスよく機能しているアスリートと、そうではないアスリートでは、どちらのパフォーマンスが良いでしょうか？

それは当然、前者です。チームという有機システムも体のパーツと同じく、選手の各部位がコーディネートして初めて良いパフォーマンスを発揮するのです。そのためには、1つの目的が存在していることがとても重要です。

選手が好きなことをやっているようでは、組織としての機能性があるとは言えません。

本書では、4つのモーメントの中から、「攻撃」と「守備から攻撃への切り替え（トランジション）」に絞り、チームをコーディネートするために必要な原理原則、戦術ファクターを整理してお伝えしていきます。**図1**も、これまでの教科書シリーズから少しブラッシュアップしています。

4つのモーメントは矢印の順番で移行し、逆になることは基本的にありません。一部例外はあるのですが、基本的には局面を飛び越えることなく、次のモーメントに入って行くので、サッカーは**周期的な展開を持ったスポーツ**であるということがわかります。

では、これらの局面で「やるべきこと」は何なのかを見ていきましょう。

良いパフォーマンスを発揮するチームは、「優先的にやるべきこと」（＝プレーモデル）がチームに

図１　サッカーにおける局面

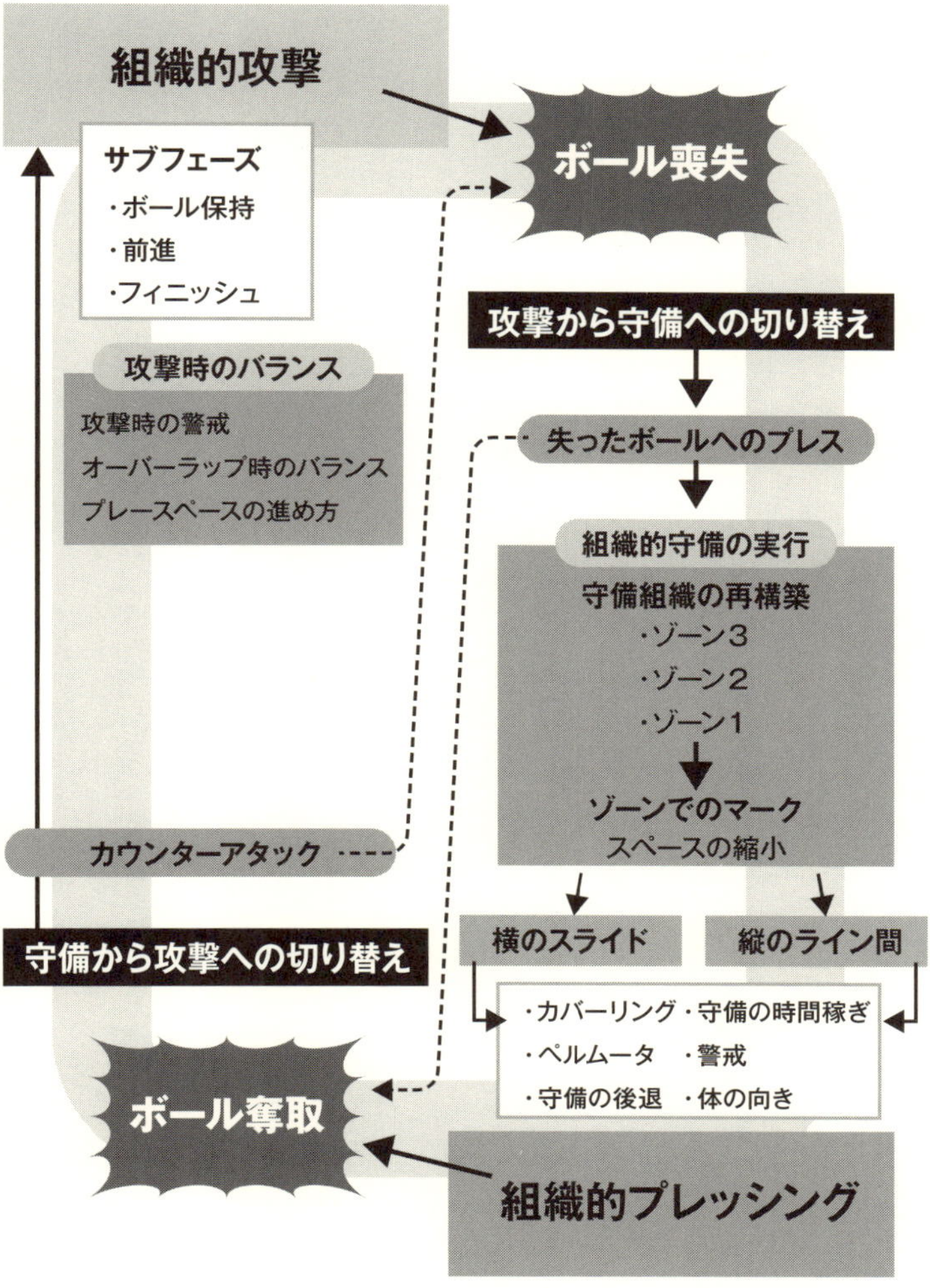

浸透しています。さらに、試合で活躍できる個人の選手は「プレーモデルをしっかりと理解している選手」と言い換えることができます。スペインで「いい選手」とはプレーモデルを理解し、自分がどのようなプレーをすれば良いかわかっている選手のことを指します。

これがサッカーにおける4つの局面です。このような概念でサッカーを理解することでより整理して考えられることになります。

戦術の解釈

サッカーにおける戦術を掘り下げるのならば、私は次のように説明します。

「ゲーム中に起こる状況を解決するための、個人・組織による知的活動」

要するに、これはプレー中に状況から得られる情報を察知し、自分が何をするのかを「選ぶ」ということです。サッカーにおいてはよく「判断する」ということが言われていますが、まさに「判断する」ということが私にとっての定義です。

おさらいとして前2作にも出している、「PAD+E」**【図2】**の概念にも改めて軽く触れます。

ＰＡＤ＋Ｅは選手のプレーのプロセスを示すもので、PERCEPCIÓN（認知）、ANÁLISIS（分析）、DESICIÓN（決断）、EJECCIÓN（実行）というスペイン語の単語の頭文字を集めたものです。サッカー選手がプレーをする時、このプロセスを経てアクションを起こしています。

このプロセスを簡単に説明すると、味方や相手がどこにポジションを取っているのか、スペースがどこにあるのか、といった身の回りの情報を認知することがPERCEPCIÓN。状況のANÁLISISを頭の中で行い、どのようなプレーを選択するかというDESICIÓNを下し、実際に体で表現するEJECCIÓNというのが、ＰＡＤ＋Ｅの理論です。

◆PERCEPCIÓN（認知）

周辺状況の情報収集。「視覚」による情報収集が多い。ボールばかりを注視せず、顔を上げて周りを見ることが重要です。よく指導現場で耳にする「顔を上げて周りを見ろ！」という指示ですが、これは「PERCEPCIÓN（認知）をしましょう」ということになります。

指導者としては、いつどのタイミングでどこを見るのが有効なのかを知っておけば選手にアドバイスを与えやすいでしょう。サッカーの原理原則を理解し、このような状況ではこういう変化が起きることが多いという傾向を理解しておく必要があります。一般的に、より遠くの情報を収集できる選手は選択肢も豊富に持っていることが多いです。

図2　PAD+E の概念

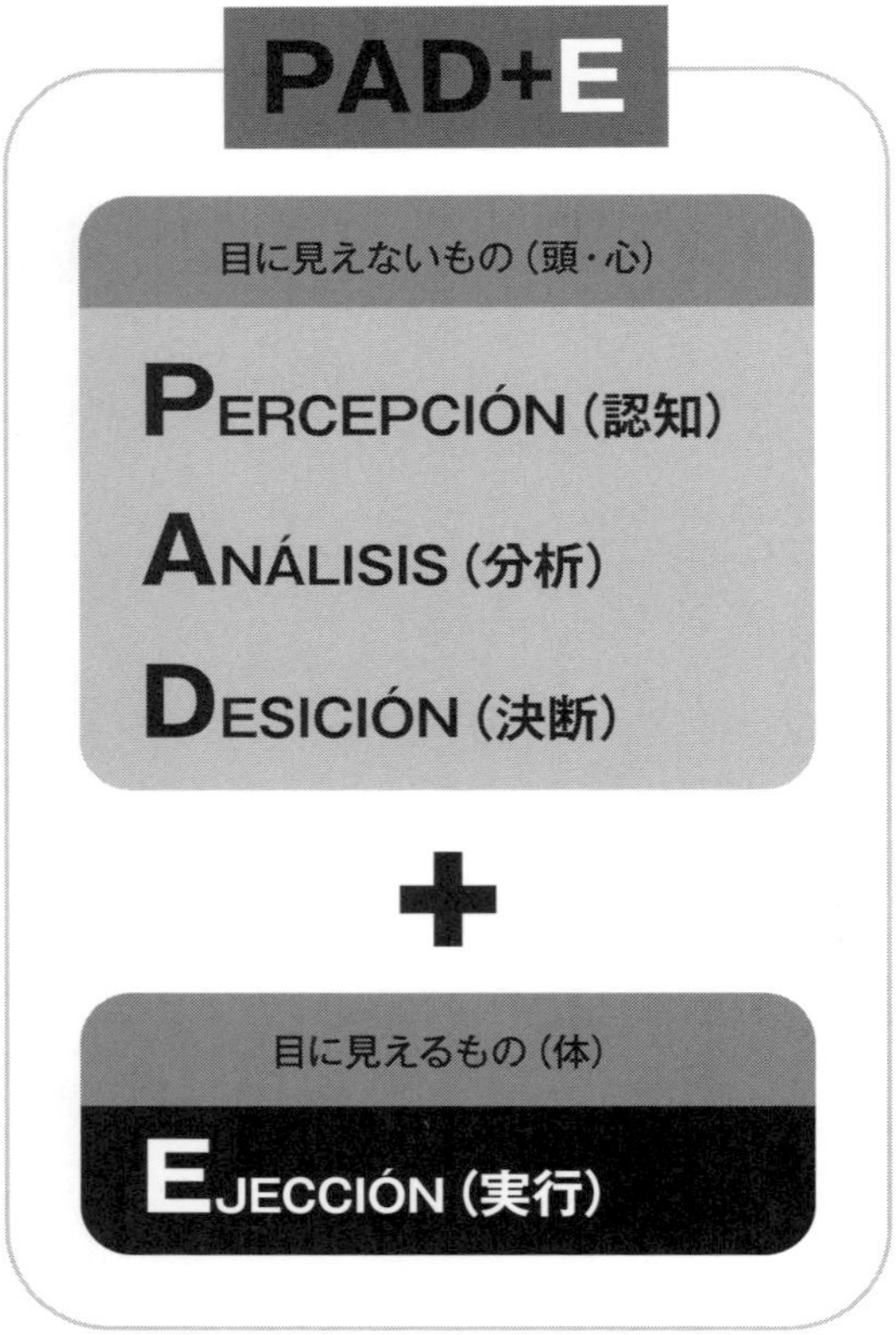
PAD+E
目に見えないもの（頭・心）
PERCEPCIÓN（認知）
ANÁLISIS（分析）
DESICIÓN（決断）
目に見えるもの（体）
EJECCIÓN（実行）

◆ANÁLISIS（分析）

収集した情報を分析。いい選手は、有益な情報を区別することができます。プレーモデルなどの条件下（味方の状況、相手の状況、スペースの有無、ピッチの条件など）でチームに有益な情報を分析することがこれにあたります。自分が行うプレーを決定するにあたり、必要な情報とそうでない情報を見分けることができる選手は良い選手ですが、このような情報分析をするためにもサッカーの知識と経験（戦術メモリー）が必要不可欠です。わかりやすい例としては、経験豊富なベテラン選手です。彼らは豊富な経験から的確な分析をすることができます。

◆DESICIÓN（決断）

分析のプロセスを経た後の「自分が何をするか？」を選ぶプロセスです。

選手の頭の中では、次のようなことが起こっています。

●以前の経験と比べて選んだ情報は？
●前に有効に機能したのと似た状況があるか？
●似た状況から違う方法を選ぶのか？

ここで大事になるのは、決断する際には過去の戦術記憶や精神状態が大きな影響を与えるということです。研究によると、成功体験からくるポジティブな感情は判断の速さを促し、プレースピードにも影響を与えるようです。

プレーのベクトルを合わせるための原理原則

サッカーというスポーツの特性はカオス(無秩序)であり、「サッカーは常に変化が起こるスポーツであり、先が見えにくいスポーツ」です。

11対11でプレーしていること、手ではなく足でボールを扱うことから、予測不可能な展開が起こりやすい特徴があります。ですから、サッカーの監督(指導者)の役割は**「無秩序なスポーツの中に秩序を導入すること」**だと言えます。そして、秩序を導入するための道具が「原理原則」や「戦術コンセプト項目」となります。

チームの選手が共通のイメージを持ってプレーすることの重要性は、先ほど説明した通りです。11人という人数で、プレーモデルとしての**共通のイメージ**を持つとなれば、「秩序」が必要となります。

秩序を導入することで、各選手は「先に何が起こるのか」がわかるようになります。そうすることで余計な選択肢を省き、迷いを持ちながらのプレーは無くなります。それを導入するために、共通のサッカー言語として役立ってくれるのが「戦術コンセプト項目」なのです。

前作の『サッカー 新しい守備の教科書』では守備について詳しく紹介しましたが、今回は攻撃がメインテーマとなります。

ここからは、「攻撃」とボールを奪った直後に来る「守備から攻撃への切り替え」のモーメントが本書の中心になる、ということを念頭において読み進めてください。

◆攻撃の全体像とコンセプト（チームがボールを持っている時）

攻撃の局面とは、「自チームがボールを保持している時に迎えるフェーズ」のことを指します。これから説明するコンセプトは、チームがボールを保持している時に活用するものです。チームが組織的攻撃、またはカウンターアタックを発生させている状況では、これから挙げていく項目が連鎖的ないし同時に起こり、チームの動きを構成しています。これらを細かく見ていくことで、サッカーの攻撃の仕組みがより理解できるようになります。

サッカーにおける攻撃とは、全ての戦術的・セットプレーのアクションは、チームがボールを保持している時に起こるものです。

まず、攻撃には2種類あります。守備から攻撃への切り替えの局面で行う「カウンターアタック」と、攻撃の局面で行う「組織的攻撃」です。

この2つの違いは、相手チームの守備組織が整っているのかどうかです。相手チームが攻撃を終えて守備組織を整える前に攻撃を狙うのが『カウンターアタック』、それが不可能になり相手守備の組織が整い、それを崩してシュートチャンスを狙うのが『組織的攻撃』です。ですから、時系列で見ていくと、

ボール奪取

↓

カウンターアタックを狙う（トランジションのモーメント）

↓

相手の守備がポジションにつく

↓

組織的攻撃へ（攻撃のモーメント）

というように流れていきます。

ボールを奪った時にチャンスを迎えるカウンターアタックにおいては、相手の守備組織が整うまでの短い時間で攻撃をフィニッシュまで持っていかないとなりません。ですから、より速いアクションと精度の高いテクニックアクション（ミスをしてしまうと時間を要します）が求められます。

①ボールを奪ったエリアから安全に運び出す

②前進してフィニッシュまで到達する

①に関しては、ボールを奪った瞬間に相手はすぐ奪うため囲みにきますから、そのエリアから安全にボールを出すことが目的となります。特に、この時にはチーム全体は「よし、これからカウンターだ」と前がかりになろうとしている時ですので、再度ボールを失ってしまうと、カウンターのカウンターを受けてしまいます【図3】。これを避けるためにも、奪った直後の2本のパスには注意を払うことが重要です。

このようにして奪ったボールを失わずに保持したら②のプロセスで前進して手数をかけずに「カウンターアタック」を成立させます。そして、もしも相手の守備が戻ってしまいカウンターアタックが実行できない場合、次のモーメントである「組織的攻撃」へと移行しますが、ここでは大きく3つのプロセスが存在します。詳しくは次のChapter 2で触れていきますが、全体像をここで簡単に紹介しておきます。

①攻撃の始まり（サリーダ・デ・バロン）

図3　カウンターアタックの例

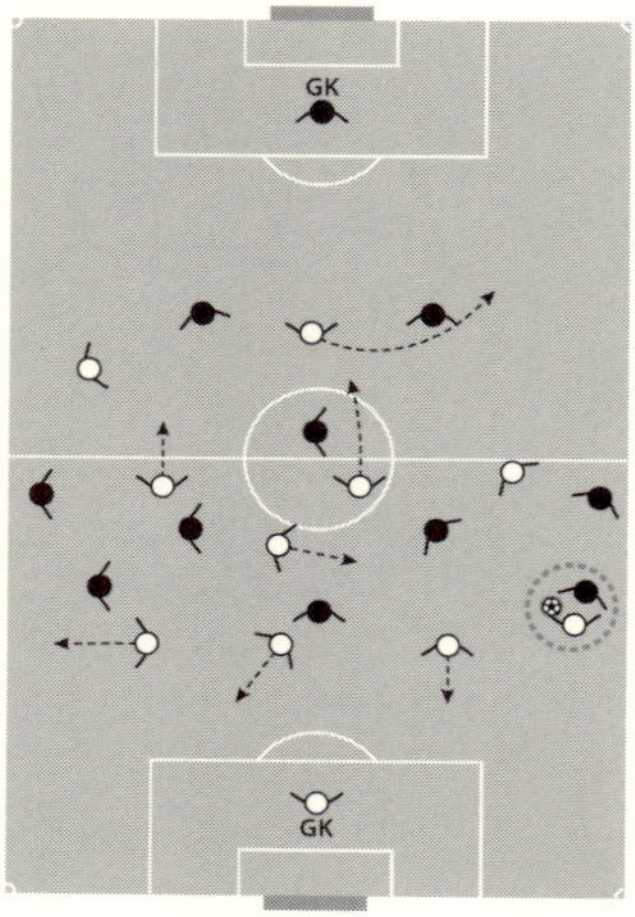

ボールを奪った時、チームはパスコースを作るために広がる。

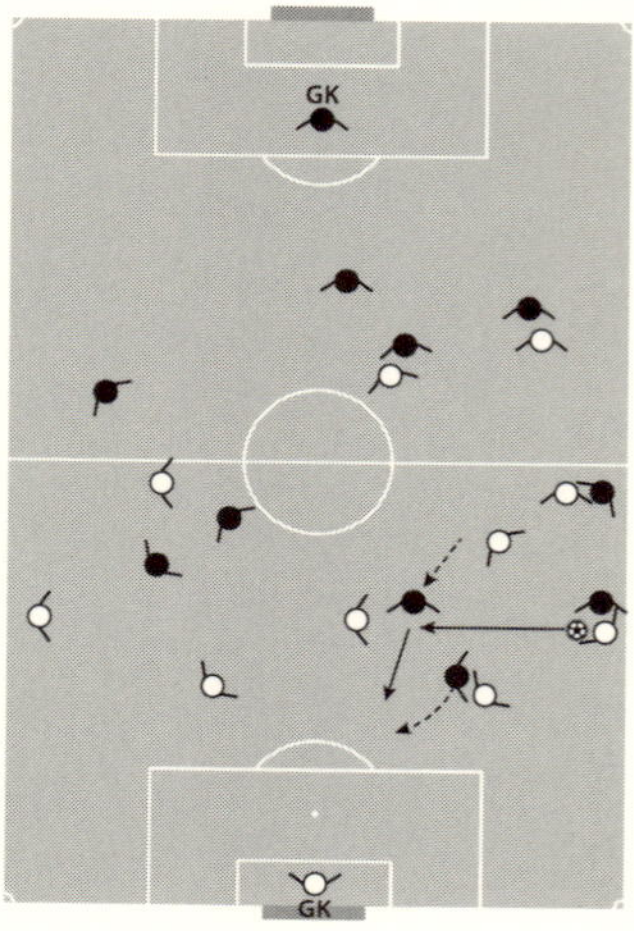

この時にパスミスをしてしまい奪われると危険な状況を迎える。

ボールを保持し、攻撃をスタートする段階です。主にGK、DFラインの選手、守備的MFの選手が関与し、数的優位を作りボールを保持します。このゾーンでプレーするに当たっては次のことを考慮に入れます。

●ボールは疲れることを知らず、常に選手より速く動く
●守備ゾーンでのドリブルはリスクが高い
●攻撃の前進はドリブルよりもパスを中心とした方が効率が良い
●平行な横パスよりも斜めのパスの方が有効である（前進ができるため）

これらの項目が確約できなかった場合は、次のようなことを引き起こすリスクがあります。

●攻撃の進展や前進することができない
●危険なゾーンでリスクを冒すことになる
●敵の危険なプレーを誘発してしまう
●相手チームのプレッシングから逃れることができない

②前進

保持しているボールを相手ゴールに向かって前進させます。これには2つの方法があります。

図4　ダイレクト攻撃の例

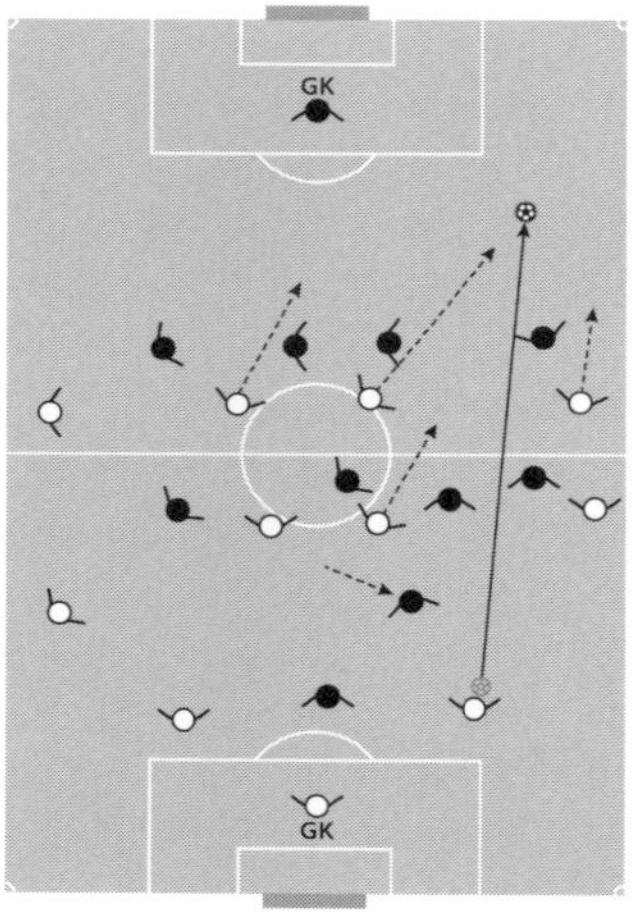

例1：相手 DF ラインの背後のスペースにボールを送り込み、そこを攻撃の起点にする。

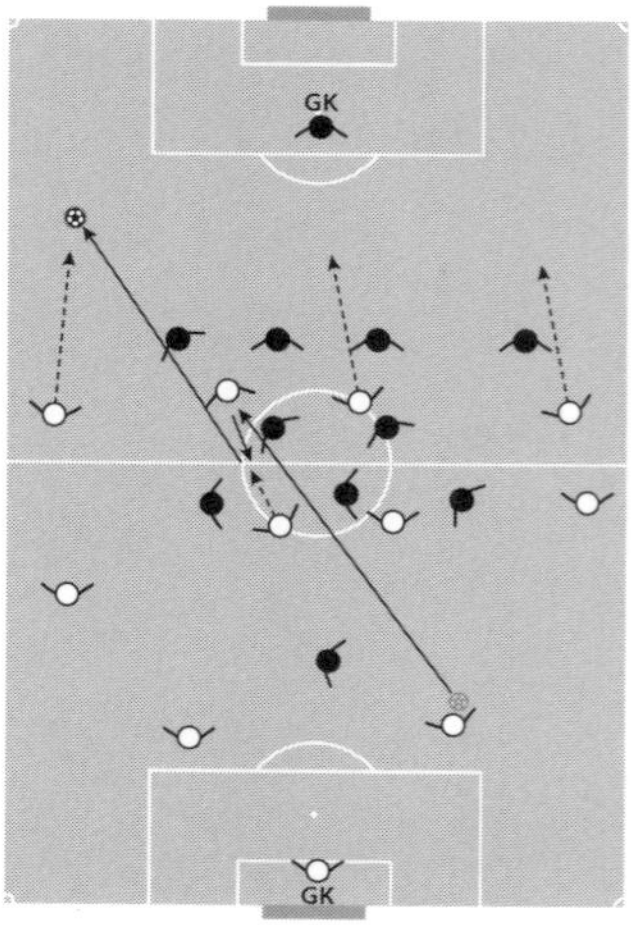

例2：自チームの FW に浮き球の長いボールを送り込み、競り合いからのこぼれ球を拾って攻撃の起点にする。

図5　中盤を経由する前進の例

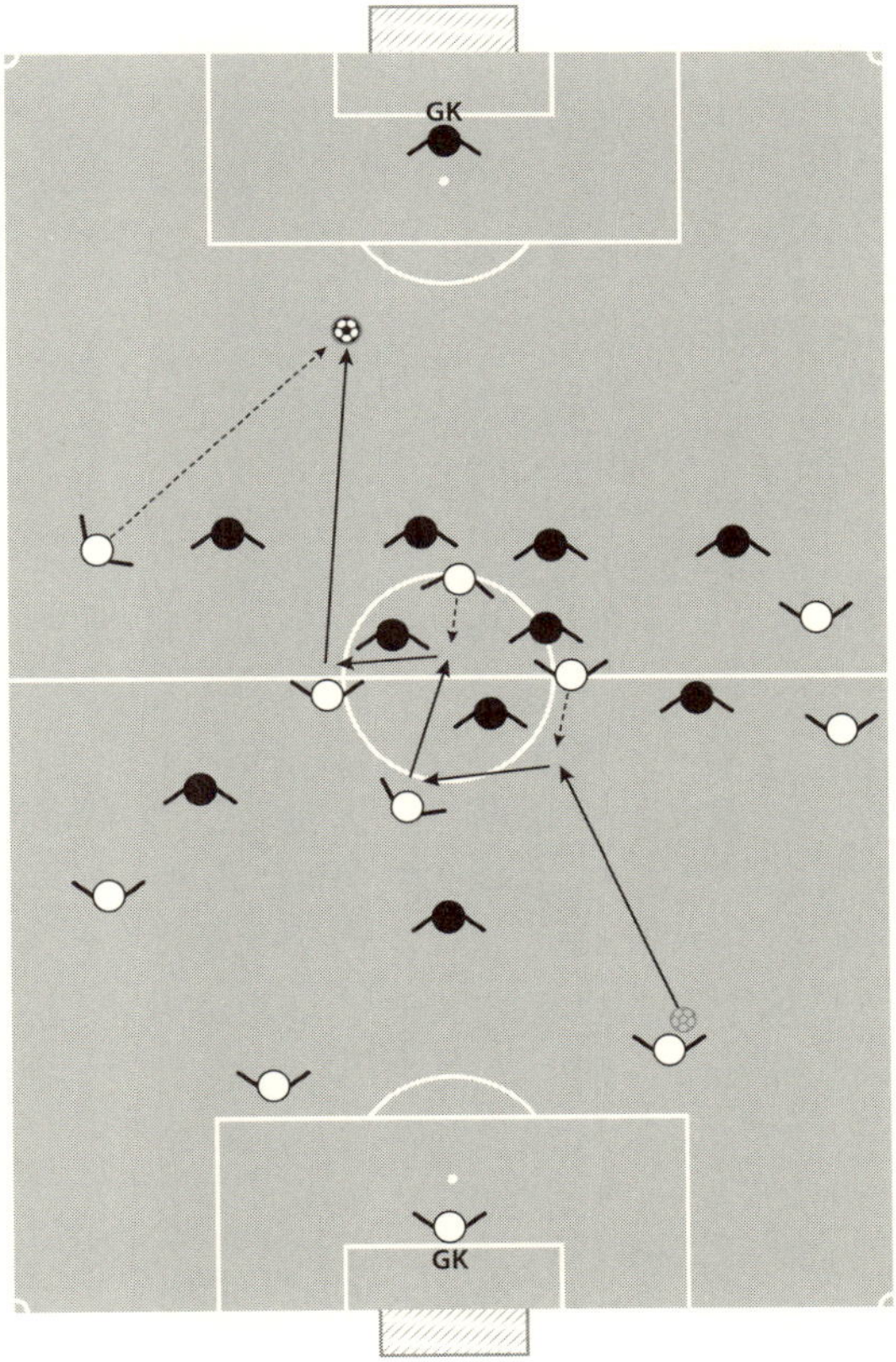

ＤＦラインから中盤、中盤からＦＷへとボールを経由して攻撃を前進させて行く攻撃。サリーダ・デ・バロンと呼ばれる攻撃の始まりの局面から、中盤のパスコースを探すアクションを行って中盤にボールを配給した後、中盤からＦＷへと展開する。

Ⓐダイレクト攻撃

前線の選手にDFラインからパスを送り込み前進を図る攻撃【図4】。

Ⓑ中盤を経由する前進

DFラインから中盤、中盤からFWへとボールを経由して攻撃を前進させて行く攻撃。サリーダ・デ・バロンと呼ばれる攻撃の始まりの局面から、中盤のパスコースを探すアクションを行って中盤にボールを配給した後、中盤からFWへと展開する【図5】。

この方法による攻撃では、より高いテクニックが要求されます。一方で、中盤でボールを失う可能性が高まるので、そこにはリスクが伴います。FCバルセロナやスペイン代表はこの攻撃手法を選択していますが、理由は選手にテクニックがあるからです。体が小さいというハンデを、テクニックや狭いスペースでもプレーが可能な判断の速さ、高い戦術能力で補い、それらを長所に変えてサッカーをしています。バルサでは、メッシやイニエスタのような小柄な選手がこの攻撃のスタイルを支えていると言っても過言ではありません。

ダイレクト攻撃と中盤を経由する前進による攻撃ではどちらが良いのか?

この疑問がみなさんの頭に浮かぶかもしれません。残念ながら、その答えは存在しません。なぜなら、これは優劣の問題ではないからです。それぞれの特徴や必要な条件があり、それを加

図6　ダイレクト攻撃と中盤を経由する前進による攻撃の比較

	ダイレクト攻撃	中盤を経由する前進による攻撃
メリット	・少ない本数のパスで相手ゴールへ近づくことが可能	・テクニックのある選手がいる場合はボールを支配しやすい ・ショートパスはミドル・ロングのパスより成功率が高い
リスク	選手が走る、飛ぶというアクションを多くの回数で行うためフィジカル的負荷が高い	自チームのゴールに近いエリアでボールを失う可能性がある
必要な選手	・スペースに走り込める速い選手 ・競り合いに強い選手 ・こぼれ球を拾える予測能力のある選手 ・ロングフィードができる選手	・テクニックのある選手 ・狭いスペースでプレーできる判断が速く正確な選手

味した上で、監督はどちらの攻撃を採用するか決定していきます。

近年はこの2つの方法を状況によって使いこなすチームが増えてきていますので、両方のコンセプトを知っているチームに仕上げることもこれからの時代の指導者には求められるでしょう。大事なことは、なぜその方法が有効なのかを知ることです。図6は、ダイレクト攻撃と中盤を経由する前進の攻撃を比較したものです。

「このカテゴリーではテクニックレベルが十分でない」と監督が判断したチームは、中盤でボールを失うリスクを回避するためにダイレクト攻撃を選択することがあります。実際、私が指導しているチームでもその選択をしています。

ボール扱いという部分だけを取り上げればそれなりに出来たとしても、リーグ戦での相手が年上で、フィジカルで劣る場合、マッチアップした時にそのテクニックを発揮できないような条件下では、「自チームのテクニックレベルは高くない」と判断されます。

みなさんにも、この部分の評価には気をつけてほしいのですが、相手がいないところのボール扱いだけを見て、「このチーム(選手)は上手い」と決めてしまうのはナンセンスです。

そうではなく、「2部リーグではこの選手のテクニックは通用するけれど、1部だと難しいかな」と選手のレベルとリーグのレベルを関連づけて考えた方が良いでしょう。

スペインでも1部リーグではテクニックある選手たちが華麗なパスサッカーで中盤を経由し

た前進による攻撃を見せていますが、下部リーグになるとダイレクト攻撃が中心となります。なぜなら、最終ラインで安定した配給のできる選手、技術レベルが揃っておらず、中盤でミスが起こりボールを失ってカウンターを受けて失点するリスクが高いからです。

それであれば、前線に強く、速い選手を置き、長いボールを中心にダイレクト攻撃を展開することを優先した方がいいのです。また、地域レベルリーグ（5部以下）に参戦するのクラブの所有するグラウンドは規定のサイズよりも小さいことが多いですので、スペースがないことも理由の1つです。このようにして、自チームの選手のレベルや環境、さらには対戦相手とのマッチアップ、相手の守備の分析をした上で最良と思える方法を監督は選択していきます。

③フィニッシュ

ボールを保持、前進した後にはフィニッシュのプロセスを迎えます。まさにサッカーの醍醐味の局面です。主にFWの選手がその役割を担っていますが、近年のサッカーでは2列目から有効なスペースを見つけて上がり、相手守備をかく乱するような驚く動きを見せた選手が得点することもよく目にします【図7】。

これらがサッカーの攻撃の全体像です。次のChapter 2から、攻撃の詳細を見ていきます。

図7　フィニッシュの例

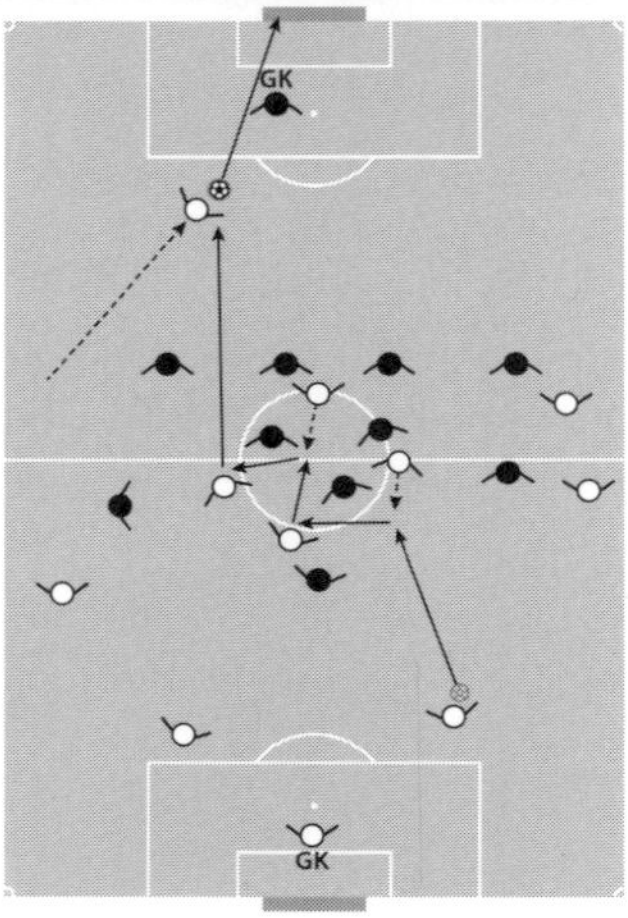

中盤を経由してスルーパスからフィニッシュ。

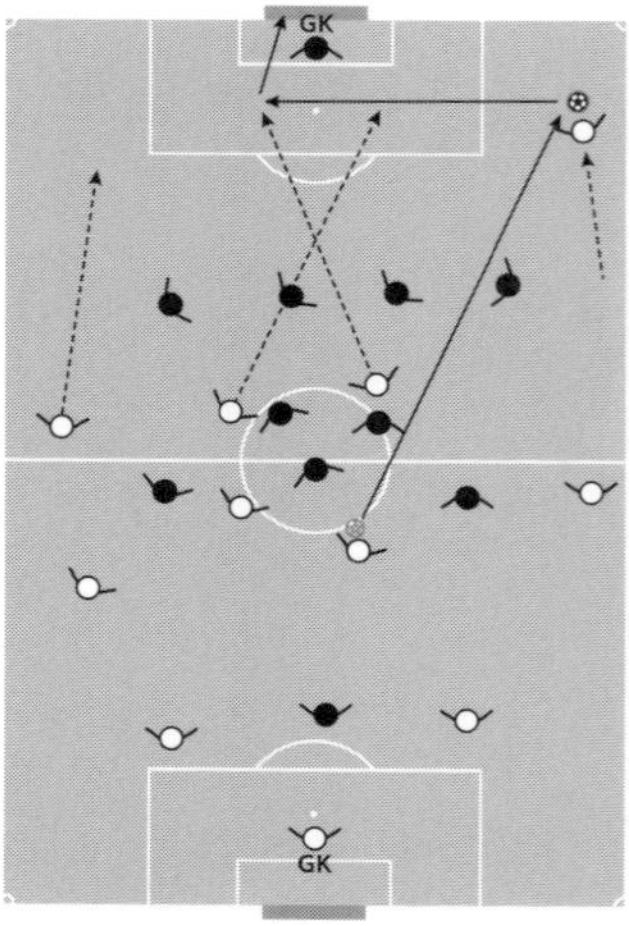

サイドから前進してセンタリングからフィニッシュ。

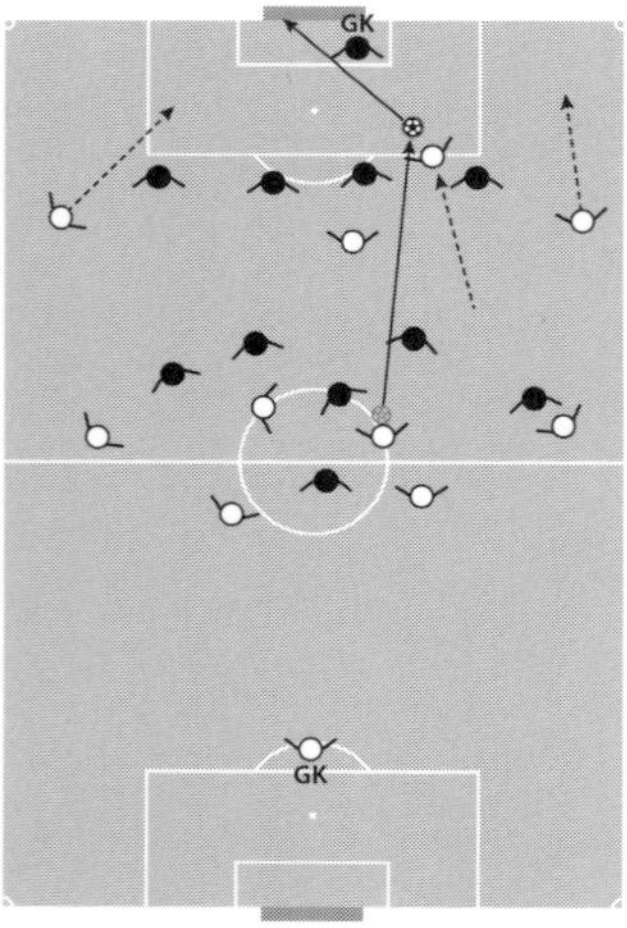

2列目からの飛び出しでフィニッシュまで持ち込む形。

Chapter 2
攻撃のテオリア（理論）

攻撃の進化の真っ只中にある現代サッカー

このChapter 2では、攻撃のテオリア（理論）の紹介をしていきますが、その前にここ数年のサッカーの進化について私なりの見解を述べます。

現代サッカーの理論の進化は著しく、ここ数年だけを見てもサッカーの見方、分析の方法は急激に変化しています。特に、ヨーロッパにおけるサッカー先進国はテクノロジーを駆使して凄まじいレベルで戦術を進化させています。残念ながら、日本はその進化の波に乗り遅れた感が否めません。Jリーグでもデータの使用が注目を浴びていた時期がありました。しかし、蓋《ふた》を開けてみると「データを駆使する」と言っても数字ばかりを追いかけてしまい、その背景にあるパフォーマンス分析には至っていませんでした。

スプリントというデータがあったとして、その本数、回数だけがもてはやされ、たくさん走った選手、たくさん走ったチームが「良い」という風潮に留まっています。実は、そのデータ自体に大きな意味はありません。

私からすれば、それは一種の「データ遊び」でしかないのですが、なぜそのような状況に陥ってしまったのでしょうか？

確かに走行距離、スプリント本数は選手の疲労具合を測るための1つの指標にはなります。しかし、パフォーマンスの良し悪しに直接関係しているデータではありません。パフォーマンスが良いかどうかは、チームのプレーモデルが機能しているかどうかで測られるべきで、そのためにはサッカーの構造を知る必要があります。

サッカーには4つのモーメントがあり、その中には攻撃、守備と2つのトランジション（切り替え）のモーメントがあります。それぞれのモーメントを詳しく見ていくために、視点、全体構造を把握しない限り、せっかく抽出したデータは遊んでしまいます。

本来、データはプレーモデルが機能しているかどうかの評価基準として使用されるべきですし、ヨーロッパではそのように活用されています。

サッカーの全体像が整理されて浸透し、さらにテクノロジーが導入されたハード（設備）を持ったヨーロッパのクラブや代表は、リアルタイムで情報をピッチ上へフィードバックしています。当然、プレーの改善の速さはここ数年で何倍にも上がっています。

冒頭に話した通り、攻撃の進化が著しい時代の真っ只中にいます。前作、『サッカー新しい守備の教科書』の発刊から約2年が経ちますが、当時は守備の進化が著しかった時代でしたが、今はレベルを上げた守備戦術に対応するための攻撃をどこも考えはじめ、実際形にしている時代なのです。たった2年でここまでの進化を見せるとは私自身、想像もしていませんでしたが、私たちは今、まさにそういう時代に生きています。

今一度、日本サッカーが本気で考えければいけないことが2つあります。

まずは、集団としてのサッカーの全体構成や仕組みを論理的に理解し、それが日々アップデートされていくことにしっかりとついていくこと。もう1つは、世界レベルの素早いアップデートについていくために、代表レベルでもJリーグのプロレベルでもテクノロジーを導入し、整ったハードを正しく利用できるソフト、特に人材を確保（育成）することです。

おそらく、日本の今のハードとソフトのまま時代が進んでいくと、日本サッカーはヨーロッパから引き離されていくのみならず、これらの重要性を理解してすでに取り組みを始めているアジアのライバルやアメリカ大陸の国々にあっという間に逆転されます。残念ながら、日本サッカー界の取り組み、方向が急に変わることは無さそうですから、余程の軌道修正がない限り決して起こってほしくはありませんが、私の予想は実現してしまうでしょう。

チームプレーと個人戦術

このChapterではテオリア（理論）を改めて一度整理してから、細部を見ていくようにしていきます。

まず、戦術項目については、「チームプレー」と言われるチーム／グループ戦術と、2人以下の関係の中で発生する「個人戦術」に分類できます。

私自身がスペインの指導者学校に通っていた8年前は、この2つが分割されておらず、1つの「戦術」という科目でまとまっていました。しかし、数年前にカタルーニャ州サッカー協会のカリキュラムを確認したところ、分類した内容に変わっていました。サッカーの解釈に変更、アップデートが生じた時に指導者学校のカリキュラムを素早く変更するあたりに、スペイン人、スペインサッカー界の柔軟性の高さを感じます。

現在のカリキュラムにおいては、チームのアクションのコーディネートをしやすくできるよう、次の4つのセクター(領域)に分けて状況が存在します。

①チーム全体：11人。1-4-3-3のシステムでどのように攻撃するのか、プレッシングはどうするのか、など11人全体の領域を考えること。

②インテルセクトリアル：5人以上のユニットで、最低でも2つのラインで構成されている。4人のDFラインに2人のボランチの領域、2トップと4人のラインで構成された中盤の領域などがこれにあたります。前者であればサリーダ・デ・バロン時にDFラインからどのように中盤にパス供給するのかをコーディネートすることが挙げられる。

③**セクトリアル**：３人から４人までのユニットで１つのラインまでの領域。ＤＦラインでボールを保持することなどが一例となる。

④**インディビデュアル**：個人（２人の関係も含まれる）。

図8はチーム／グループ／個人の領域の区分けを示しています。

サッカーを始めたばかりの選手がいるような育成年代のチームにとっては、チームプレーの中で個人戦術を習得することが重要です。なぜなら、チーム／グループ戦術は個人戦術のベースがありきで機能しているからです。年代が上がり、成熟度も上がってくるにつれ、トレーニングの目的は多い人数のセクターのコーディネートへと移行していきます。

ちなみに、私が現在指導をしているＣＥエウロパのフベニール（ユース）Ａは、19歳以下のチームですが、多くの時間がチーム全体の11人のコーディネートへ充てられているので個人レベルの修正についてはあまり時間が割かれていません。

それは、限られた時間、練習回数の中でチームとしての結果を求められているからです。個人のレベルアップに十分な時間を充てることは難しいのですが、個人戦術をきちんと習得できていない選手はここスペインにも存在します。

16－17シーズンまで私が所属していたＵＥコルネジャというクラブの同年代の選手と比べる

図8　チーム／グループ／個人の領域の区分け

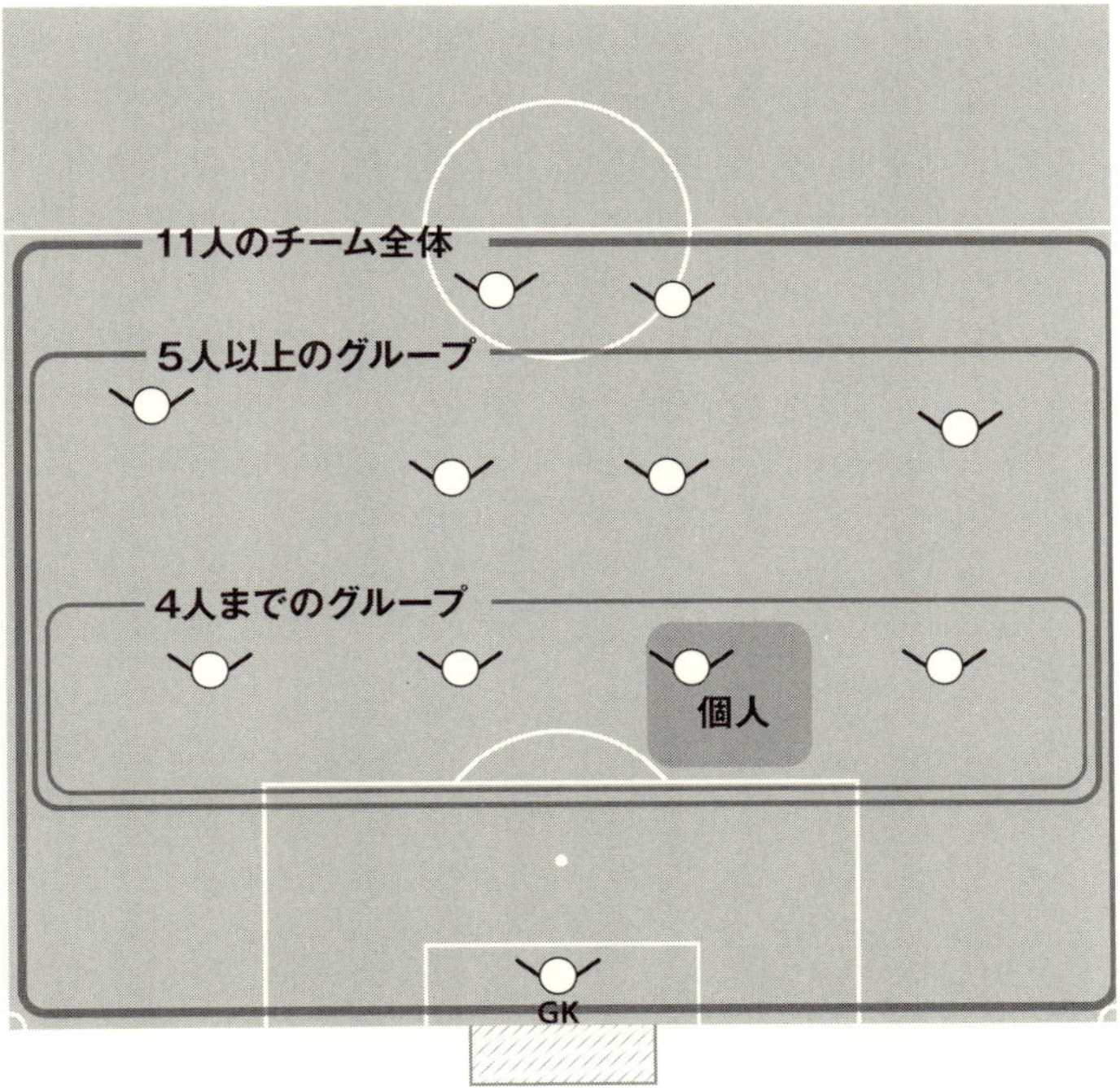

戦術項目については、「チームプレー」と言われる「チーム／グループ戦術」と、２人以下の関係の中で発生する「個人戦術」に分類できる。

と、CEエウロパの選手たちはどうしても個々人のレベルが落ちます。そういう面から、個人戦術の向上のために割かれる時間は今のチームの方が多いとも言えます。指導する選手のレベルによって週のトレーニング計画をコントロールするのが指導者の仕事の1つです。年代が上だからといってあまりにも個人戦術が身についていない集団にチームやインテルセクトリアルの戦術ばかりを指導していても良いパフォーマンスは期待できません。建築と同じで、しっかりとした基礎が無いところに家を建てようと思っても頑丈で良い家は建たないのです。

例えば、攻撃のグループ戦術アクションで「サイドチェンジ」というものがありますが、これが機能するためには2人の関係の個人攻撃戦術の「幅」と「深さ」がチームの各ユニットで機能していることが必要不可欠です。

図9はスペインで採用されている7人制サッカーの1-3-2-1における例です。ここでは、2、4、6の3人のグループが、サイドチェンジのアクションに関わっています。この中で2と6、4と6のユニットでは、ポジショニングにおいて十分な「幅」が取れた状態にありますので、結果的にグループでボールをピッチの横幅全体で動かすことが可能となります。それぞれのユニットが集まることでチームのアクションがコーディネートされたものとなっています。このような個人戦術とチーム戦術の関連を考慮せずに、いきなり3人でサイドチェンジをするために「サイドチェンジを使って攻撃しよう」と言っても、選手は適正なポジショニング

図9　7人制サッカーの1-3-2-1における例

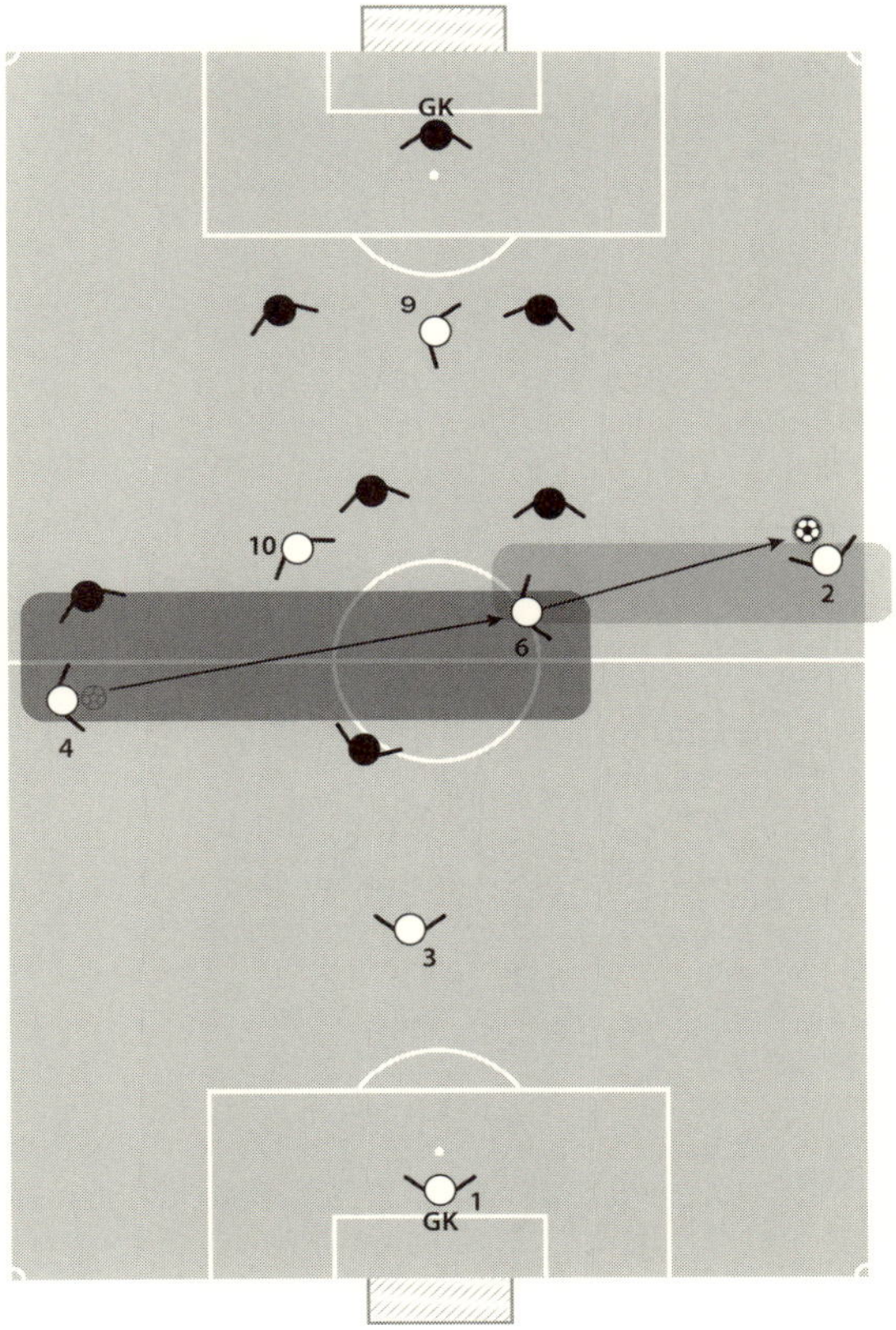

2、4、6の3人のグループが、サイドチェンジのアクションに関わっていて、この中で2と6、4と6のユニットでは、ポジショニングにおいて十分な「幅」が取れた状態にある。

を理解することができません。

6の選手は横幅のポジショニングにおいて、相手FWや中盤の選手が守りにくい十分な距離を4との関係を考えながら取らなければいけません。不用意にボール保持者である4へと寄っていくと、相手の守るスペースが狭くなりますから、相手の守備がしやすくなります。

また、2は6との関係を考えてポジションを取ります。2のようにサイドでプレーする選手はタッチラインという幅の目安があるので、比較的横幅が取りやすくなります。しかし、大事なことは適切な高さが取れるかという点です。サイドチェンジをした後の攻撃の前進まで考慮した場合、前方のスペースへと入っていくための「深さ」の調整が必要となってくるのです。

このようにして3人でのグループアクションも、2人の関係が組み合わさることで機能しているのです。別の2人組を見てみると、2と9、10と9というような縦の関係が絡んでくれば「攻撃の前進」の要素を見出すことができ、より広いセクターのコーディネートを考えられます。

基本的に、個人は隣の選手や前後の選手と一緒にプレーをしているという考え方を持つべきです。「チーム」の中には「ユニット」が存在し、ユニットの中には隣の選手や前の選手との関係を考えながらプレーする「個人」が存在するという構造です。

11人全体で見た時も同様で、個人(2人組)をベースとしたユニットが機能することで組織的なチームでのアクションが機能することになるのです。

年代が上がり、中学生からプロの年代になればグループとして機能することに着目します。トレーニングもそのような形態で行われます。しかし、それがしっかりと機能するためには、低年齢（小学生年代）でチーム／グループの内部にある機能性の構造を理解し、2人のユニットで機能させるべき個人戦術を身につける必要があります。また、年代が上のカテゴリーでも指導者としてはチームがどのようにプレーするのか（プレーモデルの指針）という視点から、個人戦術や役割を修正することが必要です。もちろん、選手は一定の状況下において「今、誰と関係を持ってプレーしているのか？」を常に理解しながらプレーすることが必要です。

4つの優位性

サッカーの戦術を理解する上で知っていくと役に立つ4つの優位性を紹介します。中には既に知っているものもあると思いますが、プレーモデルを構築、分析するにあたりこれらの優位性がうまくチームのパフォーマンスに反映されているかどうかも重要です。優れた監督は、これらの優位性を上手く使いこなしてゲームを戦っています。

①個人のクオリティ優位

これは単純に1対1のマッチアップでどちらが優位に立つのかというコンセプトです。フィジカル、テクニック、メンタル、戦術を含めたマッチアップにおいて勝利するかどうかです。分かりやすい例で言えば、メッシやクリスティアーノ・ロナウド、イニエスタ、ネイマールは攻撃においてクオリティ優位をどの相手にも発生させやすい選手です。

このような選手の場合、味方はサポートへ行かなくてもその状況を解決してくれるでしょうし、逆にその選手たちにスペースを与えてあげるように周りの選手をコーディネートすることの方が重要になります。相手からすると常にカバーリングできる状況に守備をオーガナイズしなければならない危険な選手です。

日本の育成では長年に渡り、この優位性を伸ばそうとしてきました。「パーフェクトスキル」というワードがありますが、それを習得させて局面を打開できる選手を育てようとしてきたというのが私の解釈です。

よく言われる「個の育成」というものですが、この優位性をあらゆるレベルで発揮できる選手は「育てるものではない」というのが私の考えです。もしみなさんがスペインで「メッシは育てられますか?」と質問すれば、ほとんどのサッカー関係者は「何を言っているんだい。メッシのような選手は育てられるはずがない。タレントは見つけてくるものだ」という返答がくるでしょう。

私も同意見で、この類の選手はフィジカル、テクニック、戦術、メンタルの集合体としての才能を持ち合わせていなければいけませんので、育てるよりも見つける、発掘するのです。

事前に相手チームを分析するにあたり、マッチアップする相手に対しての優劣はある程度の予測がつくはずですので、それを見極めた上で「このゲームではここのマッチアップで優位に立てる」と予測を活かした戦術的駆け引きをすれば有利に立てるでしょう。

②数的優位

この概念はみなさんもよくご存知でしょう。一定のエリアで相手よりも自チームの人数の方が多いというパッと見でわかりやすい人数の優位性です。2対1、3対2などが典型例です【図10】。

一定のエリアに相手よりも多くの人数がいることでパスコースを供給して優位な状況を作るのですが、注意すべき点は何がなんでもたくさんの人がボールに寄ってくれれば良いという訳ではないことです。一定の場所に人が集まれば集まるほど、スペースは縮小し、プレーがしにくい状況になってしまいます。大事なのはチームとして攻撃の幅と深さを維持したまま、どの状況で誰がどこへポジションを取り、数的優位を意図的に形成することです。図10の2つのようにスタートポジションのハマりで数的優位ができる状況と、動きをつけて数的優位を作る状況

図10　3対2と2対1の典型例

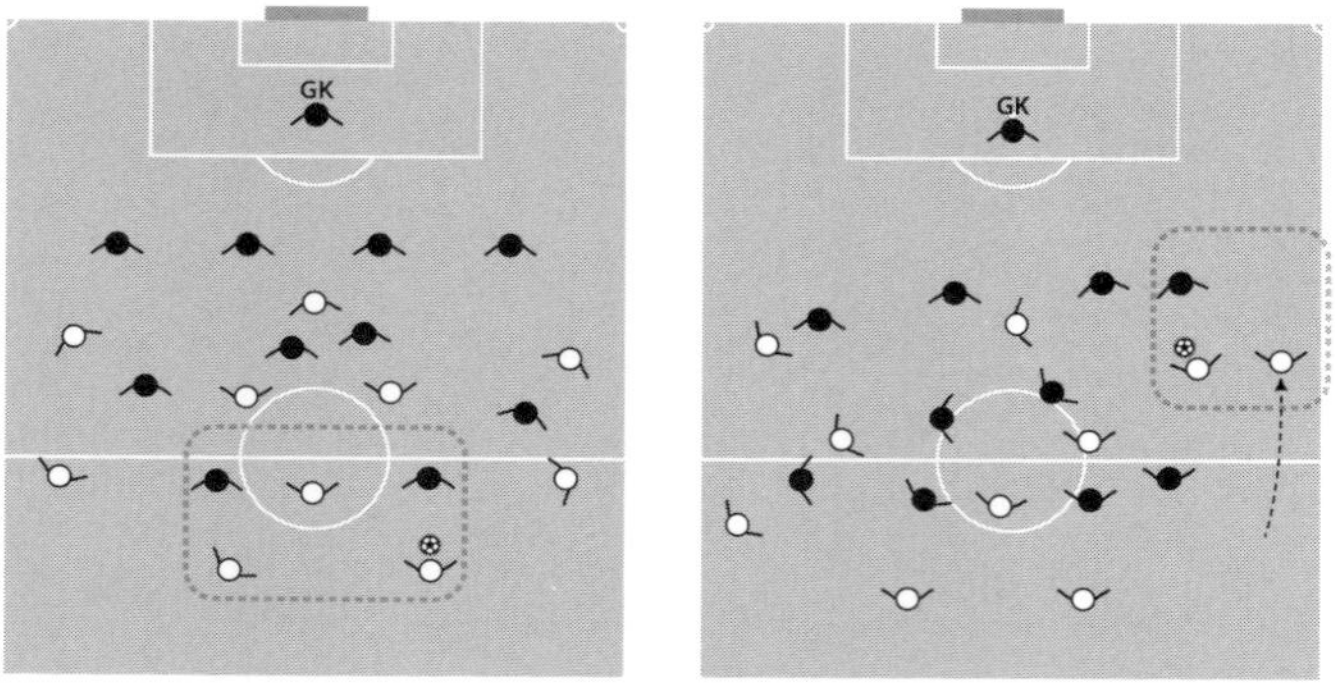

サリーダ・デ・バロンでCBがボールを保持している3対2の状況。

サイドバックが後方から攻撃参加して2対1を作っている状況。

図11　ゴール前でのポジション優位の例

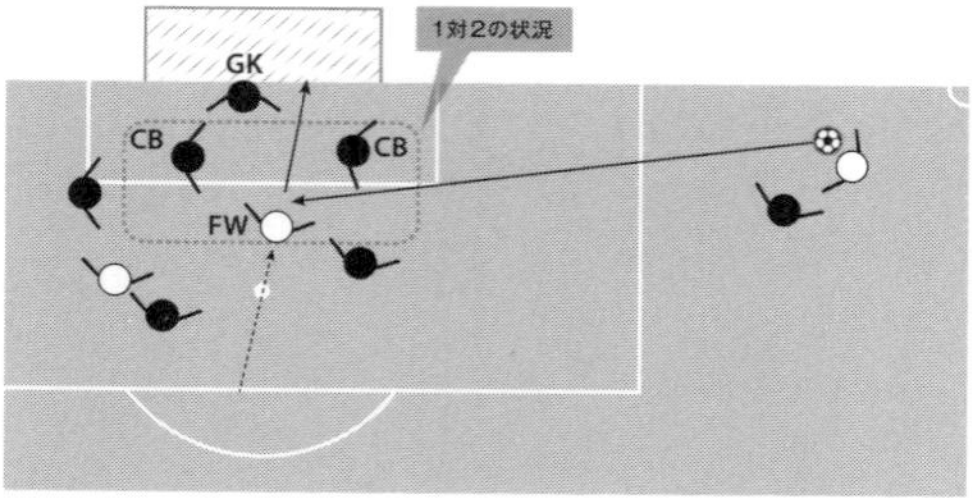

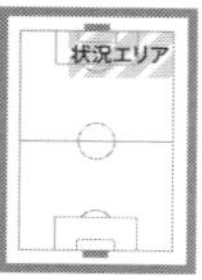

攻撃チームは１対２という数的不利の状況ではありながら、２人のＣＢの間にあるスペースにＦＷがポジションを取ることでどちらにもマークをされていない（されにくい）状況を作ることができる。

の2種類があります。

③ポジション優位

この概念は選手の数に関係なく優位な状況を導き出すことのできるコンセプトです。それはポジショニングの質によって優位性を発生させる考え方です。例えば、ゴール前で2人のCBに対して1人のFWがクロスボールに合わせてゴールを決めてしまうのを見たことはありませんか【図11】？

この時にゴール前では攻撃チームは1対2という数的不利の状況でありながら、2人のCBの間にあるスペースにFWがポジションを取ることでどちらにもマークをされていない（されにくい）状況を作っています。ボールに近いサイドのCBからすると、FWにボールとは反対サイドに立たれることで視野から隠れて背中を取られてしまい、対応が難しくなります。さらに逆サイドのCBのカバーリングも及ばないポジションになるので、ポジショニングで優位性を持ち合わせていると言えます。

この考え方を利用すれば、数的不利の中でもポジションにより優位性を見出すことができ、逆に数的優位だとしてもポジション不利を作られてしまうこともある、と言うことができます。ポジション優位は数的優位と関連づけて考えることが良いでしょう。ヨハン・クライフが種を蒔き、ジョゼップ・グアルディオアラがそれを完成させてサッカーの戦術史に歴史を刻んだフエゴ・デ・ポジシオン（ポジショナルプレー）ですが、このコンセプトはサリーダ・デ・バロンで数的優位を形成し、そこからドリブルやパスの循環によって相手のプレッシングのラインに対して数的優位を発生させていく戦い方です。

ピッチ中央、サイドにおいてボールに対してプレスに行っている選手の背後に味方選手を配置することでポジション優位を形成することが狙いとなっています。基本的にはサイドの選手は幅を目一杯取り、中央の選手は相手の守備ブロックの中（ライン間）にポジションを取ることで相手を引きつけてフリーな選手を作り出します。グアルディオラがFCバルセロナでの監督時代に追加したコンセプトは、サリーダ・デ・バロンで相手の選手よりも1人多く配置することで数的優位を形成することに加え、数的優位から生まれるフリーな選手がポジション優位となり、相手のプレッシングを越えられるようにしたことです。

CBが開いて幅を取り、相手2トップに対してセルヒオ・ブスケツが関わり3対2の数的優位を形成します【図12】。ここで大事なのは、ブスケツのポジショニングです。ボールホルダーにアプローチに行っている選手の背後に立ってポジション優位を取ることで遠いサイドのFWは否応なく中へ絞らなければなくなりません。ここでフリーになるのは右CBのピケです。フリーな状態でパスを受けたピケは運ぶドリブルで前進していきます。この時に、深い位置を取っ

図12　サリーダ・デ・バロンで３対２からの数的優位の形成

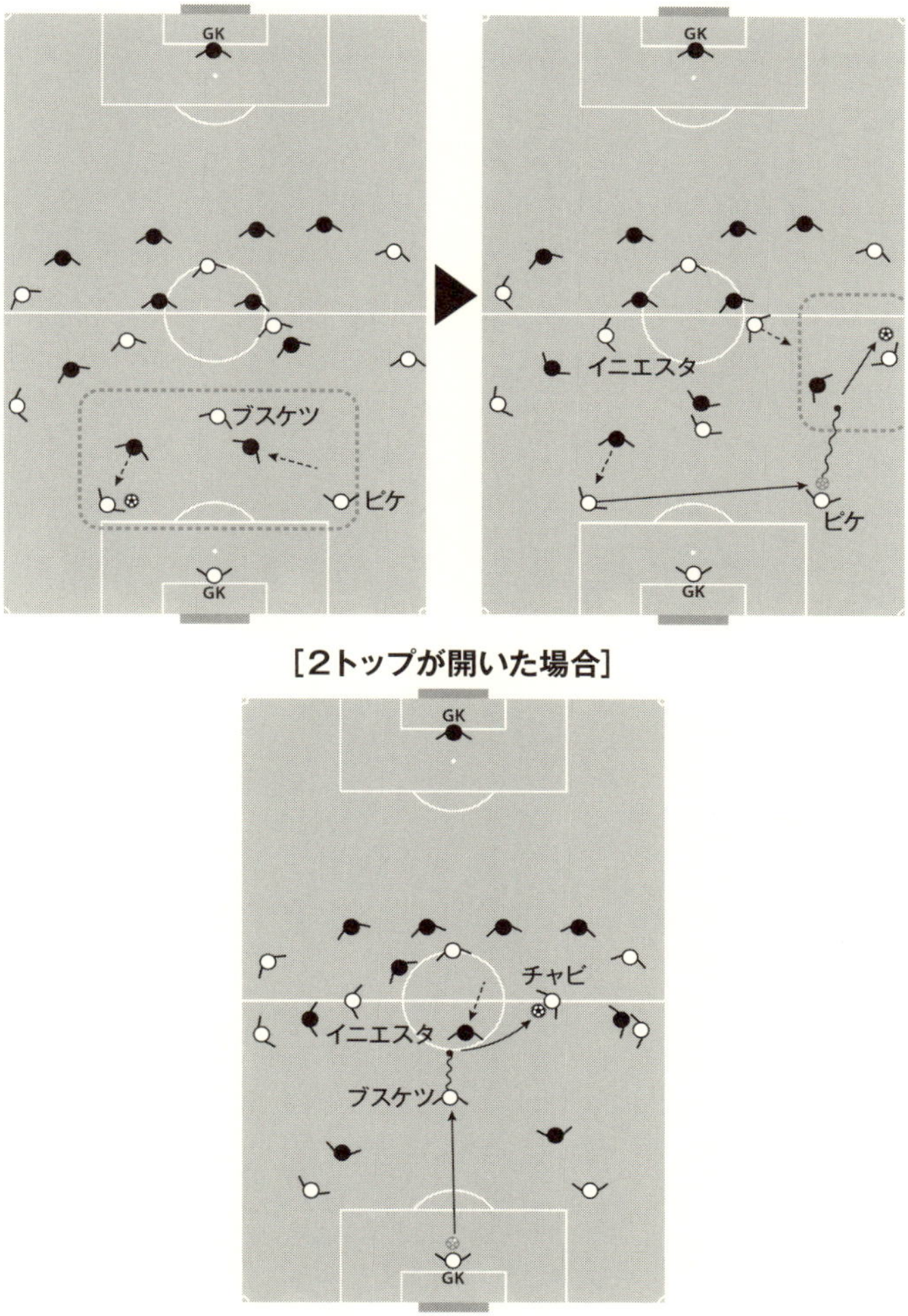

たSBは本来相手の左サイドハーフにマークされていますが、ボールを持ち上がったピケによって2対1の状況になり、ポジション優位を得ることが可能となります。

もし2トップの距離が開き、3対2(GKも入れれば4対2)の中でポジション優位を得たブスケツがパスをもらった場合、中央からはがしていくことも可能です。実際この状況で、ブスケツは相手2トップの背後でボールを受けることができました。そうなると、今度はドリブルで前進し、相手のボランチが出てきます。本来その選手がマークしていたインテリオールのチャビやイニエスタがポジション優位でフリーになるという仕組みです。

このようにグアルディオラは、ボール保持のために人数をかけて数的優位を形成するだけでなく、ポジション優位というコンセプトを新しく導入することで相手のプレッシングを攻略していくサッカーを作り上げました。

このコンセプト下でメリットを得られるのは間違いなく中盤やSBの選手たちです。彼らはフリーな状態でパスを受けることができます。しかし、彼らがこのようなポジション優位となるポジショニングを取っていたとしても、後方のサリーダ・デ・バロンがしっかりと整備されていなければボールを受けることができません。

ピッチ全体をしっかりとオーガナイズすることで、このポジション優位は効果を発揮します。グアルディオラのバルサの場合、第一にサリーダ・デ・バロンを整備すること。次に、真ん中のエリアでポジション優位を発生させて危険を及ぼし、相手を中に集めること。
その2つができれば、サイドにスペースができるので、サイドアタックを仕掛けるという仕組みがプレーモデルとして機能していました。彼はその後、バイエルン・ミュンヘンでもマンチェスター・シティでもSBが中（ボランチの位置）に入るポジションを取らせ、数的優位の中にポジション優位を見出し、形は違えど似たようなコンセプトでチームを作り上げています。
ここで1つの名言を紹介させていただきます。グアルディオラの師匠にあたるスペイン人監督のファン・マヌエル・リージョの言葉です。

「プレーにおいて数的な優位を見出すことは間違った選択であり、重要なのはその中にある質的な優位性である」

つまり、ポジション優位はスペースと時間の無い現代サッカーの攻撃の構築においては欠かせない原理原則となっています。

④グループ優位

これは複数人数が集まった時の優位性になります。例えば、2対2や3対3になった時にどちらが優位に立つかということです。SBとウイングの2人が相手のSBとサイドMFに対してコンビネーションで突破する場面が続くようであれば、それは自チームが「グループでの優位性をそのエリアで持っている」と考えることができます。これは非常に興味深いテーマで、ここ数年私はどのようにすれば質の高いコンビネーションを作り上げて、それがチームの勝利に貢献することができるのかを深く考えてきました。

初めはフットサルの中の2人組のプレーがサッカーにどう使えるかをフットサル指導者の知人と話しながら考えていたところから始まりました。その知人と考察していて興味深いことに気付きました。それはサッカーのブラジル代表の試合を分析した時のことで、ブラジルは左サイドのマルセロ、ネイマールの2人組のコンビネーションだけでハーフラインからフィニッシュまで持ち込むシーンが何度もあったのです。

そこで私は、2人組のコンセプトの重要性に改めて気付かされました。壁パスや斜めの動きを駆使してバリエーションある2人でのコンビネーションプレーによって4、5人の相手を突破してしまい、シュートに持ち込むことができていました。

私がその時思ったことは、「個人を育てる」という概念があれば**「グループであるユニットを育てる」**という視点もあり得るのではないか、ということです。

日本で何度も耳にした「個の育成」は、ある一定の年齢までにパーフェクトスキル（いわゆるテクニック、問題を解決するアイデアを実施するための道具。例えば、コントロールやパス、ドリブル突破に必要なフェイントの種類）というものを身につけさせて正しい判断ができるようにしようというものです。

その時、私の頭の中で関連づいたことが、戦術的ピリオダイゼーションをベースとした理論でした。ポルトガル大学のビクトル・フラデ教授から生み出されたこの理論では、人間を複雑性の伴う有機システムと捉えます。人体の各組織は独自の働きを持っていて、それが相互作用を及ぼし合いながら、バランスよく組織として機能しています。

外部の刺激とも相互作用を及ぼし合いながら、その機能を進化(アップデート)させることができるのも大きな特徴です。個人レベルで見た時には、日本ではスキルや個人戦術を指導者に教わりながら、サッカー選手としてできることが増えていくことで「サッカーが上手くなる」と捉えられています。

私は、これを「進化」「アップデート」と捉えています。まるでiPhoneのOSやAI(人工知能)のようなシステムですが、有機システムとしては納得のいく考え方ではないでしょうか。

このように考えれば、2人の人間の組み合わせも有機システムと捉えることが可能で、個を育てる概念があるなら**「2人組を育てる」**概念も当然あり得るだろうというのが私の考えです。

個人に対し、1対1での突破の方法としてのシザース・フェイントを身につけさせるように、2人には2対2の状況で有益な壁パスのバリエーションを教えて突破できるようにする。

1人で体を使ってボールをプロテクトし、キープする術があるのであれば、2人でパスコースを作るサポートをしてボールキープする術もあるのです。

ここで1つの難しい問題が出てきます。

グループにおいては、「他人」と組まなければならないということです。しかし、ここに優れたグループの育成の鍵であり、試合でチームのパフォーマンスを引き出すヒントが隠されています。一般的に「他人」は考え方が異なり、コントロールがしづらいものと考えられています。重要なことは、いかに他の有機システムである味方を理解し、コネクトするかということにあります。日本では「阿吽《あうん》の呼吸」という表現がありますが、これは2人がコネクトされていて、意思疎通が図られていることによってユニットが1つの有機システムとしてよく機能している状態のことです。

このようなレベルでグループを作り上げることができれば、対峙している相手のグループに対して優位性を発揮することができるはずです。事実、私はこの概念を試行錯誤しながらチームに落とし込んでいきました。そうすることで得られたメリットとして、数的同数でも優位に立つことができ、狭いエリアでプレスをかけられた時にそこを抜け出すことができるようになり、不利な局面でも打開できるようになりました。

強力なユニットを育てるためにはある程度の時間がかかります。共通認識とスキルの獲得が重要なポイントとなります。ですから、意図的に一緒にプレーさせるようなグルーピングをしておき、お互いの選手がどんなプレーをするのかを知る機会を継続的に与えます。

その際、大事になるのはそれぞれの選手の特徴がはっきりしている方がコンビネーションが組みやすくなるということです。

足が速い、体が大きい、プレッシャーの中でもボールを失わない、シュートが上手い、などの特徴がはっきりしている方が、組む味方はそれを考慮しやすいのです。

スペインの選手は、そのような意味で特徴がとてもはっきりしています。得意なことがわかりやすいのですが、その反面苦手なこともはっきりとしています。

それは決して悪いことではなくネガティブな面もはっきりわかっている方が、味方は組みやすいのです。足元のプレーは不安定だけれどスピードはあるという選手の場合、スペースへのパスが第一オプションということになるので、選択が容易になります。

このようにしてお互いの長所と短所を知り、共通の理解やイメージができれば、次はそれを具現化するテクニックアクションを完成させる反復練習を行います。壁パスや斜めの動きによる抜け出しのアクションのドリルトレーニングを何度も行いますし、私が指導しているスペイン人の高校生であれば大体2ヶ月くらい継続的に取り組むことで成果が出るようになりました。

個人的に、日本の選手向けにこのコンセプトを落とし込もうとすれば、どのような反応が出るのかを見てみたいです。もう1点、私がこのコンセプトがとても重要だと考えている理由として、個人にできることには限界がありますが、2人組のプレーでは多様性が限りなく広がるということです。

「1＋1＝2」ではなく、掛け算的な計算式でその数は広がりを見せますので、プレーの多様性も大きく広がります。相手からすると1人の選手に対して組織で上手く守ることはできますが、多様性のあるユニットは止めるのが困難です。だからこそ、前述のようにブラジル代表では2人が5人を相手にしてもはがしてしまうことができるのです。

戦術的に表現するのであれば、数的同数や不利な局面でグループとしての優位性を発揮できれば相手チームをより引きつけることができ、ボールから遠い局面で数的優位ができるといったメリットが生まれるのです。

個人戦術を知る

スペインのサッカー理論では戦術の中に「集団戦術（フエゴ・コレクティーボ）」と「個人戦術」が存在します。それらは個別に整理、体系化されています。まずは、その中の個人戦術について見ていきます。

◆個人戦術アクションとは

定義：チームプレーの中で起こる1対1、2対1、1対2のシチュエーションにおいてボール、味方、相手と関連してプレーするための戦術アクション。

図13はチームプレーの中の個人戦術が機能している部分。攻撃チームの右CBとSBの2人と守備チームの左MFが1人の状況で「2対1」として見ることができます。この領域内では個人戦術アクションを利用し、戦術的意図を達成するためにプレーします。個人戦術の定義を見て「あれ？」と思った方もいるかと思います。個人なのに2対1が入っていますそうです。私が住むスペイン、カタルーニャ州サッカー協会の指導理論では、「個人戦術」と言いながらも2人のユニットが入ってきます。つまり、個人を語りながらも「味方との関わりの中」でサッカーを考えているのです。集団スポーツという側面を踏まえて考えれば当たり前のことですが、自分がプレーを選択するためには周りの状況を考慮しなければならず、「味方」というは1つの要素です。個人戦術においては2人の関係も含まれます。

同様に、「相手」という要素も入ってきます。相手という存在は自分や味方のアクションに大きな影響を与える存在です。なぜなら、相手はこちらの意図を防ぐためにプレーするからです。こちらがボール保持を意図するのに対して、相手はボールを奪いにきます。こちらが攻撃の前進を意図すれば、相手は縦パスのコースを切るようなアクションを実行します。

そのように、相手は自分のアクションに影響を及ぼす存在であるため、個人戦術アクションにおいては相手という要素も外すことはできません。

まとめると、個人戦術とは、**「『自分＋1人の味方＋1人の相手』という関係の中でどのようにプレーするかを考えること」**という定義になります。

味方のポジション、相手のアクション、ボールの状況を踏まえた中でどのようなプレーをするのか、を考えるのが**個人戦術の概念**となります。

私の解釈では、日本のサッカーで語られる「個人戦術」は何かフワッとした概念です。往々にして「判断が良い」という曖昧な表現で終わってしまっています。

では、「良い判断とは何なのか?」、「その良い判断をするためには何をどのように認知することが重要なのか?」を考える機会は意外と少ないのではないでしょうか?

的確な判断を下していくためには、自分と周りの状況をリンクさせて戦術意図に沿って的確な選択をすることが求められます。その中で「周りの状況」というものの捉え方がぼんやりとしているのが原因です。そういった意味では、1対1、2対1、1対2というフィルターを通して個人の戦術を考えることは非常にわかりやすいと考えています。

11対11の中の個人戦術の領域

図13のように、11対11の中に1対1、2対1、1対2という領域があり、各選手は次の個人戦術アクションを実行し、プレーしています。この戦術領域は、チームやグループの戦術が機能するためのベースとなります。また状況やプレーの複雑性も低いことから、身につけるべき年代は小学生のような低年齢時で、指導を受けてしっかりと習得しておくべきです。

個人戦術のベースがなければ、チーム戦術は機能しません。個人の戦術アクションはチームのプレーモデルや戦術に影響を受けているので、そこには相互関係が存在します。

しかし、まずは攻守における6つの個人戦術項目の一般的な原理原則を理解し、効果的にプレーできることを選手が学ぶことができるよう、指導者のみなさんは基本的な指導をしてください。

次にあげる項目が攻守の6つの個人戦術アクションです。

戦術アクション項目

【攻撃】

図13　個人戦術が機能する局面

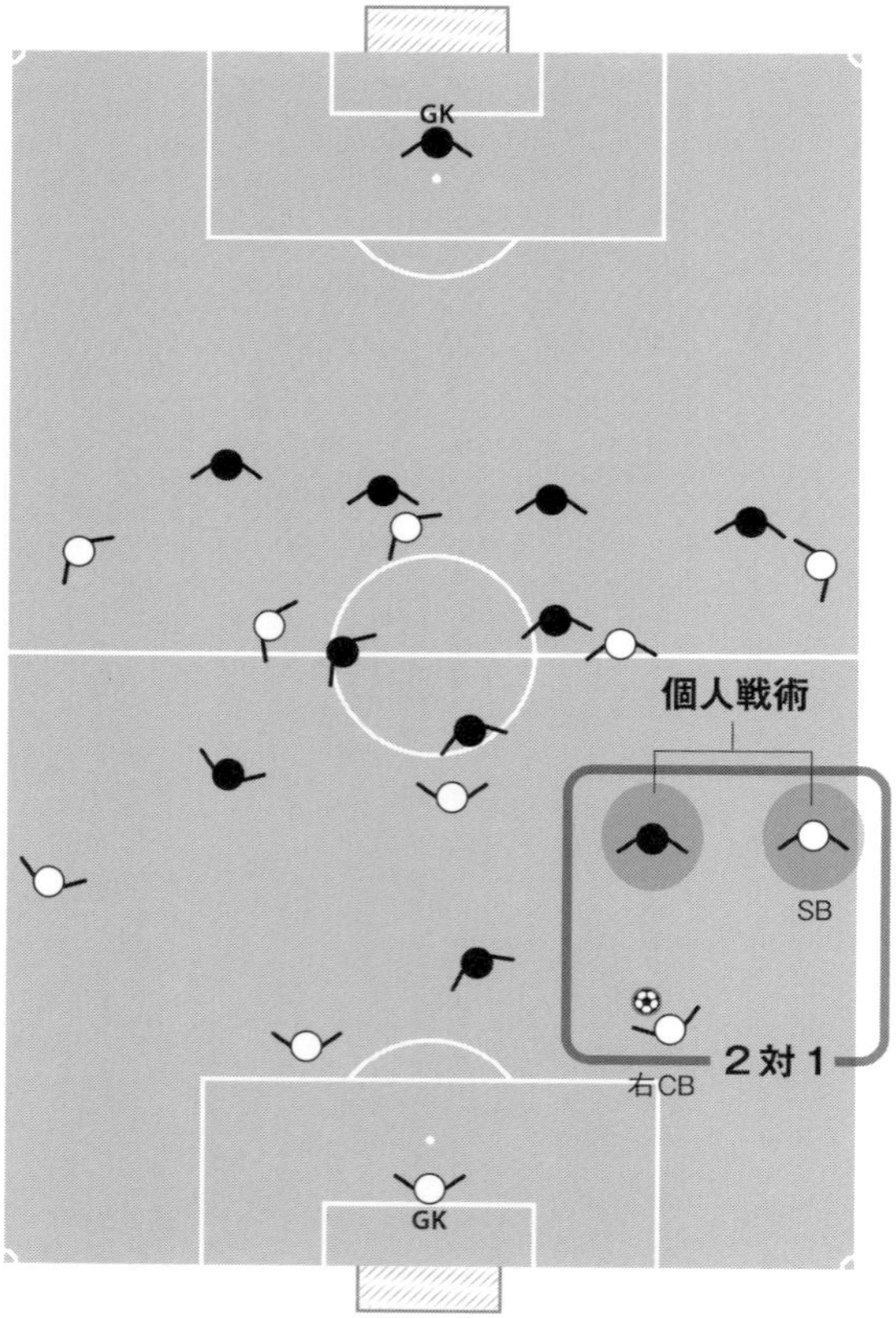

チームプレーの中の個人戦術が機能している部分。攻撃チームの右 CB と SB の２人と守備チームの左MFが１人の状況で「２対１」として見ることができる。この領域内では個人戦術アクションを利用し、戦術的意図を達成するためにプレーすることになる。

●幅
●深さ
●マークを外す動き（デスマルケ）

【守備】
●マーク
●カバーリング
●ペルムータ

これらはシンプルで当たり前の戦術項目、キーファクターです。しかし、意外とこれらの項目をパーフェクトにこなせる選手はいません。逆にこれらをしっかりと理解しながらプレーできる選手は「正しい判断を下せる」選手に映ることが多く、そのような選手は上の年代・カテゴリーへ行った時にも困ることが少ないと私は考えます。

繰り返しになりますが、これらの個人戦術を元にチームやグループの戦術は機能していますので、サッカー選手としてベースとなる原理原則です。

ここからは、攻撃の3つの個人戦術アクションを詳しく見ていきたいと思います。

図14　8人制サッカーに見出すことができる幅

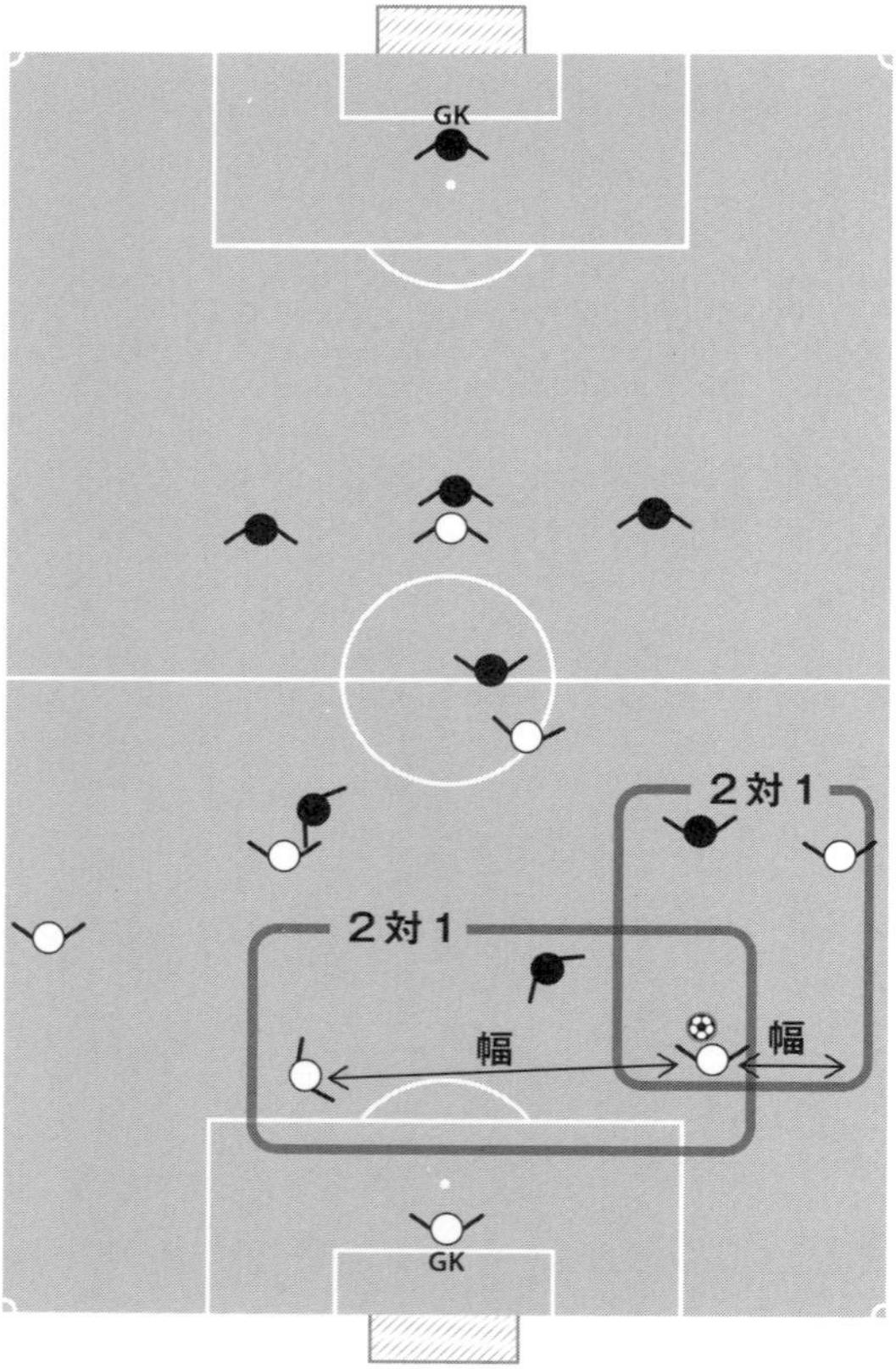

2対1の状況下でボール保持者との最適な幅を取ることのメリットは、相手守備者が同時に2人をマークすることが難しくなること。無闇に近づくのではなく、ボールから離れることが重要。幅が取れていないポジショニングでプレーすると相手は狭いスペースを守るだけで良くなってしまい、守備が容易にできる。

図15　幅を取るためのサポートの動きの例

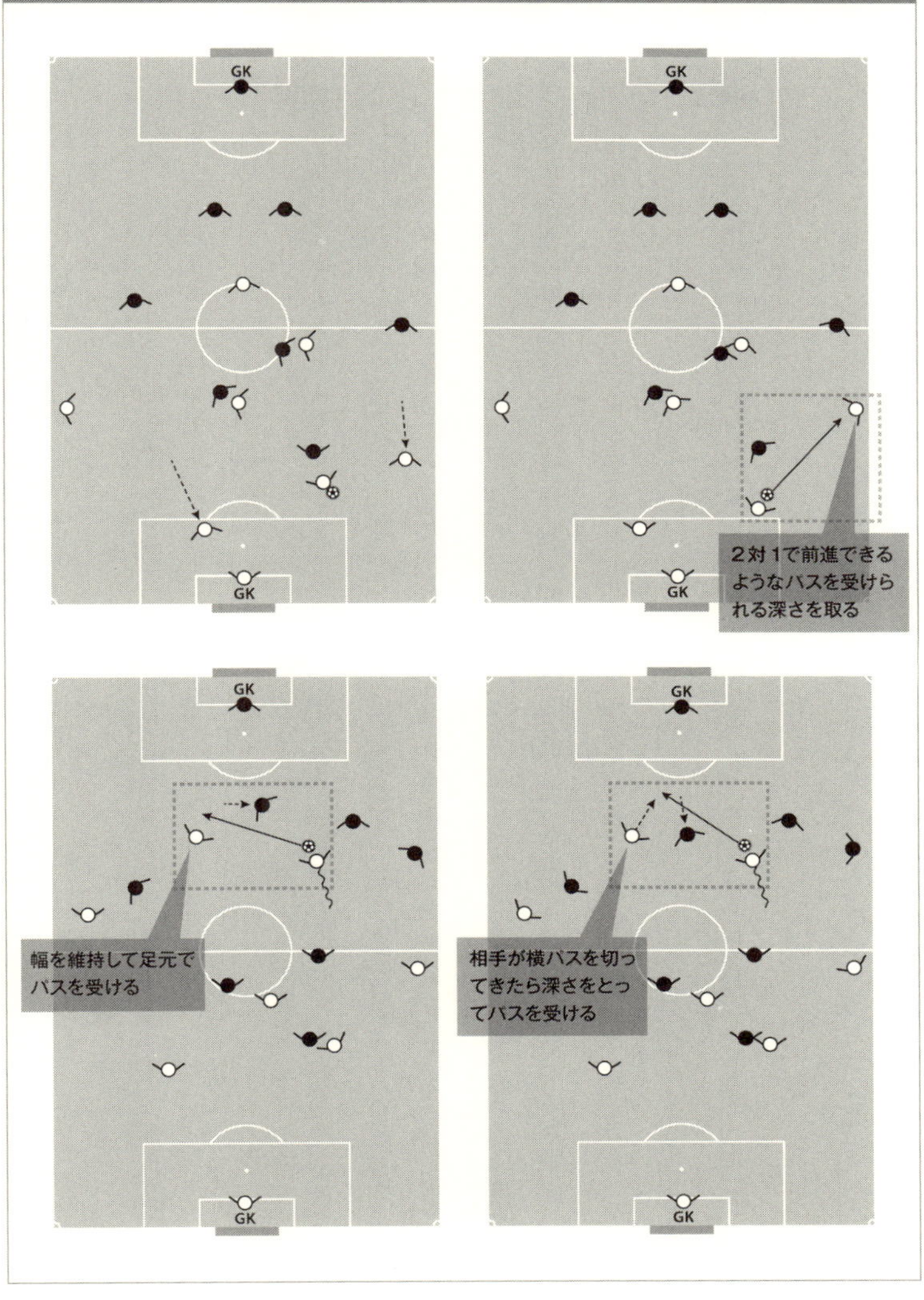
GK
GK
GK
GK
2対1で前進できるようなパスを受けられる深さを取る
GK
GK
幅を維持して足元でパスを受ける
GK
GK
相手が横パスを切ってきたら深さをとってパスを受ける
GK

攻撃の個人戦術アクション

◆幅（Amplitud：アンプリトウ）

サッカーにおける「幅」とは何を意味するのでしょうか？

日本の指導現場でもよく聞く単語だと思います。私もよく聞く「広がってプレーしよう」というフレーズには、「横に広がってポジションを取ろう」という意図が含まれていると思います。しかし、本書で紹介する「幅」というスペインサッカーの概念とアクションは「横方向の距離を有効活用しよう」ということを意味します。

個人の選手がこのコンセプトを理解していることでチームとしては横幅を十分に使った攻撃、サイドチェンジを活用した攻撃が可能となります。

定義：攻撃時における横方向の選手間の最適な距離。同じ高さ、または異なる高さで機能する。

プレー状況：2対1（攻撃の数的優位）

2対1の状況下でボール保持者との最適な幅を取ることのメリットは、相手守備者が同時に2人をマークすることが難しくなることです。無闇に近づくのではなく、ボールから離れることが重要です。幅が取れていないポジショニングでプレーすると相手は狭いスペースを守るだけで良くなってしまいますので、守備が容易にできます。

【一般的なキーファクター】

●幅を取るためには？

味方、相手、ボール状況に応じて攻撃チームに有利となるための時間とスペースを作り出すことができる距離にポジションを取る（基本的には近づきすぎないことが重要）。

●幅が取れたら非ボール保持者はどうする？

●幅が十分に確保できていれば、パスを受けるためにパスコースを作る

●チームの戦術的意図（ボール保持、前進、フィニッシュ）に沿って「深さ」を調節する

《ボール保持》

ボール保持者がプレッシャーを受けている時やサイドチェンジをする時の戦術的意図は「ボール保持」となるので、深さは同ライン、もしくは後方でのサポートとなる。

《前進》

ボール保持者がプレッシャーを受けておらず、フリーでチームが前進を図る時、相手守備者

（のライン）を越えた位置でパスを受けることが理想であるので深さはより高い位置となる。

《フィニッシュ》

ゴール前でフィニッシュへとプレーをつなげる目的の下、相手のポジショニングによって深さを調節する。

●体を開き、視野を確保して、より多くの情報を収集できるようにする

●チームの戦術的意図（ボール保持、前進、フィニッシュ）**に沿ってボールを受けた時のプレーを選択する。コントロール、パス、シュート、ドリブル、ボールキープなどのアクションが戦術的意図にリンクしていることが重要**

例：前進するためのコントロール・オリエンタード（方向付けされたコントロール）は前方のスペースへ大きくタッチする、フィニッシュのためのコントロールはすぐにシュートを打てるようタッチする、など。

●ボール保持者はチームの戦術的意図（ボール保持、前進、フィニッシュ、相手を引き付ける、相手の守備組織を分断する）**に沿ってプレーを選択する。テクニックアクションと深く関わる**

このようにして各選手が幅のコンセプトを理解することで、試合のあらゆる局面で横の距離を有効に使い、相手を困らせることが可能になるコンセプトです。

図16　プレー状況：２対１（攻撃の数的優位）

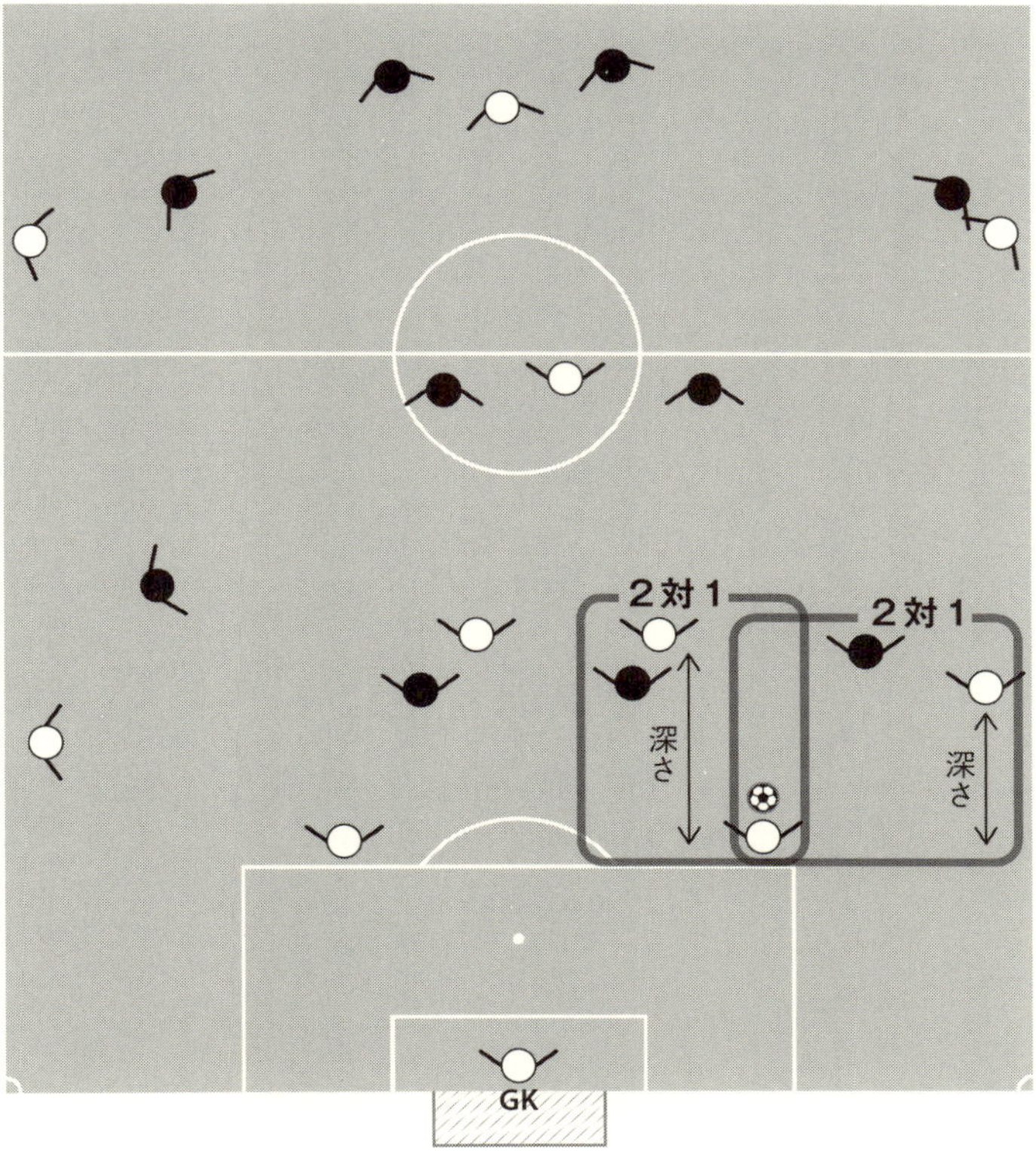

２対１の状況下で非ボール保持者が最適な深さを取ることのメリットは、相手守備者が自分のマークとボール保持者を１人で同時に守ることが難しくなること。ボール保持者に対して味方が無闇に近づいてしまうと、相手は１人で自分のマークを守りながら（パスコースを切るなど）、ボールにプレスをかけることが可能となる。

◆深さ（Profundidad: プロフンディダッ）

定義：攻撃時において、縦方向の選手間で最適な距離をとる戦術アクション。同じラインの選手、異なるラインの選手でも機能する。

プレー状況：2対1（攻撃の数的優位）

日本語で「深さ」というと、奥行きや下への距離（例えば、水深など）というイメージがあります。スペインサッカーにおいて深さとは、**「ピッチ上の縦の距離」**を意味します。

幅の概念が横であるのに対して、この深さは縦の概念です。例えば、FWが相手DFラインの背後へ走りこむようなアクションは、ここで取り上げる「深さ」を作り出し、チームの攻撃の選択肢を相手ゴールにより近いところで作り出すことになります。日本でも、SBのポジショニングの調整で「高い位置を取れ」とよく言われていますが、これも深さの概念に含まれるものです。

2対1の状況下で非ボール保持者が最適な深さを取ることのメリットは、相手守備者が自分のマークとボール保持者を1人で同時に守ることが難しくなるということです。ボール保持者に対して味方が無闇に近づいてしまうと、相手は1人で自分のマークを守りながら（パスコースを切るなど）、ボールにプレスをかけることが可能となります。また、集団戦術やチーム全体の視点から見ても、適切な深さを保つことができなければ攻撃の前進を図ることが難しくなります。相手ディフェンスも守備ラインをコンパクトにすることができるようになり、広いスペースを使ってプレーすることもできません。

日本のサッカーでよく発生する問題として、どの選手も足元でパスを受けようとするあまり、ボールへと近づいてしまい、攻撃の深さが欠如するという現象があります。なぜ起きるかというと、足元の技術の反復に重点を置き過ぎた結果、皆がボールに寄っていってしまうのです。

本来であれば背後のスペースへ走りこむ選手、サイドで高いポジショニングを取りポジション優位を確立させて相手を越えた場所でパスを受ける選手などがいて、足元でパスを受ける選手が生きてきます。

スペースへのパスと足元へのパスの２つの選択肢を使い分けながらプレーすることが攻撃には求められるのですが、過度なボール扱いの反復練習は選択肢を後者のみに限定するデメリットもあります。加えて、前者のプレー方法を学ぶ時間が割かれていないという重大な問題も引き起こしてしまいます。守備側からすれば、足元でしかボールを要求しない選手はプレーが読みやすく、グループとしてライン間をコンパクトにしてスペースを縮小することが容易です。すると攻撃側は「スペースが無い＝各自の時間がなく慌ててプレーする」という問題を抱えます。では、深さを取るために必要なことを詳しく見ていきましょう。

図17　例題　最適な深さの距離は？

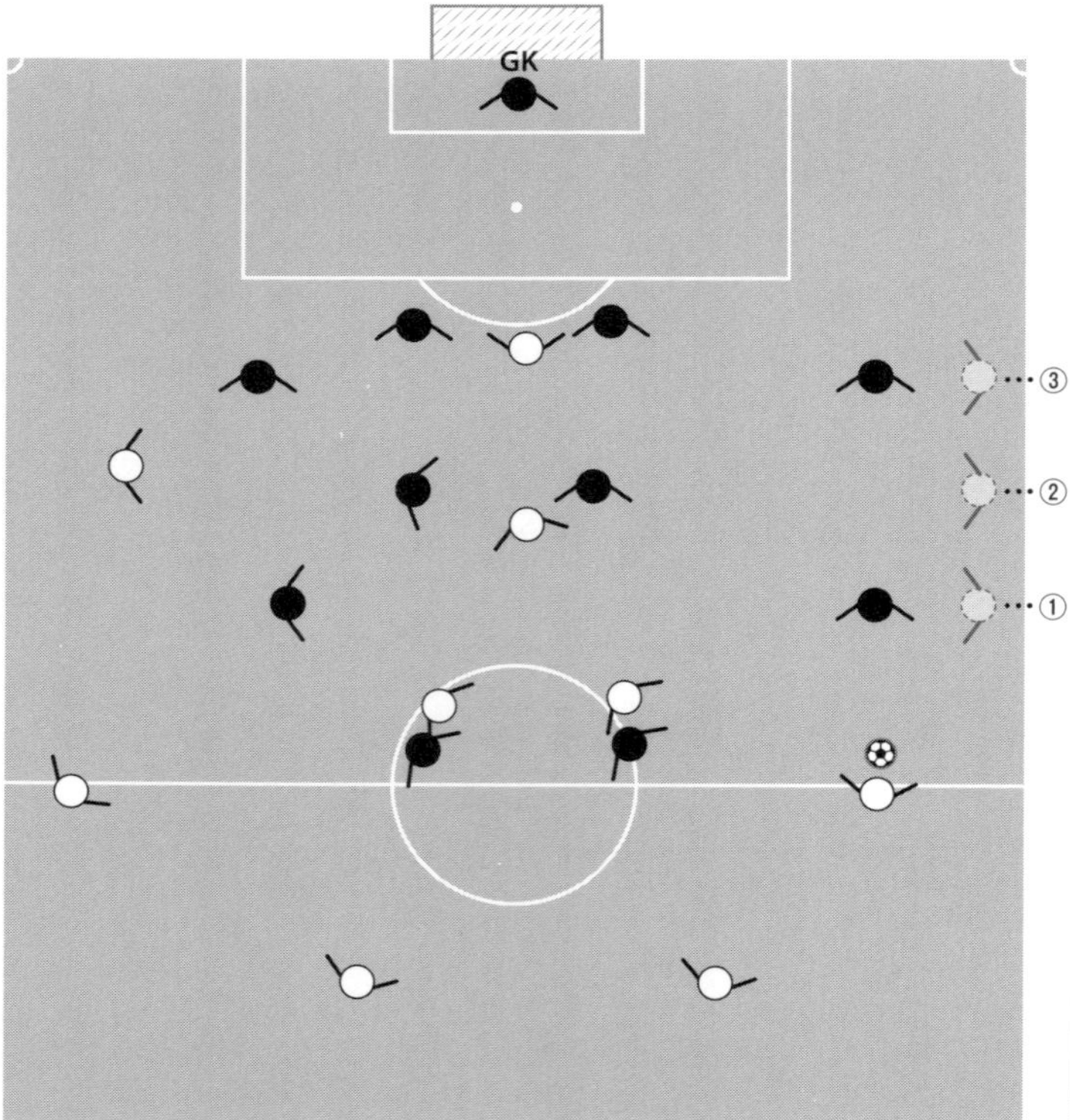

【一般的なキーファクター】

- 深さを作り出すためには？
- 味方、相手、ボール状況に応じて、攻撃チームに有利となるための時間とスペースを作り出すことができる最適な距離のポジションを取る

ここで大事なのは「最適な」という部分です。図17では、ボールを持っているサイドバックに対して同サイドのウイングはパスコースを作らなければいけません。このとき、深さという観点から見た際に「最適な距離」にいるのは①〜③のどこでしょう？

答えは②です。一見、ボール保持者から最も離れていて相手陣地の最も深い位置をとっている③が正解のように見えますが、相手サイドバックとの距離が近くなってしまいます。そうなると、「サイドバック＋ウイング対相手サイドハーフ」の「2対1」という数的優位の状況に相手サイドバックを加えてしまい「2対2」の数的同数となります。結果的にパスを受けた時にすぐにプレスを受けてしまう可能性が出てきます。パスコースにおける斜めの角度も確保できず、相手サイドハーフによってパスコースを切られてしまう可能性も高くなります。逆に①の場合、1本のパスで相手サイドハーフを越えて攻撃を前進させる可能性があるのにも関わらず、

図18　深さを調節するためのサポートの動きの例

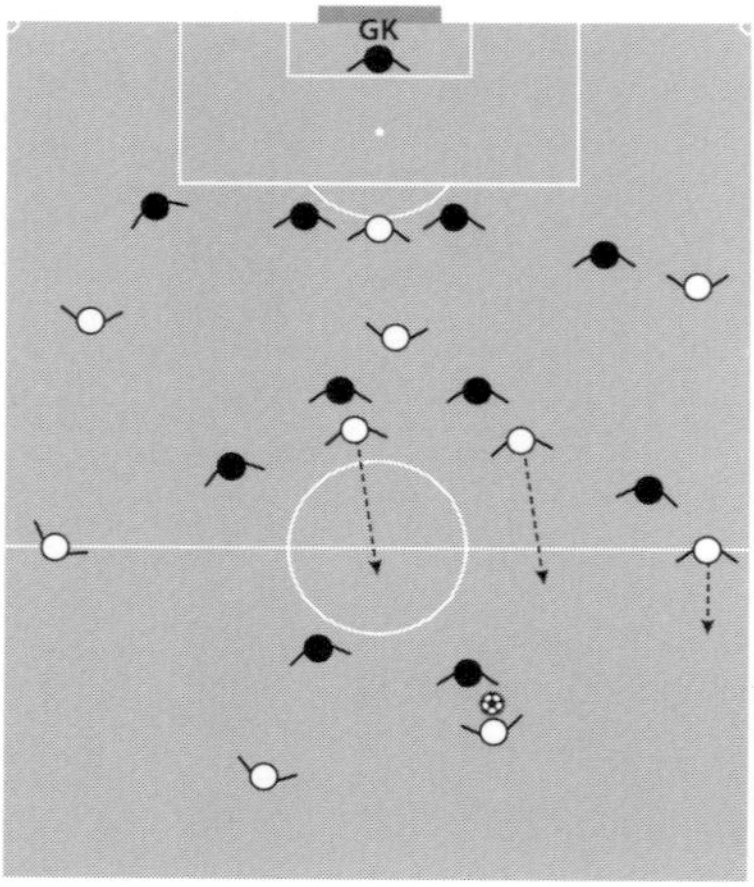

ボール保持者がプレッシャーを受けている時は前進のパスは難しく、「ボール保持」が目的となる。そのため一旦相手のプレッシングからボールを逃がれるために近寄ってパスコースを作る。

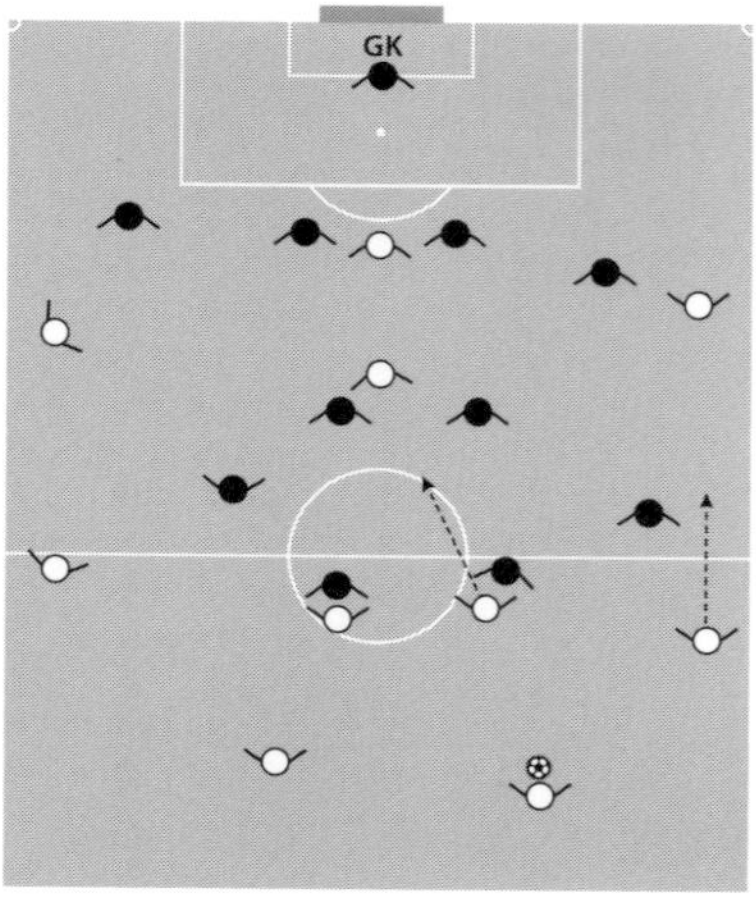

ボール保持者にプレスがかかっていない時は、前進するパスが可能になるのでパスコースを維持しながらできるだけ深い位置を取る。

それを活かすことができません。

相手ＤＦラインの中間に位置する②であれば、両方の守備者から最も離れた距離にいるため、素早いプレスを受ける可能性は低くなり、１本のパスで相手サイドハーフを越えて攻撃を前進させることができます。つまり、常にボール保持者から一番遠く、深い位置にいれば良いというわけではないのです。相手や味方、スペースの有無などの状況、チームの戦術意図によって距離を変えることが重要です。

●深さが取れた場合、非ボール保持者はどうする?

●適切な深さが十分に確保できていれば、パスを受けるためにパスコースを作る

●相手守備者がボールとマークを同一視できないようにするため、ボールから斜めにパスコースを作る(適切な幅の確保)

●ボールと相手ゴールの方向を同一視するため、体の向きを斜めに保つ

●チームの戦術的意図(ボール保持、前進、フィニッシュ、相手守備組織を分断する)**に沿って、「深さ」を調節する**

《ボール保持》

ボール保持者がプレッシャーを受けている時は前進のパスは難しく、「ボール保持」が目的となります。そのため一旦、相手のプレッシングからボールを逃がすために近寄ってパスコースを作ります。

《前進》

ボール保持者にプレスがかかっていない時は、前進するパスが可能になるのでパスコースを維持しながらできるだけ深い位置を取ります。（1本のパスか1回のコントロールで相手の守備ラインを越えることができるよう、最低でも相手のラインと同じ高さに立つ）

《フィニッシュ》

ゴール前で相手最終ラインを越えてフィニッシュするプレーへとつなげるため、相手のポジショニングによって深さを調節する。

※① 相手がシュートコースを塞いでくれば、相手と同じ高さに立ってパスを受ける。

※② 相手がパスコースを塞いできたら、相手の背後のスペースに走り込んでパスを受ける。

●ボール保持者は、チームの戦術的意図（ボール保持、前進、フィニッシュ、相手を引き付ける、相手の守備組織を分断する）**に沿ってプレーを選択する。テクニックアクションと深く関わる**

例：フリーな状態でボールを持っている際、前にいる味方がフリーなら素早くパスを入れる「前進」。前にいる味方がフリーでないなら、相手を引きつけるために前に運ぶドリブルをして「相手を引きつける」

◆マークを外す動き（Desmarque：デスマルケ）

定義：攻撃時により優位な状態でボールを受けるため、自分をマークしている相手から離れるアクション。（非ボール保持者が相手にマークされている状態からスタートするのが前提条件）

プレー状況：2対1（攻撃の数的優位）

「マークを外す動き」を実行することで得られるメリットは、非ボール保持者がより優位な状態でパスを受けることができることです。

例えば、相手の背後でパスを受けることができる、足元でパスをもらうとしても相手から離れてボールを受けることで前を向きながらコントロールする余裕が生まれます。これによって「前進」、「ボール保持」、「フィニッシュ」という戦術意図を達成することが可能になります。

そこにパスが出なかったとしても、もし相手がマークを外す動きについてくれば、そこに新たなスペースが生まれますので、守備組織のバランスは崩れます。これは「スペースを作る・使う」というグループ戦術アクションにあたり、「相手を引きつける」、「相手の守備をかく乱する」という戦術意図を実現することになります。

近年の組織化された守備組織により、攻撃のためのスペースは非常に少なくなっています。

ですから、「スペースを作る」という作業はとても重要になってきています。

ヨーロッパのトップレベルでボール保持のプレースタイルを採用しているＦＣバルセロナやマンチェスター・シティの試合を見る際には、ボールを持っていない選手に注目して見てください。そういった選手はマークを外す動きを頻繁に実行していて、それによってスペースが生まれ、他の選手がそのスペースへ入りこみ、またその入り込む動きによって生まれるスペースに他の選手が入り込むという流動的な動きをしています。このマークを外す動きというのは、現代サッカーに欠かせないモビリティの根本になるものです。

「デスマルケ（マークを外す動き）」は、次の２種類に分けて整理することができます。

●ボール保持者に近寄る、サポートのデスマルケ

●相手の背後に抜けるデスマルケ

この時、状況としてはボールに対してプレスする守備者とマークを見ている守備者がいるので２対２になっています。しかし、「デスマルケ（マークを外す動き）」を見る際には、あくまで「ボール保持者」と「自分」と「自分をマークしている守備者」の関係を切り取って見ることが大切です。ボールへの守備者はカウントせず、２対１でいかにボール保持、もしくは前進するための動きをするかを見ていきましょう。

【一般的なキーファクター】

マークを外すための４つのポイント

①マークから離れる前に、ボールを受けたい方向とは反対方向に守備者をおびき寄せる（ボールを受ける前のフェイント）

この時大事なことは、相手を引きつける動きは必ず2歩以上行うことです。なぜなら、この動きが短すぎると、ディフェンスはマークを外す動きに対して簡単に対応できるからです。例えば2歩だと、動きの1歩目で相手はハッと気付き、2歩目に方向転換してスピードを上げますので、本当にパスをもらいたい場所へ行っても普通についてこられます。

②マークを外す前は、ボールとマークしてきている相手を同一視できるポジションと体の向きを維持する

ボールを見ることができなければ、いつボール保持者がパスできるかを判断することができません。また、相手を視野に入れていなければ、どこにマークを外す動きのできるスペースがあるのかを見つけることができません。守備者がボールと自分を同一視できないよう、守備者の視野から外れた位置にポジションを取っておくことも重要です。

③適切なタイミングでマークを外す動きを行う

マークを外す動きでよく起こるミスが、せっかく非ボール保持者がマークを外す動きを行ったのに、そこにパスが出ないことです。状況によって原因は異なりますが、最もよくあるのがボール保持者の状況を見ることなく非ボール保持者が自分のタイミングで勝手に動き出してしまうことです。何を基準にするかは各指導者や選手によって様々なので、指導者がチームや選手たちに自分の考えを落とし込む必要があります。例えば、「ボール保持者が顔を上げた瞬間」や「パスの受け手が前のスペースに向かってコントロールをした瞬間」など、いつマークを外す動きを始めるのか明確な基準を選手に与えることが重要です。

④マークを外す動きは短く、方向の変化を入れながら行う

相手をおびき寄せる動きは大きく行う必要があり、基本的には3歩程度です。マークから離れる際は、素早く短い動きで行わなければなりません。その際、動きの方向の変化も入れる必要があります（フェイント）。

◆ボール保持者に近寄るデスマルケ

定義：攻撃時に非ボール保持者が守備者にマークされた状態から、味方へ近づいてボールを受

けようとするアクション。

《戦術意図：ボール保持、前進》

ＤＦラインの背後にスペースがない時、裏に抜ける動きを行うことは難しいでしょう。そのような時はボール保持者と自分の間にあるスペースを利用して、「ボールに近寄るデスマルケ」でボール保持、もしくは前進の可能性を探る必要があります。このマークを外す動きをする前には、適度に深さを保っておく必要があります。なぜなら、ボール保持者との距離が近い位置からこの動きを行ってしまうと、ボール保持者の周辺にスペースがなくなってしまうからです。万が一、近い距離でパスを受けれたとしても、パスの距離が短すぎて守備者がすぐにプレスに来てしまいますので、有利な状態でパスを受けることができません。

深さを確保する際には、守備者の背後、もしくは視野から外れる位置にポジションを取ります。もし守備者が自分を視野に入れたままだと、マークを外す動きについてくることができ、パスを受けてもすぐにプレスを受けてしまいます。こうなってしまうと「ボール保持」という戦術意図は困難となります。

《戦術意図：相手を引きつける》

図19　２種類のデスマルケ

デスマルケにおける２対１は、「ボール保持者」「デスマルケを実行する人」「デスマルケを実行する人をマークする守備者」となる。

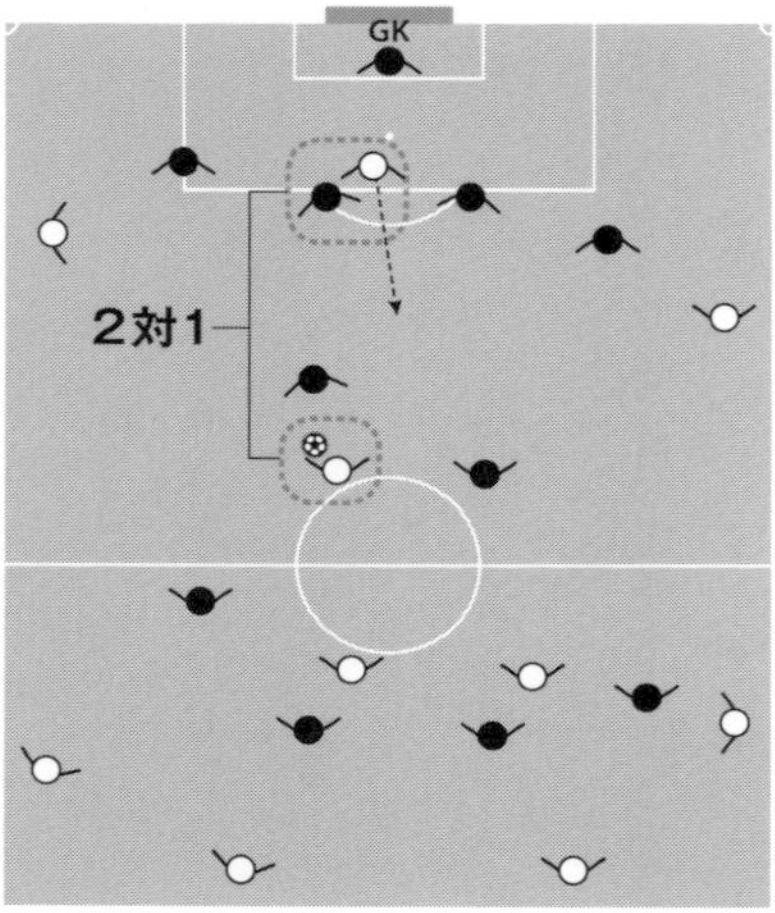

■ボール保持者に近寄る、サポートのデスマルケ

パスを受けるためにマークから離れ、ボール保持者に近寄る。

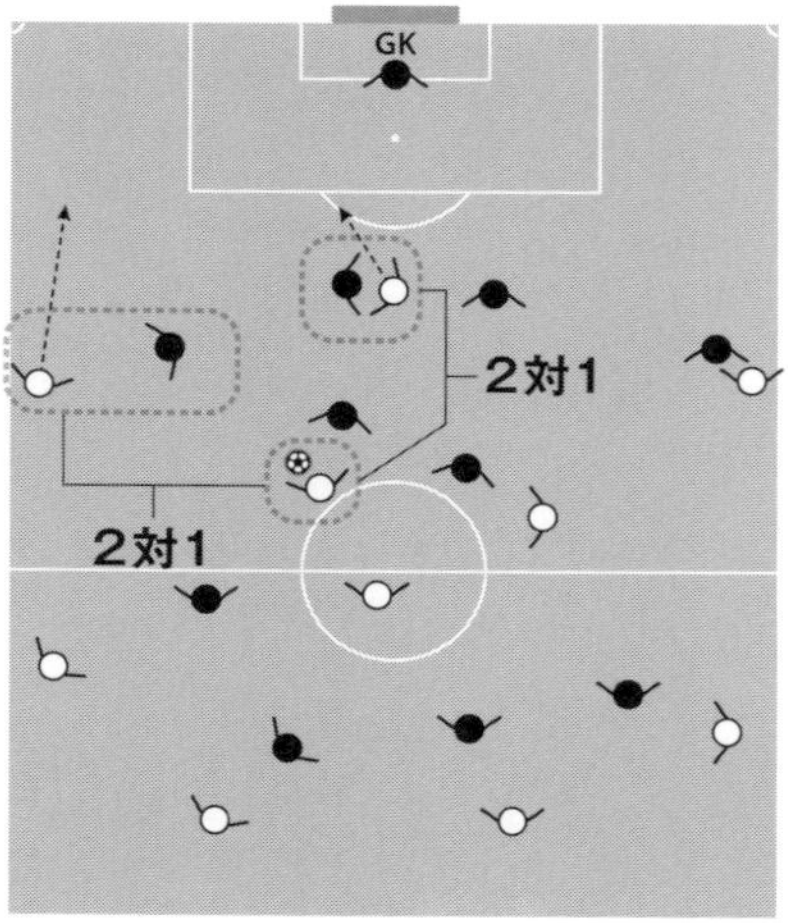

■相手の背後に抜けるデスマルケ

相手の背後に抜け出し、パスを受けようと試みる。

この動きを行った際に、もし守備者が自分についてくれば「相手を引きつける」という戦術意図を達成したことになり、「スペースを作る・使う」というグループ戦術アクションが可能になります。自陣深くに引いた相手を引き出して、空いたスペースからの侵入を試みる際に必要となるアクションです。同じように適切な深さを事前に確保することが必要なのですが、マークを外す前は守備者の視野に入るポジションにいることが大事です。なぜなら、その方が守備者はマークを外す動きに対して食いつきやすく、ついてくる可能性が高いからです。

どちらの戦術意図のためのデスマルケであっても、守備者が自分についてきているかどうかを確認しやすくするため、パスコースは斜めに作る必要があります（適切な幅の確保）。

◆相手の背後に抜けるマークを外す動き

定義：攻撃時に非ボール保持者が守備者にマークされた状態から、相手を越え背後のスペースに抜けてボールを受けようと試みるアクション。

相手の背後でフリーになってボールを受けることにより、パス1本で守備者を越えて前進することができます。またゴール前でこの動きに成功してパスを受けることができたら、絶好の

図20　ボール保持者に近寄るデスマルケ

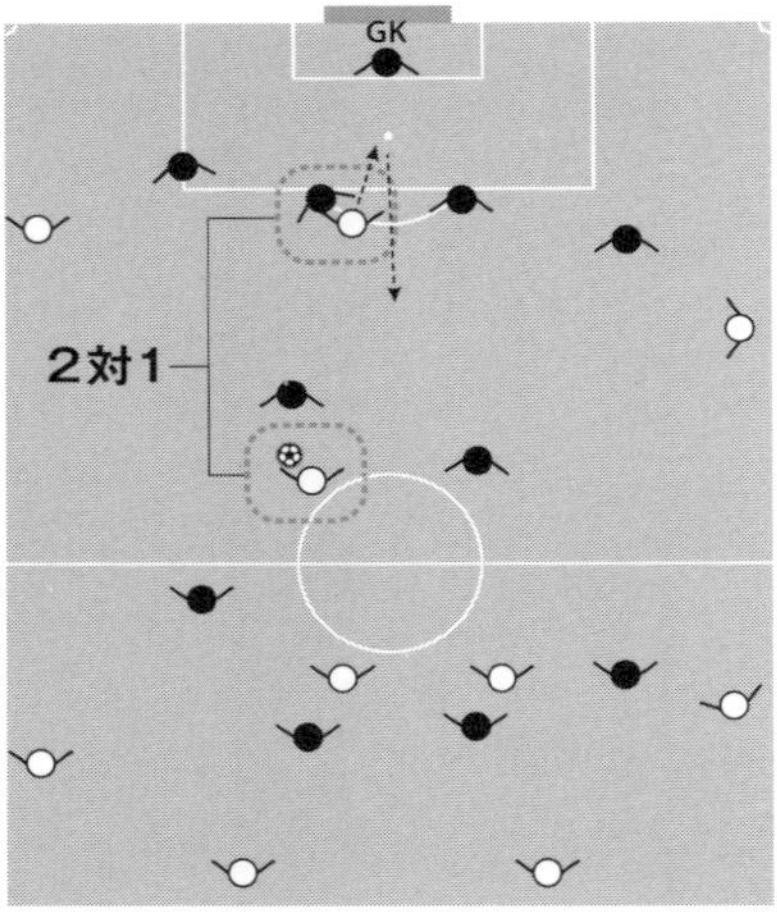

一旦深さをとり、スペースを確保してから行う。

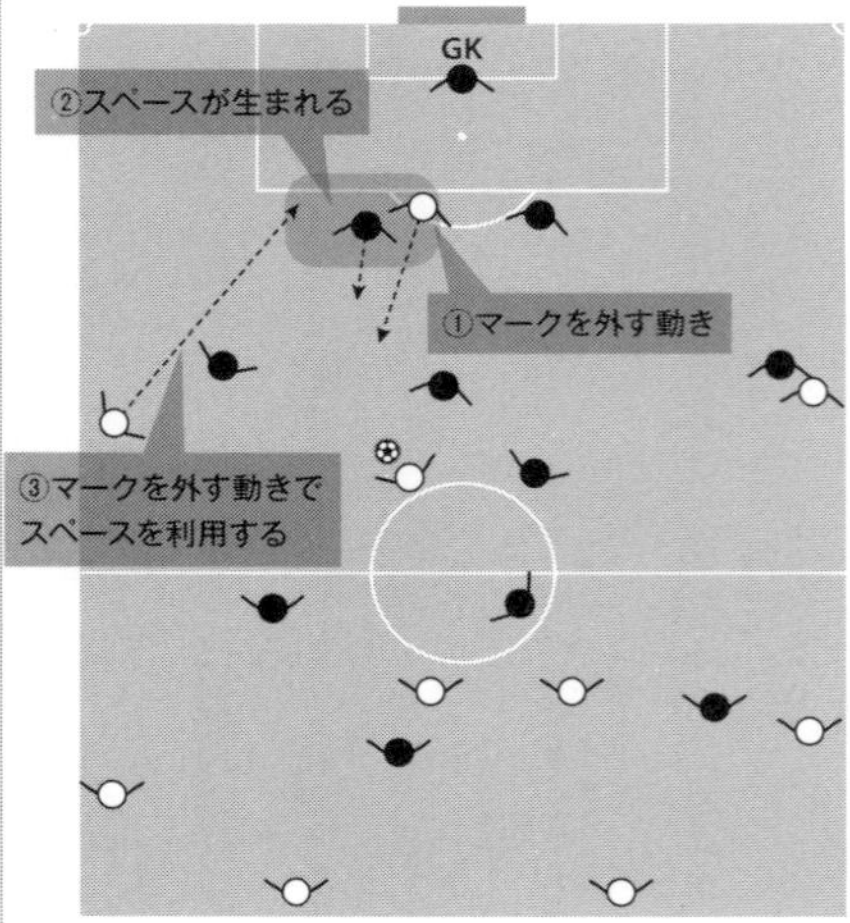

もしマークを外す動きに対してディフェンスがついていったら、そこにスペースが生まれる。

シュートチャンスにつながります。また背後に抜ける際には大きく分けて以下の3種類の抜け方があり、それぞれにメリットとデメリットがあります。

①縦に抜ける

メリット：守備者がボールとマークを同一視するのが難しく、マークを外す動きについてくるのが難しい。

デメリット：オフサイドになりやすい。

②斜めに抜ける

メリット：オフサイドになりにくい。守備者の視野の中を通るため相手を引きつけやすい。

デメリット：守備者がマークについていくことが容易。

③横に動いてから抜ける

メリット：オフサイドになりにくい。守備者が横の動きについて行くべきか迷って、マークが混乱する可能性がある。

デメリット：ボール保持者とタイミングを合わせるのが難しい。

【相手の背後に抜け出すデスマルケのキーファクター】

戦術意図：前進、フィニッシュ、相手を引きつける

《戦術意図：前進、フィニッシュ》

●背後に抜ける際にオフサイドに気をつける

ここで注意すべきは、裏に抜ける動きが直線的すぎるとオフサイドになる可能性が高くなるということです。マークを外す際に少し膨らみながら動いたり、裏に抜ける前に方向チェンジ（フェイント）を入れることでオフサイドになる可能性は減ります。

●ボール保持者とのタイミングを合わせる

ボール保持者とタイミングを合わせることも求められます。ボール保持者がパスを出せない状態の時に動き出しても、パスは来ません。もし来たとしてもパスが来るのが遅れ、自身はオフサイドポジションに入ってしまいます。ただし、指導者がただ「タイミングを合わせろ」と選手に言っても適切なタイミングを計れません。「味方が前に向かってコントロールをした瞬間」や、「ボール保持者の顔が上がった瞬間」など、具体的なタイミングを選手に提示する必要があります。

●裏に抜ける前に守備者の視野から外れたポジションを取る

守備者の背後でボールを受けることができれば、チームにとって有利な状況を作ることができます。逆に、守備側が最も警戒しているのは背後への動きとパスです。その守備者の警戒を

図21　背後に抜ける際の3種類の抜け方

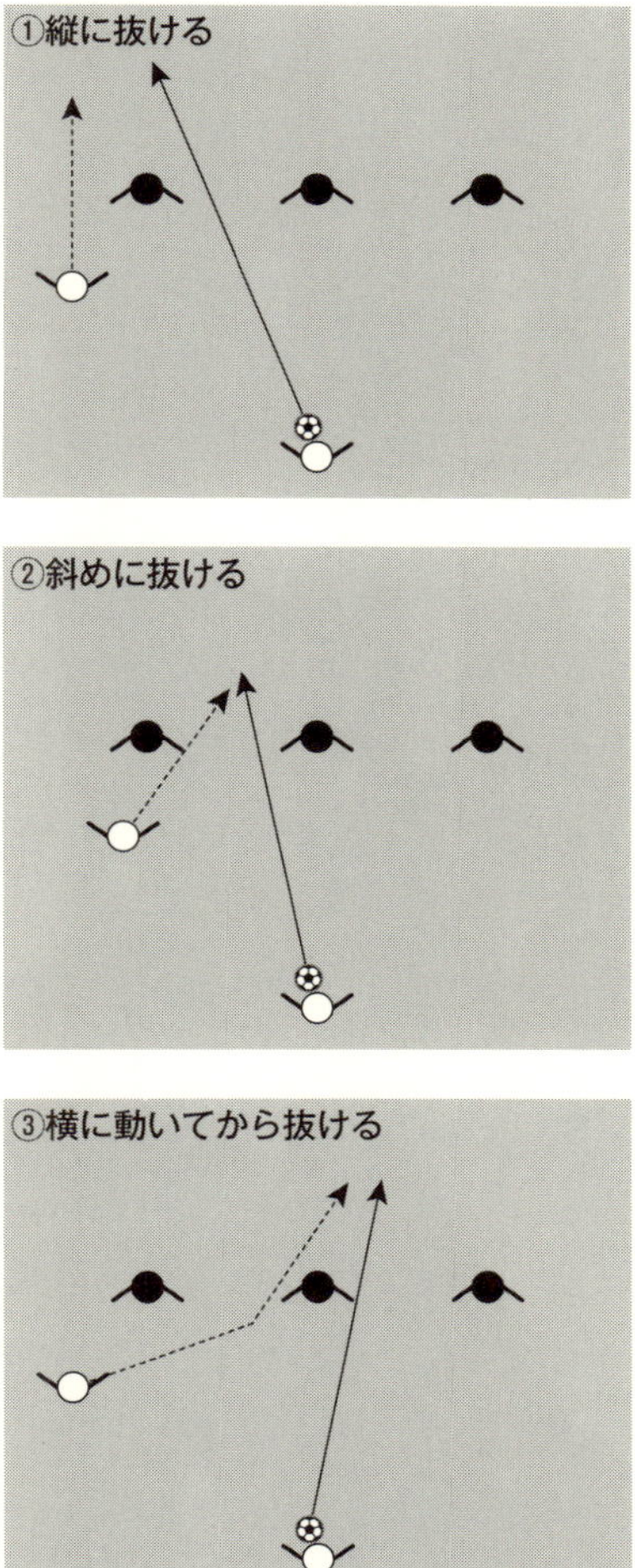

かいくぐって背後に抜けるためには、一度守備者の視野から外れることで守備者がボールとマークを同一視することを防ぐ必要があります。守備者は基本的にボールから目を離すことができないので、そうすることで守備者は自分のマークがいつどこに動き始めたのかを見失ってしまいます。

●もしマークがついてきたら、「デスマルケ」を続ける

「背後に抜ける動き」に対して守備者がついてきた際、そこで止まってはいけません。もしそこで止まってしまえば、ボール保持者はパスコースを得ることができず、プレーの選択肢を一つ失います。もし守備者がついて来たら、そのままデスマルケを続ける必要があります。この時、「裏に抜ける動き」の後にさらにもう一度「裏に抜ける動き」を続けるのか、それとも「ボール保持者に近寄る動き」をするのかは戦術意図によって変わります。

「フィニッシュ」が戦術意図になるなら「裏に抜ける動き」を繰り返します。この場合はパスコースを再度確保するというだけでなく、ボール保持者の前にスペースが生まれ、ドリブルで前進するという選択肢も与えることができます。この時、必ず最初の動きから方向チェンジを入れる必要があります。

「前進」が戦術意図の場合、パスで出てこなかった時にはボールを引き出すため「ボール保持者に近寄る動き」をすることもありです。その後、ボール保持者はそこにパスするか、別の味

図22　相手の背後に抜け出すデスマルケのキーファクター

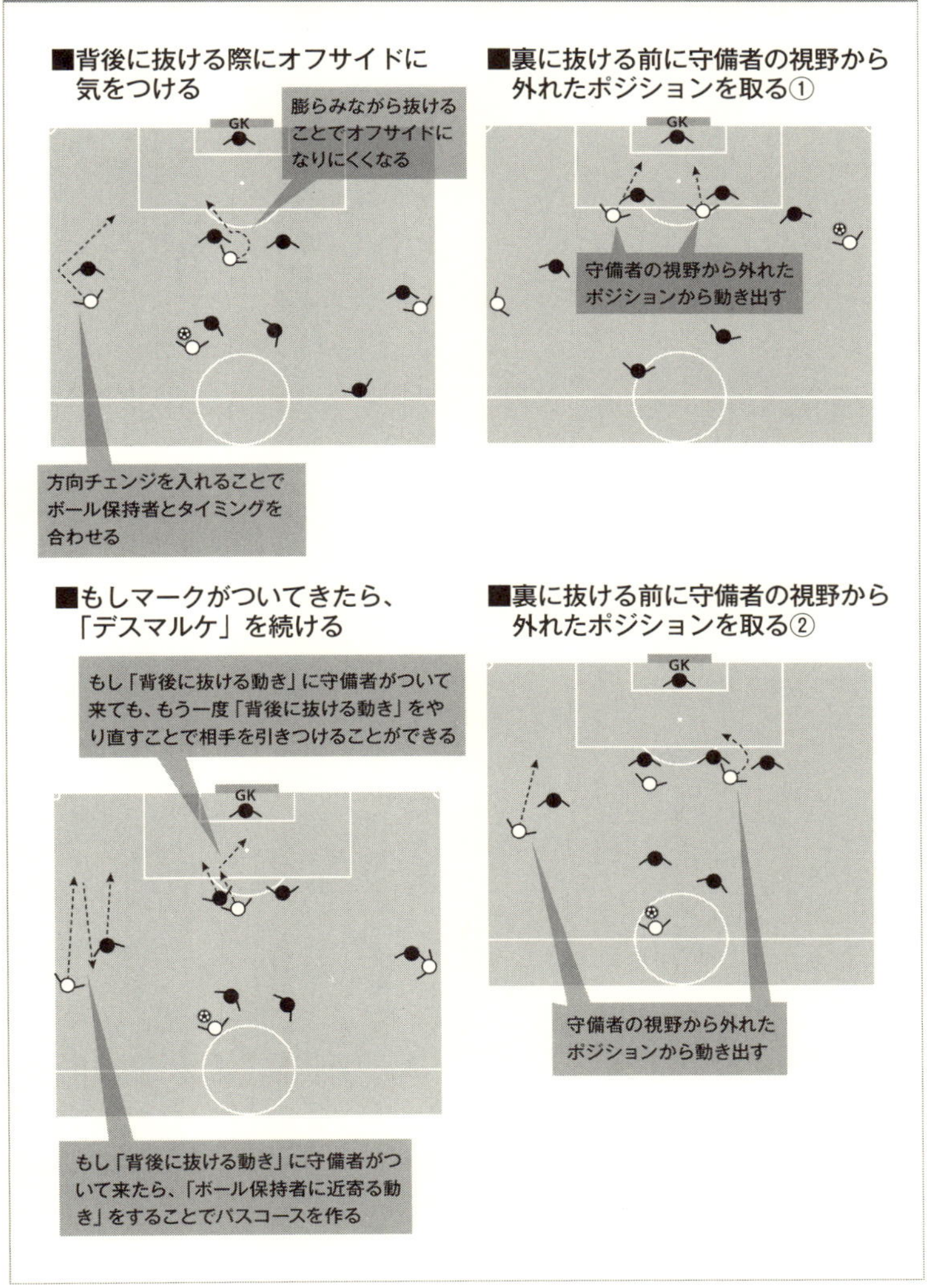
■背後に抜ける際にオフサイドに気をつける
GK
膨らみながら抜けることでオフサイドになりにくくなる
方向チェンジを入れることでボール保持者とタイミングを合わせる
■裏に抜ける前に守備者の視野から外れたポジションを取る①
GK
守備者の視野から外れたポジションから動き出す
■もしマークがついてきたら、「デスマルケ」を続ける
もし「背後に抜ける動き」に守備者がついて来ても、もう一度「背後に抜ける動き」をやり直すことで相手を引きつけることができる
GK
もし「背後に抜ける動き」に守備者がついて来たら、「ボール保持者に近寄る動き」をすることでパスコースを作る
■裏に抜ける前に守備者の視野から外れたポジションを取る②
GK
守備者の視野から外れたポジションから動き出す

方にパスするか、それともドリブルで自分が前進するのかの判断をすることになります。このようなマークを外す動きの継続性は、相手のマークの付き方やボール保持者の状況を認知して、プレー選択することになります。この相手の背後へのデスマルケは、スピードのある足の速い選手にはしっかりと指導することをおすすめします。

背後への抜け出しが武器になる選手たちですから、そのクオリティを十分に伸ばしてあげるためにも、とても大切な戦術アクションです。幼少期に身体能力が優れていて、ヨーイドンで勝っていた選手がこのコンセプトのキーファクターを何も学ばすに大きくなってしまうと、せっかくのスピードを活かしきれません。低年齢から身体能力任せではなく、細かいキーファクターをしっかりと習得させ、特長ある選手を育成しましょう。

ゴールを決めるFWには、この背後へのデスマルケは必要不可欠です。2017年のJリーグで得点王に輝いた川崎フロンターレのFW小林悠は、この戦術アクションが際立っていました。川崎Fには決定的なパスを出せる中村憲剛や大島僚太という質の高いMFがいますので、彼らがボールを持った時に背後へ抜け出すデスマルケを活用すれば決定機を作り出すことができます。彼が得点王になった背景には、この戦術アクションが大きな要因としてありました。

集団戦術 (Juego Colectivo:フエゴ・コレクティーボ)

ここからは、さらに枠を広げてサッカーのチーム戦術を解説していきます。まずは定義から確認していきましょう。

定義:集団戦術とは、ボールと相手が関わった各「プレー状況」の中で行われるアクション

ここで出てくる「プレー状況」とは何でしょうか? シチュエーション、状況? 言葉だけではわかりにくいですね。このプレー状況とは、前述の4つの領域(チーム全体・インテルセクトリアル・セクトリアル・個人)で分類して見ていきます。プレー展開を整理して見ていくという考え方です。

スペインのカタルーニャ州の指導理論では、集団戦術は「チーム全体」と「インテルセクトリアル」のプレー状況をコーディネートすることが主な目的となります。ただ、私はセクトリアルを含んでも良いと考えます。このような細かい解釈は個人の自由です。

これから紹介していくチームをコーディネートしていくための原理原則やサッカーの見方は、1つのフレームです。その中にはバリエーションがいくつか存在するので、チームはその中から最適なものを選んでいきます。

全ての問題を解決してくれる万能の戦術が、この世にあるわけでは決してありません。プレーする選手、地域性、カテゴリー、レベルによって最適な集団戦術は状況によって異なります。指導者であればチームの選手に合わせて戦術設定の微調整が求められますし、もしサッカーが好きなファン、サポーターであれば観戦するゲームで各チームの狙いを知るためのヒントとなり、よりサッカー観戦に深み、面白みが出るでしょう。

集団戦術における「2種類の選手」

サッカーの中では、選手を2つの種類に分けて考えることができます。

図23はその2つを示しているのですが、ボールを持つ選手から直接パスを受ける可能性のある選手と、そうでない選手がいることがわかります。

このようにして、**「①ボールに関与する選手たち」**と**「②プレーに関与する選手たち」**の2種類に分けて考えることができます。図の通りボールに関わっている選手はパスコースを作ることでボール保持者との関係を形成しています。

では、「②プレーに関与する選手たち」は何をしているのでしょう?

図23　集団戦術における「２種類の選手」

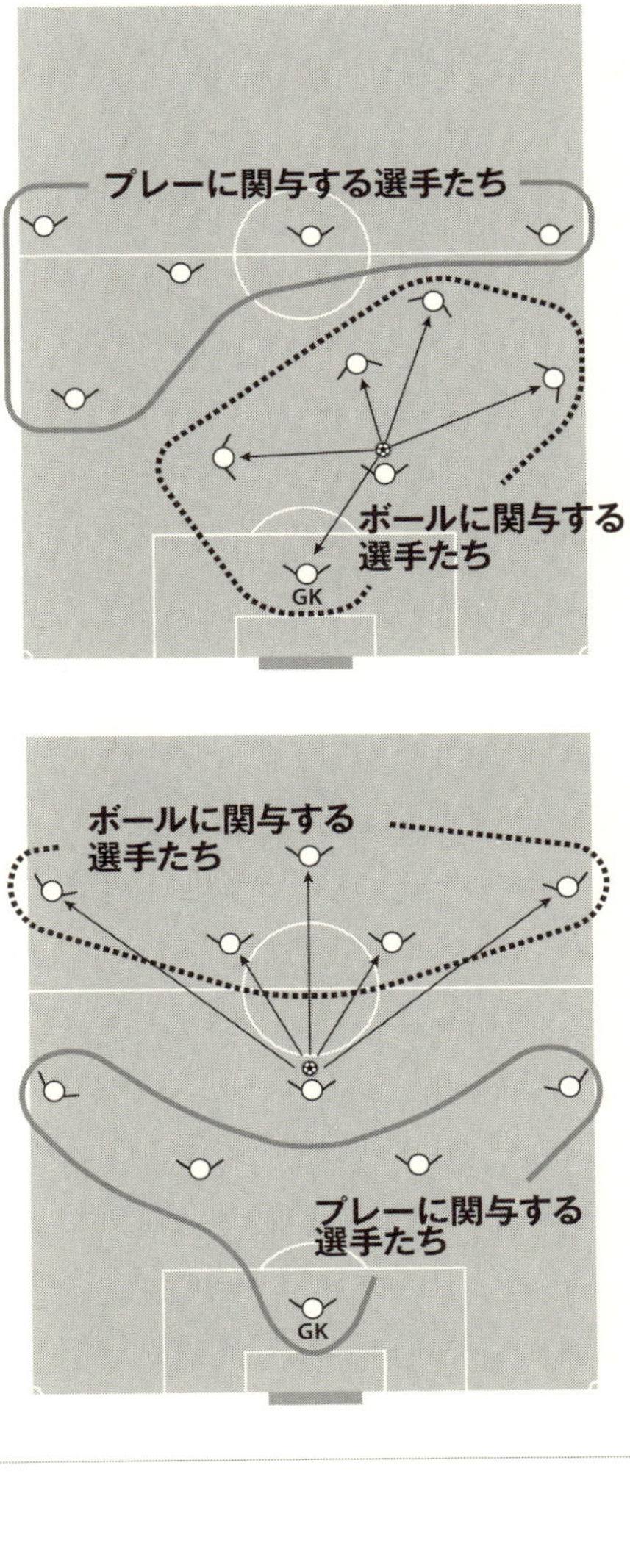

パスをもらう可能性は非常に低い中、自チームにメリットを与えるべくプレーに関わることが重要で、間接的にボールに関わっています。

例えば、FWがチームとしての深さを形成できるようなポジショニングを取ることでボールに関わる選手にスペースを与えていることも間接的にチームにメリットを与えるプレーと言えます。逆サイドのウイングは幅を目一杯取るようなポジショニングを取ることで、相手のSBを引きつけ、中央にスペースを作ることに関与します。

このような方法で間接的にボール保持者やボールに関わる選手たちを助けるのが、ボールから遠い選手に求められる役割です。逆に、もしプレーに関わる選手たちのコーディネートができておらず、皆がボールに寄ってきてしまえば、それぞれの選手が持つスペースは小さくなり、攻撃の難易度が高くなります。他にも、ボランチが前を向いてパスを前線に供給できる、チームとしての前進が行われるシチュエーションでは、DFラインとGKはプレーに関与する選手となります。その時、DFラインのディフェンダーとGKが素早くラインを押し上げ、カウンターを受ける際のライン間のスペースを消すこともこれにあたります。

このようにして、指導者にはプレーに関与する選手たちをコーディネートし、チームのパフォーマンスを改善することが求められます。また、ボールに関与する選手たちのグループがインテルセクトリアルやセクトリアルの領域だとすれば、「ボールに関与する選手たち＋プレーに関与する選手たち」はチーム全体の領域と捉えることができますので、トレーニングを構築する際や試合の分析をする際のヒントになります。特に、我々指導者はそうなのですがプレー中はどうしてもボールに目が行きがちです。プレーに関与する選手を注視することは意外と難しいもので、人間の心理やボールを中心に展開が変わるサッカーの特性を考慮すると仕方のないことなのですが、できるだけ全体を見渡しながら試合を見るようにしましょう。

もしそれが1人でできない場合、アシスタントコーチがプレーに関与する選手やスペースを担当し、監督がボールに関わる選手やスペースを担当し、ゲームを采配するというような役割分担を決めておくのも1つのやり方です。ちなみに、私はチームでは第二監督という立場で仕事をしているので意識的にボールから遠い場所を分析しています。右サイドにボールがある時、私は左サイドのエリアを見ます。ＤＦラインでボールを回している時には、ＦＷの動きを見ます。チームが自陣で守備をしている時にはＦＷがカウンターに備えてポジションを取っているかどうかをチェックするのが私の仕事です。

ではこの2種類の選手たちを区切る境界線はどこに存在するのでしょうか？

明確にここが分かれ目、という線、答えが存在するわけではありません。

選手のフィード能力が高く、1本のパスで逆サイドまで正確にパスができる選手がいるのと、いないのとではチームのボールに関与する選手の数も変わってくるはずです。

また、認知のレベルが高いかどうかでも選択肢の数は変化します。プレーモデル、チームの選手や指導者の考え方によって若干の違いは出てきますが、以下の項目は状況を整理するにあたっての材料となります。

●ボールの位置・状況
●相手の位置
●味方の位置
●スペースの有無
●ゴールへの距離

このような見方をして分析やトレーニングを行う際には、次のようなことに注意しましょう。集団戦術に関わるトレーニングを作成する際、「ボールに関与する選手たち」と「プレーに関与する選手たち」のどちらにもキーファクターが必要になります。個人戦術の領域では「ボールに関与する選手たち」のみとなりますので、キーファクターはその分野だけになりますが、集団戦術のコーディネートには「ボールから遠いプレーに関与する選手たち」のキーファクターも別に設定する必要があります。選手全体がボールへ寄りがちなチームの場合、プレーに関与する選手たちへのキーファクターが上手く浸透していないと考えることができます。

ボールに関与する選手たちが、ピッチで起こっていることを全て把握するのは不可能です。

なぜなら、ボール周辺ではプレーのダイナミズムが激しく、多様な変化に対して即リアクションを起こさなければいけませんので、厳密な決まりごと（キーファクター）に忠実にプレーできるとは限りません。反対に、ボールから遠い選手ほど全体が見やすい状況にあるため、明確に「何をすべきか」のキーファクターを示し、それを実行させる必要があります。

距離が遠く、ボール周辺の状況は落ちついて認知できるわけですから、その状況へのキーファクターの対応はより正確に実行するだけの余裕があります。

このように、指導者はプレー中にボール周辺だけに気を取られるのではなく、ボールから遠くにポジションを取る「プレーに関与する選手たち」の様子を見て、彼らが指導者の提示するキーファクターを実行しているかをより厳しく確認しなければいけません。

指導者ではない読者の方も、試合観戦の際はボールから遠い場所で何が起きているかを見てみるときっと面白い発見があるでしょう。ボール付近の選手の方が「自発的な」判断が求められ（プレーのバリエーションが多い）、ボールから離れた選手ほどキーファクターやプレーモデルに厳密なポジショニングとアクションを行わなければいけません。

サッカーの全体構成

前作『サッカー新しい守備の教科書』では、守備のフェーズについて詳しく解説しました。本作では、ボールを奪った時に迎える「トランジション（切り替え）」のモーメントと、相手チームの守備組織が整った後に迎える「攻撃」のモーメントを詳しく解説しています。

このサッカーの全体構造の体系化は、私がスペインで得たサッカーの知識の中でもかなり重要度の高いものです。日本にいた時は、知識が点で散らばっていただけでしたが、スペインでは点在していた知識が線となり、面となり、樹形図のような形につながっていきました。

私の理解では、日本のサッカーの理論に決定的に足りないのがこれです。日本人はディティールにこだわるという強みを持っていますが、残念ながらそれが体系化されていないので「木を見て森を見ず」の状態が生まれます。スペインではまずこの全体構成をバシッと理解します。その前提を持って、各自が微調整をしながらプレーモデルを構成しています。

図24は攻撃と守備のフェーズがあり、その中に4つのモーメントが存在していることをまとめたものです。その下にある各要素はそれぞれのモーメントにおいてチームが行うアクションを細分化したものです。まずは、それぞれのアクションに関する私なりの解釈や定義を紹介します。

◆守備から攻撃のトランジションの構成要素

図24　サッカーの全体構成

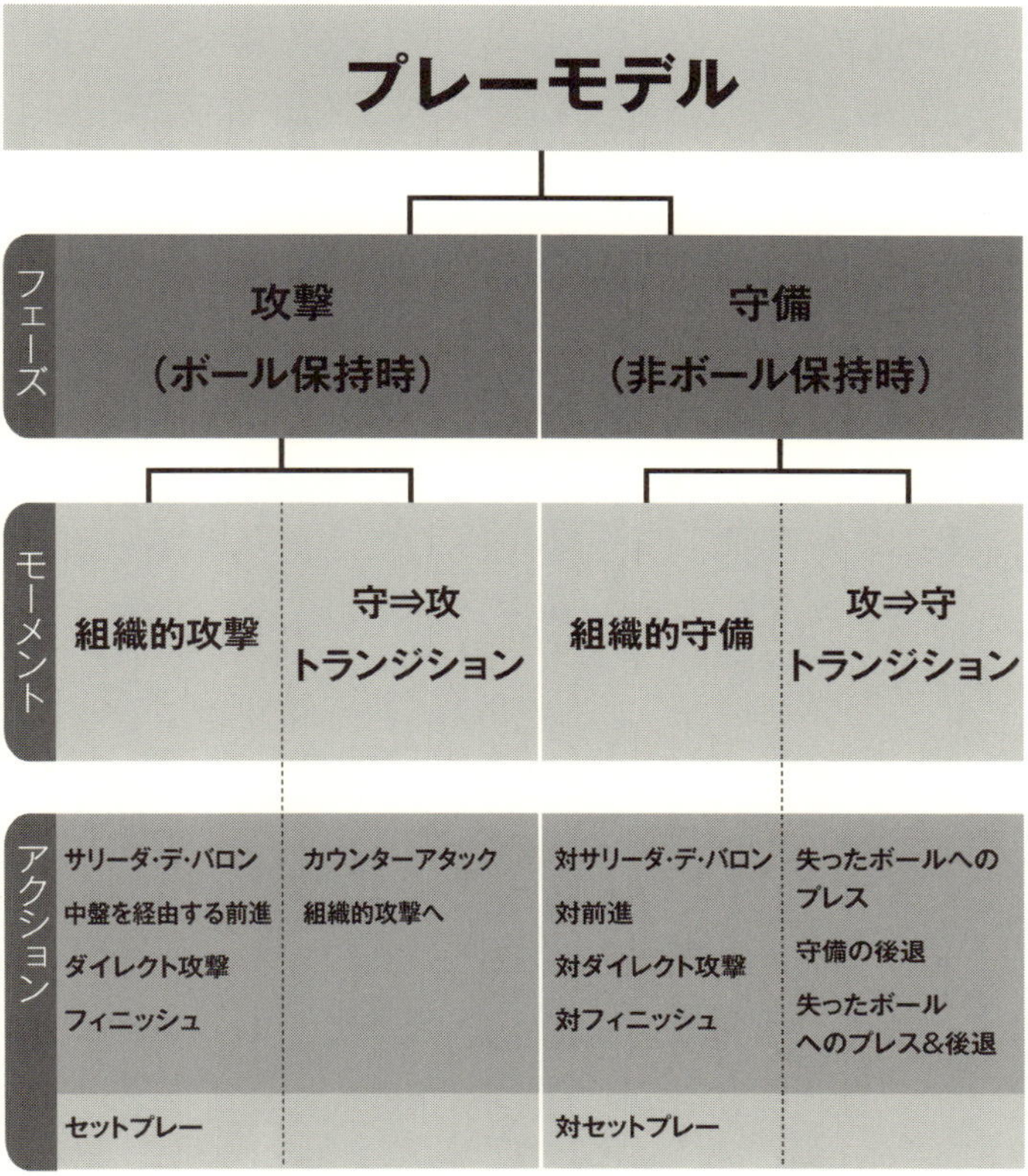

このモーメントは自チームがボールを奪取した時に始まります。通常、ボールを奪取した時というのは相手チームのポジションバランスが崩れています。攻撃のためにポジションチェンジをしたり、スペースを広く使うために幅、深さを取っているため、選手間の距離が広がっています。このモーメントの一番の特徴は、攻撃を始める時にスペースがあることです。しかし、相手チームはすぐに守備のポジションにつこうとスプリントで移動します。守備組織の再構築が速いチームでは、4秒程度で守備ブロックを作りあげてしまいます。

なぜ、そこまでして早く守備のポジションにつくかというと、現代サッカーではこのトランジションのモーメントでの得点の可能性が非常に高いからです。攻撃側の視点で言えば、守備のレベルが向上したことによってソリッドな守備ブロックを簡単に攻略できなくなってきています。トランジションのモーメントの重要度は今後もより増していくと考えられます。ヨーロッパの試合を見ていると分かるかと思いますが、このモーメントでは非常にインテンシティの高いスプリントが求められます。それだけ、負荷の高い局面であり、このモーメントを制するチームは得点の可能性をより高く握っているのです。

このモーメントを迎えた時、チームはカウンターアタックか組織的攻撃を行うかの2つの選択肢を持っています。これはチームの狙いによって異なるのでどちらが正しいということはありませんが、次のような要素で成り立っています。

【カウンターアタック】

相手の守備組織が整う前にフィニッシュまで到達する意図の下で行われる攻撃のこと。多くのチームは、ボールを奪った時にこのアクションを行なっています。セットプレーを除く得点の中においては、カウンターアタックによる得点が多くの割合を占めています。

【組織的攻撃】

カウンターアタックが成立しなかった場合、組織的攻撃へと移行します。相手が後退し、守備組織を形成すればモーメントは変わります。

ボールを奪取したチームが敢えてカウンターを選択せず、組織的攻撃のために広がったポジションを取って時間をかけて攻撃するケースは年々減少傾向にあります。しかし、グアルディオラ監督が指揮を執っていた時のＦＣバルセロナはカウンターを敢えて放棄し、組織的攻撃を選択していました。

カウンターを発生させるということは、組織のバランスが崩れた状態で攻めているので、そこでボールを失った時にはボールを奪い返すためのポジションバランスが良くありません。バルサの哲学を深く理解するグアルディオラ監督はカウンターアタックによるリスクを避けるべく、また全盛期のチャビ・エルナンデス、イニエスタの能力を最大限活かすべく、組織的攻撃を優先していました。もう1つ、相手が守備ブロックを形成して押し込んだ状態を作った方が、失った時のリスクが低いと理解していました。押し込まれた相手としては、目指すゴールから遠い場所でボールを奪い、カウンターを開始することになるので、当然バルサから得点を奪うことは難しくなります。相手を押し込み、ボールを失ってもすぐに囲んでボールを奪い返せるという状況を作るためには、安易にカウンターアタックを仕掛けない選択をしていました。とても印象に残っている言葉なのですが、グアルディオラ監督は「相手がバランスよく待ち構えてくれている方が崩しやすい」と語っていました。

スペースがあるカオスな状況よりも、スペースは無くとも綺麗に並んだ配置の守備組織の方が崩しやすいと考えるところが何ともペップらしいですね。ちなみに今現在、これを意図的に行っているチームはほぼありません。グアルディオラ監督率いるマンチェスター・シティでさえ、まずはカウンターアタックを狙っています。

◆組織的攻撃の構成要素

このモーメントでは5つのアクション、要素で構成されています。守備から攻撃のトランジ

図25　サッカーの攻撃の構成例

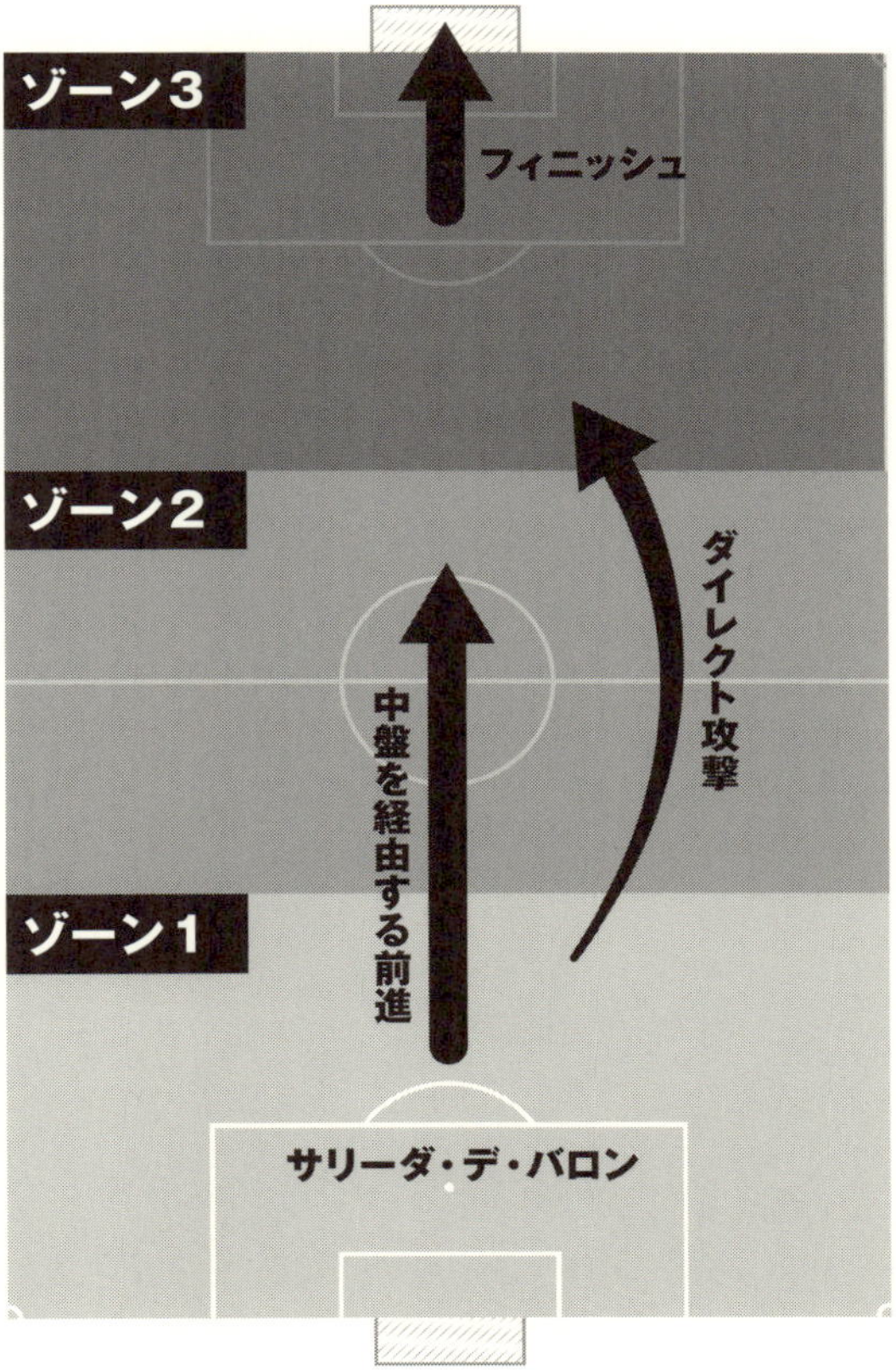

ゾーン1からゾーン2にボールを運び、その後ゾーン3に運ぶのが【中盤を経由して前進】する方法で、ゾーン1からゾーン3に飛ばすのが【ダイレクト攻撃】という異なる解釈の仕方もある。

ションのモーメントで、相手の守備組織が崩れている時にカウンターが成立せず、相手が守備位置に戻ってしまった後の局面のことを指します。ですから、トランジションのモーメントとの違いは「相手が守備のポジションについているかどうか」が基準となります。

要素①【サリーダ・デ・バロン】
定義：ボールを保持しながら、ボールを前に運ぼうとしている状態。主にGK、DFラインの選手、中盤の選手が関わる。
発生することが多いゾーン：ゾーン1

要素②【中盤を経由する前進】
定義：サリーダ・デ・バロンからボールを中盤に配給し、そこから前線へとパスをつなぎ、相手ゴールへと近づける方法。DFラインやGKからボランチの足元へパスを出して前を向くことを試みる、前線の選手が中盤へ降りてきてパスを受けるアクションがこれに当たる。
発生することが多いゾーン：ゾーン2

この方法は、スペイン代表、FCバルセロナ、レアル・マドリーなどで採用されています。

ショートパスをつなぎながら攻撃をビルドアップする方法です。これを採用するチームは、ボール扱いに優れたMFを抱えています。ただし、リスクとしては中盤でボールを失った時、ショートカウンターを受けることが多く、失点のリスクがダイレクト攻撃よりも高いことが挙げられます。反面、メリットとしてはボール保持が得意なチームはゲームをコントロールしやすくなります。このようなチームは勝っている時にはショートパスを繰り返し、相手を苛立たせることも可能です。相手が痺《しび》れを切らせてボールを奪いにくれば、それをはがすようなサイドチェンジ、鋭い縦パスを前線に入れて決定機を作り出すことができます。

要素③【ダイレクト攻撃】
定義：サリーダ・デ・バロンからロングボールで相手のDFライン付近へフィードする、またはボールを相手ゴールへと近づける方法。CBからFWへロングフィードをして、こぼれ球を拾うことを狙うアクションはこれに当たる。
発生することが多いゾーン：ゾーン2、ゾーン3

この方法はひと昔前であれば、英国スタイルやアスレティック・ビルバオのサッカーの象徴的なプレーでした。しかし、近年のサッカーの進化で少し解釈に変化が出てきています。

以前は単純に前線へ放り込んで「さあ、行くぞ」というような気合い系のプレーでしたが、守備戦術の進化によって中盤を経由して攻撃を目指すチームが「プランB」のオプションとして準備するようになってきています。発端は、グアルディオラ監督がバイエルン・ミュンヘンで指揮を執っていた時のことでした。当時のペップは、バルセロナの監督を辞めて1年間休んだ後、バイエルンの監督に就任しました。ドイツのサッカーにショートパスをつなぐサッカーを導入し、話題を呼びましたが、相手チームもバイエルンのスタイルを知ってからは中盤にタイトなマークをつけて、簡単にプレーさせない策を採るようになっていました。

バイエルンでの2シーズン目、前線にレバンドフスキが加入し、中盤にパスが配給できない時の逃げ場としてFWへ浮き玉のボールを送る方法を利用するようになります。これを分岐点として、近年では中盤を経由する前進をベースとしながらも、状況によってはこのダイレクトプレーを選択するというハイブリッドな攻撃を見せるチームが増えてきています。ルイス・エンリケ監督時代のバルセロナでもMSNと言われた強力な3トップ（メッシ、スアレス、ネイマール）、特にフィジカルに優れたスアレスの特徴を活かしたダイレクト攻撃を機能させ、数多くのタイトルを獲得しました。ちなみに、私が所属するCEエウロパのフベニール（ユース）Aでも攻撃の前進のベースはどちらかというとダイレクト攻撃です。その理由は中盤にそこまで能力が高い選手がおらず、むしろ前線に能力の高い中心選手がいるという配置上の特徴からです。

また、チーム の位置付けとして残留争いが開幕前の目標でしたので、中盤でボールを失って失点をすることを避けるために手堅いプレーモデルを選択しました。このようにして、攻撃の前進の方法はチームの状況によって異なるので、どちらが正しいということはありません。

しかし、現代サッカーではこの2つの前進の仕方を両方使いこなすことが求められるようになっています。どちらか1つしか使えないというプレーモデルでは、手詰まりになって攻撃が機能しなくなっています。私の考えでは、このダイレクト攻撃の進化は近年におけるサッカーの進化の1つだと捉えています。

要素④【フィニッシュ】

定義：相手ゴールへボールを運ぶアクション。センタリングからのレマテ（1タッチ、もしくは2タッチでのシュート）か、中央突破からの形がある。

異なる解釈の仕方として、ゾーン1から2にボールを運び、その後ゾーン3へと運ぶのが**【中盤を経由して前進】**する方法で、ゾーン1からゾーン3に飛ばすのが**【ダイレクト攻撃】**というものもあります**【図25】**。相手の守備ラインの高さやプレッシングの位置など複雑な要素は一度横に置いておいて、サッカーの攻撃の構成概念を理解するには良い見方です。

要素⑤【セットプレー】

攻守におけるＦＫ、コーナーキック、ゴールキック、スローイン、キックオフがこれにあたります。現代サッカーにおいて、戦略的要素を的確に表現できるセットプレーは得点のチャンスです。それはデータを見ても明らかですので、詳しくは別の章で述べます。

プレーモデルを作った後、指導者はどのように指導するか

ここまでサッカーの全体構造における攻撃を見てきました。ここからは、指導者がプレーモデルを落とし込むために何をするのか、どのような考え方でトレーニングのキーファクターを作成しているのか、について、メソッドも絡めながら、私も採用している考え方を紹介したいと思います。試合ごとに微調整をしながらプレーモデルは変化しますが、基本的には４つのモーメントでの各アクションをどうするかを監督は決定します。

私のチームの場合、対戦相手によって守備のやり方も若干変えています。ある試合ではゾーン２で待ち構えてカウンターを狙うこともあります。また、相手の攻撃や個々の能力によってはゾーン３の前線からプレッシングを選択する場合もあります。

攻撃でも相手が引いて守備ブロックを作ってくる場合、否が応でもボールを保持することとなりますので（実は今シーズンの私のチームはボール保持が苦手で、あまりこのような展開は望んでいません）、サリーダ・デ・バロンから中盤を経由した前進に重点をおいてトレーニングを準備しなければいけない週（試合）もあります。このようにして、対戦相手と自チームのスタイル、その他の多くの要素を考慮した上でゲームにおけるプレーモデルを準備することになります。

そこでまず考えることは、チームのコーディネートのためのキーファクターです。

次に、インテルセクトリアル、セクトリアル、個人と段階的に1つずつ領域を下げていきながら、それぞれのキーファクターを設定してトレーニングを準備し、指導を行います。

ここで大事なことは、全ての領域のキーファクターがチームのコーディネートにつながっているということです。個人のキーファクターはセクトリアルがコーディネートされるようなものであることが必要で、セクトリアルのキーファクターはインテルセクトリアルがコーディネートされるためのものである必要があり、同様にインテルセクトリアルのキーファクターはチームがコーディネートされるためのものであることが必要です。

これが機能していないと、個人が何のためにプレーをしているのかがわからなくなってしまいます。

図26は一例です。

図26　1-4-1-4-1 → 1-2-3-5の例

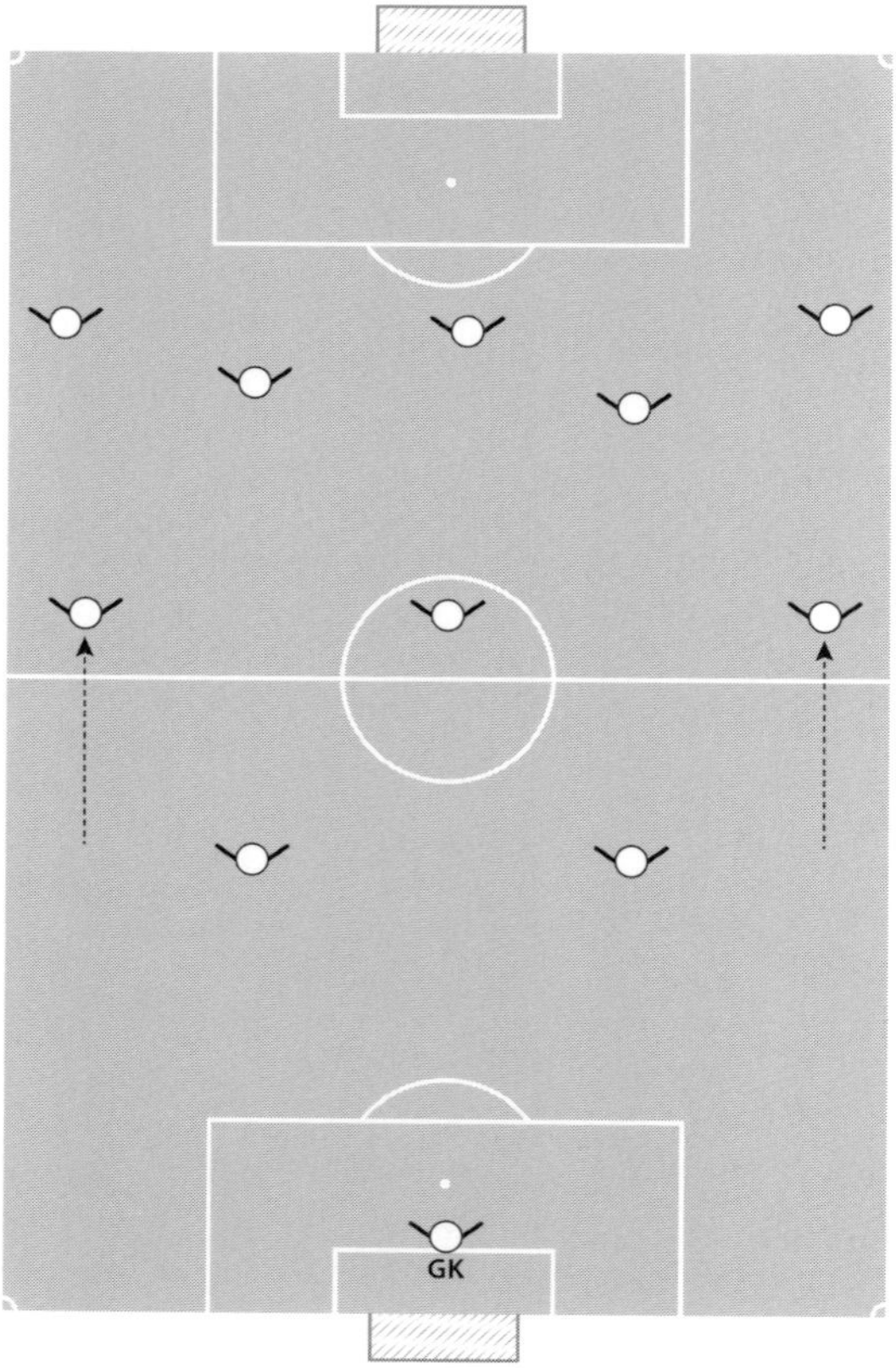

「サイドから攻撃を前進して、フィニッシュへと到達する。」「サイドの選手はできるだけ深い位置にポジションを取る」などグループと個人のキーファクターを準備しておくことで、各選手に明確なタスクが伝わり、それぞれが機能することでチームとしてのパフォーマンスが発揮される。

攻撃の時のシステム配置：1-4-1-4-1→1-2-3-5

チームのコーディネーションのためのキーファクター

●サイドから攻撃を前進して、フィニッシュへと到達する

グループのコーディネーションのためのキーファクター

●サイドの選手はできるだけ深い位置にポジションを取る

●相手を中央に寄せるために同じエリアでパスをつなぐ。相手を引きつけたらサイドへ展開

●前進を図るために相手のライン間のスペースを作り、侵入するようなポジションを取る

各ポジションのコーディネーションのためのキーファクター

●CB：ボランチに対して斜めのサポートをする

●ボランチ：CBに対して斜めのパスコースを作る。もし相手が中へ寄ってきたらサイドへ直接展開する

●トップ下、FW：サイドと中央でポジションチェンジを行う。相手の背後でボールを受けるためにゴールへ向かってマークを外す動きを行う。サイドでの1対1の局面では個人での突破を試みる

このように、グループと個人のキーファクターはチームの攻撃のコーディネートであるサイドアタックに結びついていることがわかります。それを準備しておくことで、各選手に明確なタスクが伝わり、それぞれが機能することでチームとしてのパフォーマンスが発揮されるのです。もちろん、これらのキーファクターの設定には選手の特徴やゲームで求められる条件などを加味する必要があります。指導者であれば、このような形でチームと選手のタスクの明確化と落とし込みをしてみてください。

組織的攻撃の原理原則

チームが攻撃を行う際、5つのアクション（サリーダ・デ・バロン、中盤を経由した前進、ダイレクト攻撃、フィニッシュ、セットプレー）があることを説明しました。

次は、その中の「原理原則」です。原理原則とは、各アクションにおいての設定と注意点となります。それぞれの状況下でポイントをおさえ、プレーモデルの設定を行うことで、よりチームはオーガナイズされ、コーディネートされたアクションを実現することが可能となります。まずは大きく2つのグループに分けることができます【図27】。サリーダ・デ・バロン、中盤を経

図27　組織的攻撃の原理原則

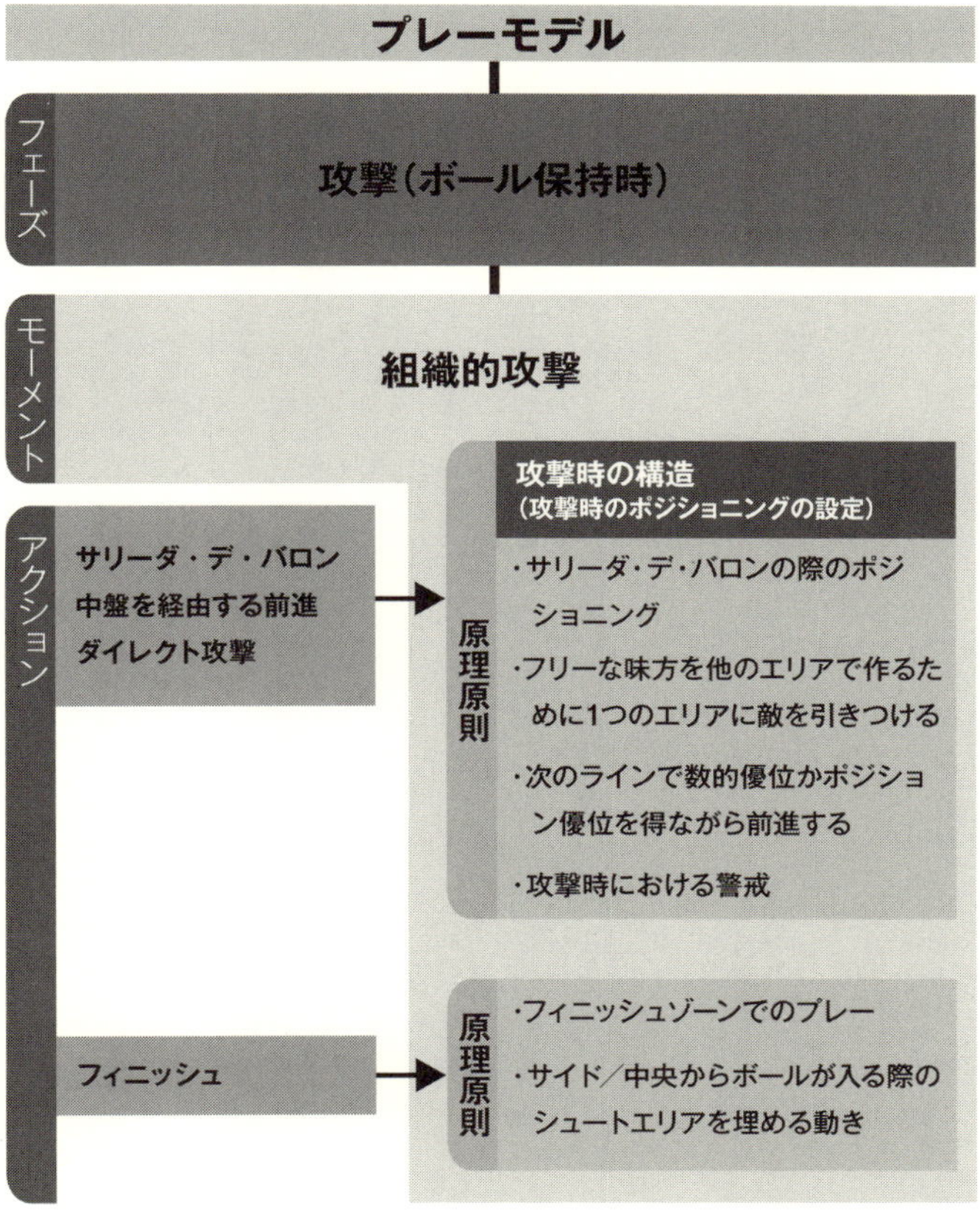

由する前進、ダイレクト攻撃のグループでの原理原則と、フィニッシュの時の原理原則です。前者はオーガナイズすることが比較的容易です。一方、後者はフィニッシュに関わる状況下で相手はタイトにマークしてきますのでスペースが少なく、時間も無く、より大きなダイナミズムが存在するためコントロールしにくいという側面があります。加えて、意外性なども求められます。後に詳しく見ていきますが、状況として前者はより規則が求められ、後者(相手ゴールへ近づくにつれて)は多様性、意外性が必要とされる傾向があります。

◆攻撃時の構造(攻撃時のポジショニングの設定)

定義:攻撃時のプレーモデルに基づいたポジショニング。ライン間と1ライン内のバランスを整えつつ、プレーを展開させやすいものでなければならない。

これは攻撃するにあたってのポジショニングの設定です。1-4-3-3なのか1-4-4-2なのか、それとも後ろが3人で攻撃を始めるのか、などの設定です。一昔前であれば、攻撃の全てのフェーズを1つのシステムで表現していました。しかし、今では攻撃のプロセスにおいてシステムの変化は当たり前となっています。

グアルディオラ監督時代のバイエルンでは、中盤を経由した前進の時にはフィールドのポジショニングが1-2-3-5になっていました。このようにプレーモデルに基づいた配置を決めておくことがスタートとなります。

日本では**「スタートポジション」**と言い換えることができるでしょう。私が日本のサッカーを見た時、このポジショニングの設定が曖昧で、適正なポジションバランスについていないにもかかわらず、攻撃をスタートさせることでパスコースが確保されていない、スペースがない中でプレーをさせてしまっていることが非常に多いと感じます。

これは選手にとっては非常にプレーし難い状況です。この問題をピッチ上で解決することは容易ではありません。特にサッカーへの理解がまだ乏しい育成年代であればなおさらです。この設定は間違いなく指導者が決め事の1つとして選手に与えなければいけないことです。

しかし、日本では多くの指導者がこの「適正なポジショニング」は選手が判断して見つけるものだと誤った認識を持っています。そうではなく、スタートポジションは監督が選手に示すもので、そこからの微調整を選手が状況に合わせて行うことが本来のプロセスです。

日本においては、「選手に判断させる」というフレーズがどうやら間違った方向で使われているように感じます。このようにある意味、〝カオス〟なチームは各選手の共通認識が図られていないので、「この状況の時、味方はこの辺りにいる」という判断を楽にする前提条件の情報が抜けています。そのため、選手が決断を下し、プレー実行へ移るための時間がかかってしまいます。プレーの精度も落ちるため、サリーダ・デ・バロンのアクションでこのようなことが起きてしまうのは非常に危険です。

今でも覚えていますが、私がスペインに来てバルセロナの地域クラブの10歳のチームを担当した時、プレシーズンに紅白戦を行いました。私のチームがゴールキックで攻撃をスタートする時、選手たちが決められたポジションへバランスよくつき、攻撃を始めようとしました。

これに関して、私は一切指示を出していませんでした。しかし、すでにそれができていたのです。その時に私は「この選手たちは、これを知っているのか」と感心しました。10歳にしてすでにゴールキックの時に決められたポジションにつき、攻撃をスタートすることで有利に進めることができるということをすでにそれまでの指導者から教わっていたのです。

この時、スペインではサッカーの理解レベルが日本とは大きく異なることを認識しました。日本では「10歳ではそのようなことはできない」、「ポジションを固定することで選手の判断を奪う」と否定的な意見を目にしてきましたが、それが全くの誤解だったと気付きました。

【キーファクター】

●パスコースを維持しながらボールを保持し、前進を図る。次にチーム全体で適切な幅と深さを確保する。チーム全体がボールに寄って行ってしまうと、前進に必要な距離の縦パス、

ボールを保持するために十分なスペースを利用するための横の距離を取ることができない

●このポジショニングは固定されたものであってはならない。プレーの状況や背景などによって常に動くものである。（いわゆる、システムとは異なるもの）サリーダ・デ・バロン、中盤を経由する前進、ダイレクト攻撃のプロセスによって形が変わる。スタートポジションが1-2-3-5でも、そこからサイドの選手が中へ入っていく、中の選手がサイドへ出ていくモビリティが必要

●相手DFラインを広げる、混乱させるために自チームの選手間の距離を取る。このポジショニングは選手たちの特徴や、相手チームの守備の形などによって変化する。つまり、試合によって（または試合中にも）変化するもの

●チームとして適切なポジショニングを取ることは、パスコースの確保とライン間のプレーに役立つ

●素早く守備のフェーズに入るためにも、適切なポジショニングは必要

これらのキーファクターはとても一般的なものです。これらがベースとなり、特殊性の含まれるプレーモデルが成立しますので、基本としてチーム作りを進める上でおさえておくと良いでしょう。

攻撃のポジション構造をトレーニングする際に考慮すべきこと

●トレーニングの方向性：コンテクスト（背景）がある形式で行う

●トレーニング形式：オレアーダ（1つのゴールへ向かって1つのチームが攻撃し、もう1つのチームは守備をする形式）、ポゼッション、ゲーム形式

●〝ボールに関与する選手〟と〝プレーに関与する選手〟の両方がいること（1チーム最低7人）

●フリーマンはいても良い

●ゲーム形式とポゼッション形式を実施する際、2チームが同じ形で同時にトレーニングできるようにする

●（基本的な形を乱さないため）ゾーン分けされたピッチで行う

この中で私が特に重要だと考えるのは、コンテクストを考慮すること、ピッチをゾーン分けして行うこと、の2つです。コンテクストとは、ゲームのどの場面かを想定してトレーニングをデザインすることです。例えば、サリーダ・デ・バロンで相手がどのようにプレッシングを行ってくるのかを想定し、状況を明確にすることで、選手は実際の試合でどこにポジションを取らなければいけないかを理解します。

図28　ゾーン分けをしたトレーニングの例

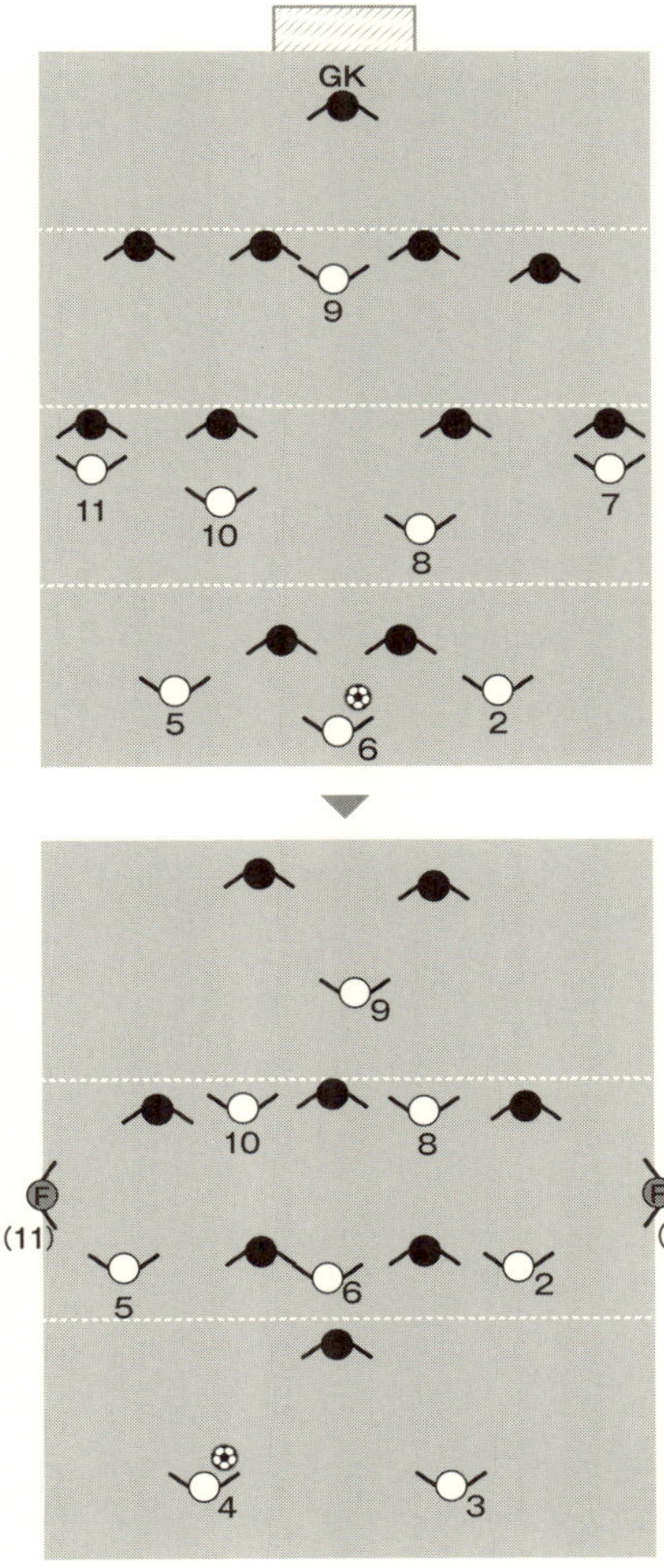

■バイエルン・ミュンヘン：1-2-3-4-1のシステム

中盤を経由して前進するトレーニング、オレアーダ形式。構造としては後ろの2人を除いた3-4-1を切り取っている。このゾーン分けした部分を切り取り、下図のようなトレーニングに落とし込む。

ポゼッション形式、システムの全ての構造が含まれている。フリーマンは上図の7と11にあたるサイドの選手の役割となる。

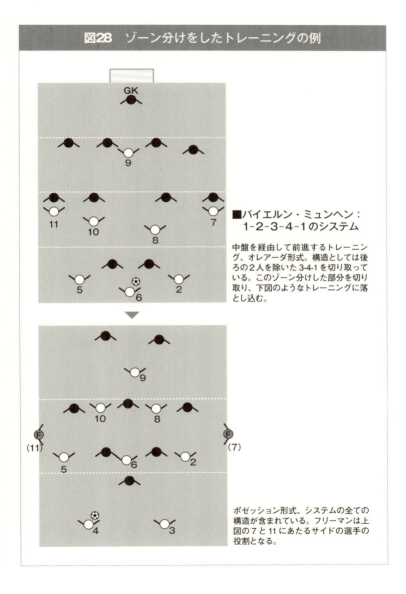

もう1つのゾーン分けは、スペインのトレーニングではよく見る方法です【図28】。これを行うことで選手は自然と自分のポジショニングを覚えるようになります。育成年代では、ボールに群がってしまう傾向がありますので、このようなルールによって各選手のポジションに強制的につかせてしまうことも必要です。

2つのタイプの攻撃の構造

プレーシステムは多くの選択肢がありますが、攻撃時の構造は2種類に分けて考えることができます。

●連携プレーを中心としたサッカーに適した構造【図29】

●縦に速い（バーティカルな）**サッカーに適した構造【図30】**

この構造の整理をすることで、自チームのプレーモデルに適した選択をすることができます。また、対戦相手が戦術的にコーディネートされている場合は配置から相手の狙いも分析することもできますので、有益に働くことになるでしょう。

この選択も、繰り返しになりますが自チームの状況、相手チームのスタイル、天候やクラブの理念などが影響を与えますので、その点を十分に考慮することが大切です。

◆サリーダ・デ・バロンの際のポジショニング

定義：攻撃のスタート時におけるプレーモデルに基づいたポジショニング。自分たちの攻撃のポジション構造やプレースタイル、相手のプレッシングなどによって決まる。

【キーファクター】

●サリーダ・デ・バロンは攻撃のスタートエリアからの前進がスムーズになるものでなければならない（例えば、背後からプレスが来ている味方へのパスは有効な受け手とならない）

●もしボール保持者の前にスペースがあるなら、運ぶドリブルで前進し、相手を引きつけた上でフリーな味方を作る

●すぐに前進できる訳ではない（相手を動かして前進するきっかけを作るために横パスがある）

●前進しないパスが多すぎると、相手DFは形を整えやすくなり、前進がより難しくなる

●サリーダ・デ・バロンの際は、速く前進することが大切なのではなく、前進する準備ができてから行うことが大切

サリーダ・デ・バロンは「ビルドアップ」に似た言葉ですが、日本のサッカーの概念には無

図29　連携プレーを中心としたサッカーに適した構造

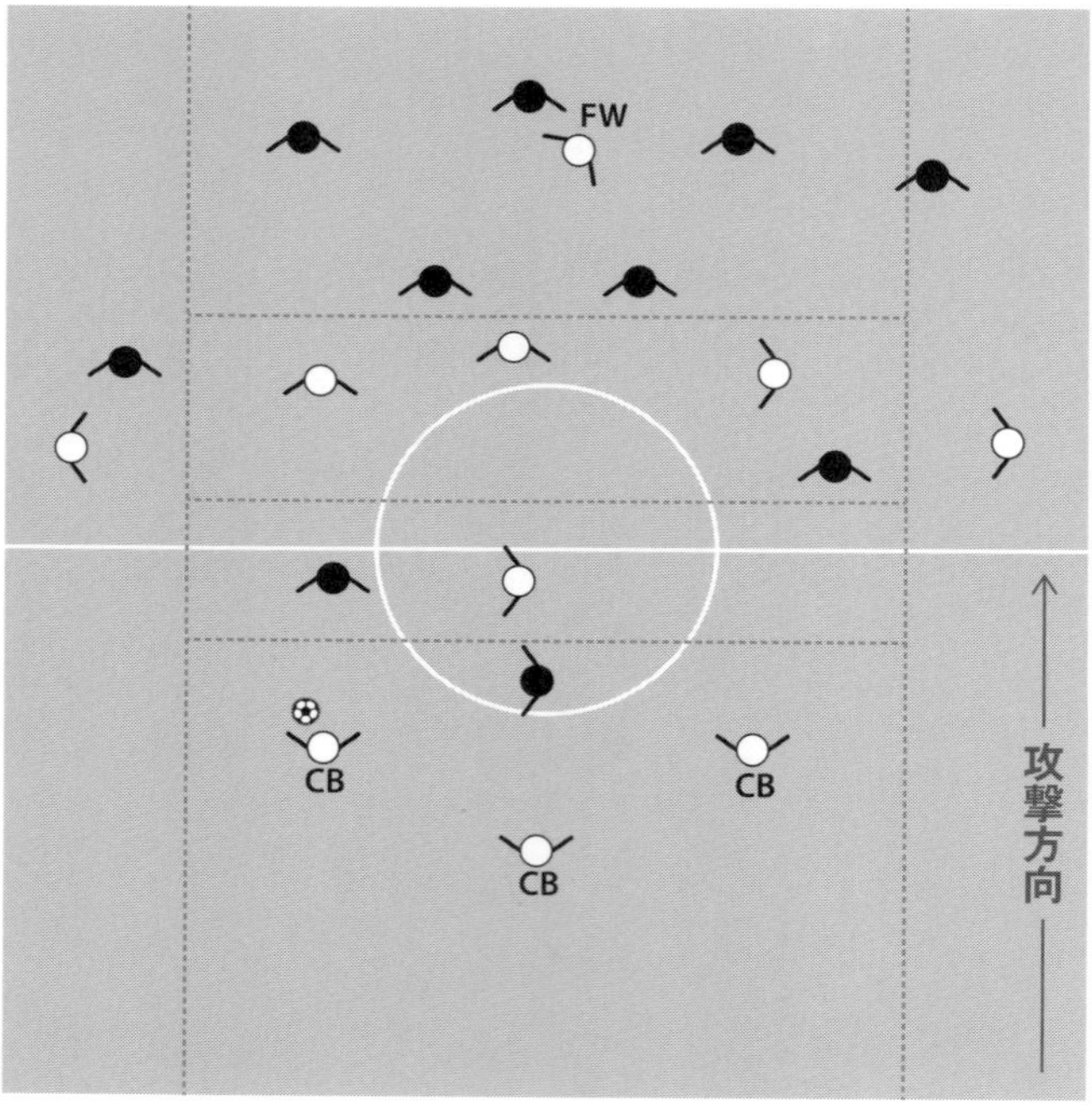

［特徴］

●サリーダ・デ・バロン時における優位性の確保（多くのパスコースがあり、そこでポジション優位が確保できている）。
●ワイドに開く選手の存在（相手のＤＦラインを広げて、ワイドに固定させるため）。
●最低限相手と同人数の選手を中央エリアに配置する。ただし、現代サッカーにおいては数的優位をつくることができなければサリーダ・デ・バロンが困難。例えばグアルディオラ監督時代のバイエルンはサイドバックを中央に配置することで、数的優位を確保していた。
●相手ＤＦラインを深い位置に固定させるため、深さを確保するＦＷの存在（中央エリアのスペースを狭くしないため）。
●この形を採用するチームは、ボールを失った際の「ボールへのプレッシャー」をかけやすい。

図30　縦に速い（バーティカルな）サッカーに適した構造

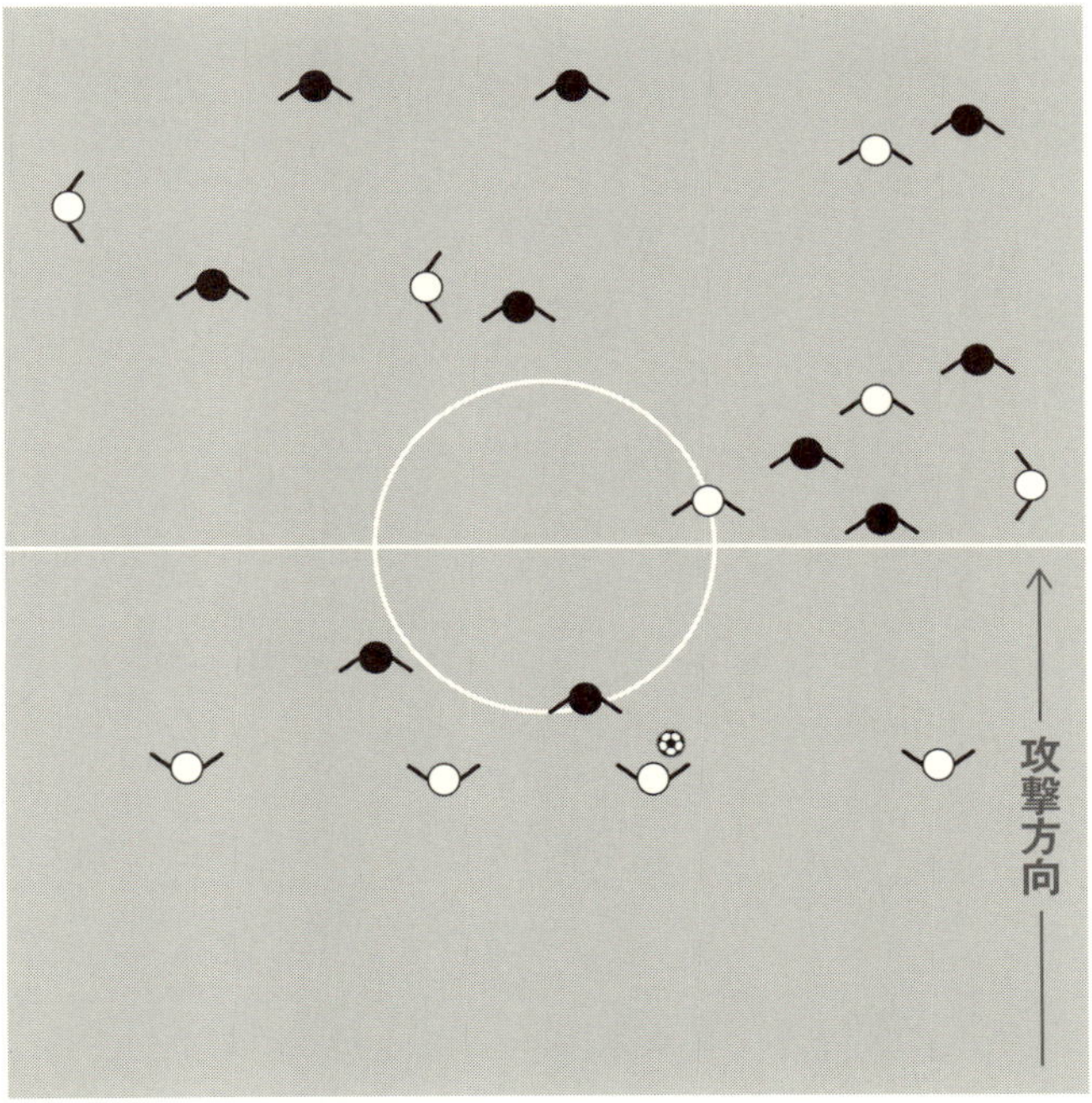

［特徴］
●前後２ブロックに大きく分かれる傾向がある。
●相手最終ライン上に、多くの選手を配置する。
●サリーダ・デ・バロンは常に自チームの最終ラインにあり、相手よりも多くの人数が必要。（ロングボールを蹴りやすくするため）
●低いエリアに味方を多く配置し、相手を引きつける。（相手の背後にスペースをつくるため）
●この形を採用するチームは、ボールを失った際の「カウンターアタック」に対応がしやすい。

※「縦に速い」とはただ前にロングボールを蹴ることではなく、まずは相手から見て高い位置に引きつけ、スペースを背後に作ってから一気に攻めるチームのことを指します。

いスペインサッカー特有の表現です。私にとってこの概念は非常に新鮮でした。なぜなら、日本サッカーで言われるボールを保持する意味での「ポゼッション」とも意味が異なるからです。ポゼッションはとにかくボールをキープするイメージですが、スペインのサリーダ・デ・バロンは加えて前進のきっかけを探すところまでが含まれています。

さらに、相手のプレッシングまでが考慮されているのです。

今でもこのアクションを上手く日本語には訳すことができないため、本書では「サリーダ・デ・バロン」とスペイン語表記でお伝えしています。

直訳をすると「ボールの出口」となる言葉ですが、「出口」とは何でしょうか？

私の解釈にはなりますが、相手のプレッシングのファーストラインからボールを逃して前に運べるスペースやパスコースを「出口」と捉えるイメージです。

現代サッカーにおいては、プレッシングの進化によりそれに対抗するため、今度は攻撃側のサリーダ・デ・バロンに工夫が求められています。実際、すでに様々な形が現れています。

繰り返しにはなりますが、「サリーダ・デ・バロン」の概念は相手のプレッシングありきの考え方ですから、現象を見る(分析する)時には相手チームがどのような守備を採用しているかをしっかり踏まえる必要があります。

一般的には、ＧＫからＣＢにパスが出た後、いきなり前進のパスが成功することはないと考えられています。なぜなら、相手が組織的な守備を構築している場合、一本目の縦パスを簡単に通させてくれるような隙は無く、前進のチャンスもそう簡単に与えてくれないからです。

試合を見ていてGKからCBへパスが出て、そのサイドから縦パスが入って前進が成功するような場面、それは相手の守備に問題があります。

サリーダ・デ・バロンとは、しっかりと組織が形成された守備を相手にしたアクションです。この視点から考えると、日本でこのような概念がないのは、厳しい言い方になるかもしれませんが「長く守備の文化がなかったことからサリーダ・デ・バロンのような概念、アクションを考える必要性がなかった」と言うことができます。続いて、サリーダ・デ・バロンの詳細を見ていきましょう。幅と深さ、数的優位などを上手く組み合わせて、5つの種類があります。

5つのサリーダ・デ・バロンの種類

①DFラインが台形のポジショニング【図31】

CBが大きく開き、両サイドバックが深さを取って、4人のDFラインが台形を形成する方法。ボランチはCBよりも前方にポジションを取る。

図31　DFラインが台形のポジション

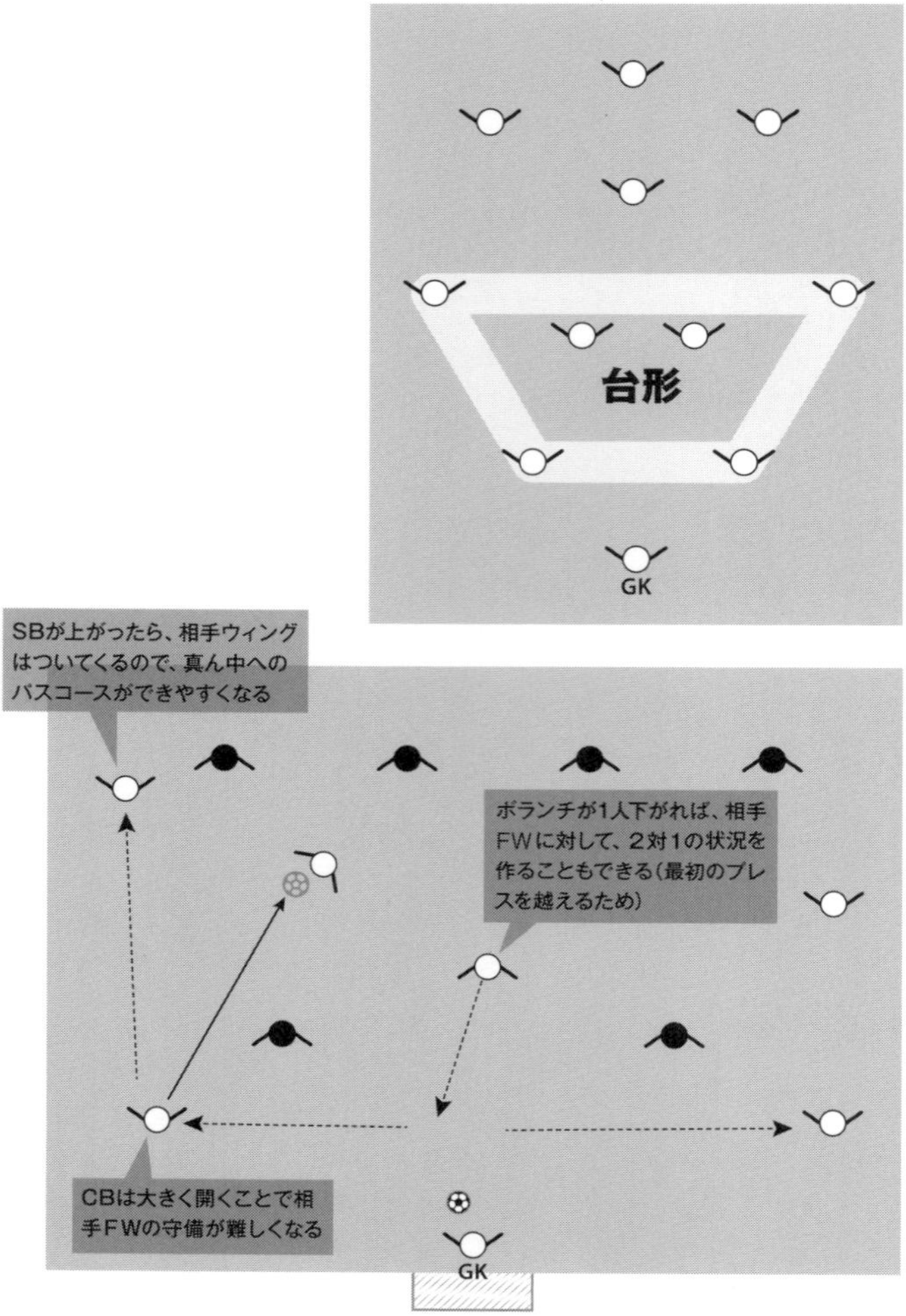
台形
GK
SBが上がったら、相手ウィングはついてくるので、真ん中へのパスコースができやすくなる
ボランチが1人下がれば、相手FWに対して、2対1の状況を作ることもできる（最初のプレスを越えるため）
CBは大きく開くことで相手FWの守備が難しくなる
GK

この配置のメリットは、CBが横に大きく開いているため、相手が1トップでも2トップでもスライドが追いつき難い、つまり守備がし難いという点です。

1トップの場合、2人のCBをケアするには距離が遠すぎて横パスに対して追いつくことが困難です。2トップの場合も、中へのパスコースを閉じながら外へ追い込む守備をした場合、2CBに十分なプレスをかけることは難しいでしょう。

2トップの距離が開いた時にはボランチへのパスコースができます。そこがこの配置の大きなメリットとなります。バリエーションとしては、ボランチがCB間に降りれば、3人でのサリーダ・デ・バロンを開始することも可能となります。

もう1つの特徴として、深い位置にポジションを取るSBの存在です。これによって相手のサイドMF（ウイング）を押し込むことができ、中へのパスコースが生まれます（図31では左のCBから中盤への斜めのパスコースができている）。CBとの距離を大きく取ることで、相手のプレッシングのファーストラインと中盤のセカンドラインの間に混乱をきたすことが可能となります。

しかし、進化するプレッシングの方法として、サイドハーフ（ウイング）が深さを取る攻撃チームのSBについて行かず、CBとSBの中間ポジションを取る形も増えてきています【図32】。その場合はさらに工夫が求められます。例えば、CBを少し下げてSBとの距離をさらに広げ、相手を困らせる方法を採用することもオプションの1つです。

図32　CBとSBの中間ポジション取るプレッシング

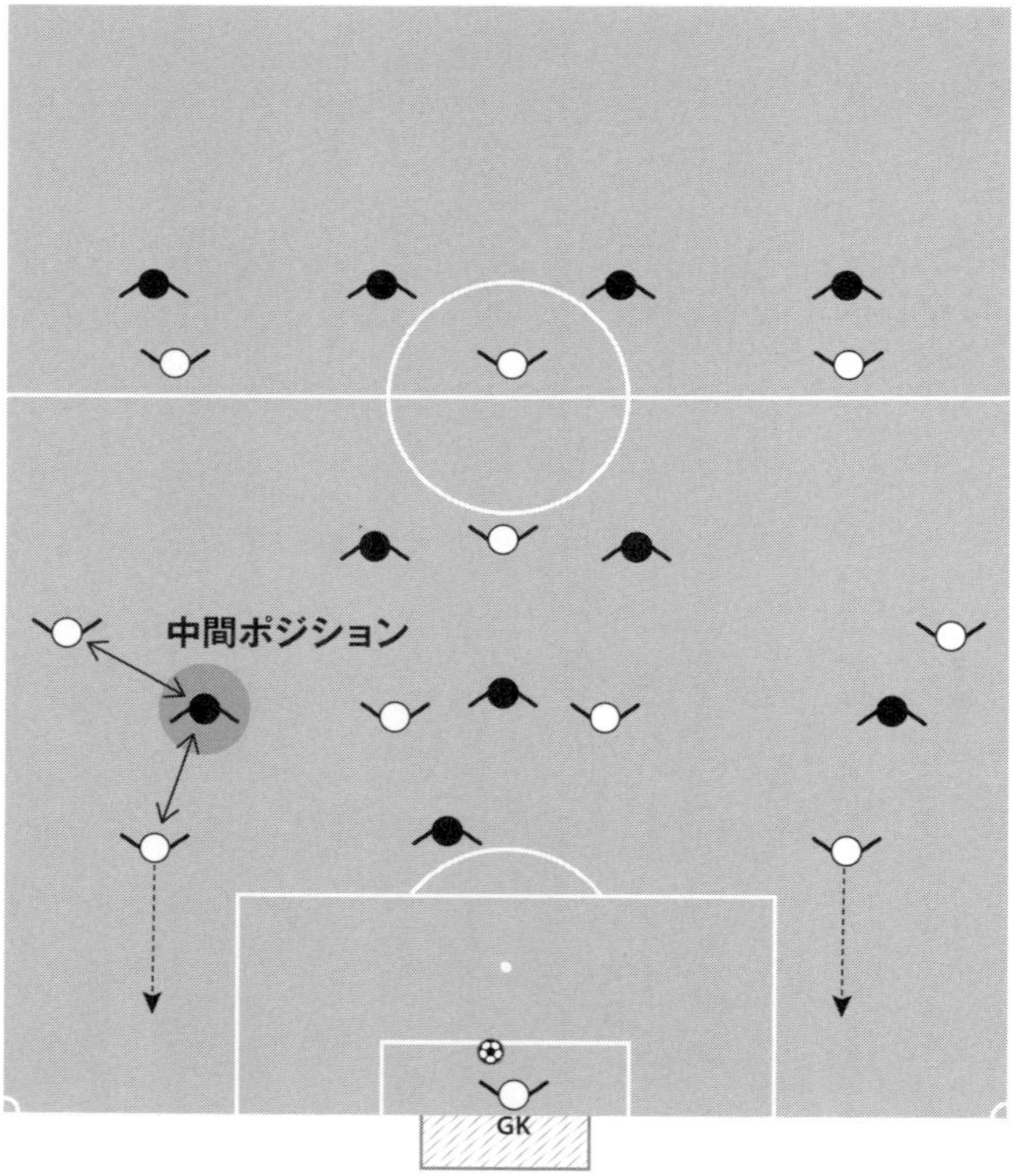

相手サイドMFはCBとSBの両方へプレスに行けるように中間ポジションを取ることがある。その場合、CBを少し下げることで距離を広げて相手を困らせることも一つのオプションとなる。この場合、GKからCBの足元へのパス、SBへ浮き玉のフィードという選択肢2つを確保することになる。

②ＤＦラインが横並びになる方法

４人のＤＦラインが横一列になってポジションを取る方法。

この形のメリットとしては相手が2トップでも3トップでも、確実に数的優位が確保できる点です。基本的にＤＦラインでボールを保持している限り、ボールを失いにくい構造です。

また、ＳＢの位置が低いため、相手のサイドＭＦの選手を引きつけることができます。ルイス・エンリケ監督時代のＦＣバルセロナではこの配置を採用していました。

左ＳＢのジョルディ・アルバを敢えて低いポジションに置くことで、相手の右サイドハーフ（ウィング）を釣り出します。すると、前に出てきた選手の背後に大きなスペースができますので、そこにイニエスタが開いてボールを受ける形を作っていました。

そこでイニエスタがボールを受けることができれば、瞬間的に左サイドで2対1を作れる可能性もあります。右サイドではスペースのある状態でメッシの足元へボールを配給することもできます。このバルサの方法は、ＤＦラインが横並びになるサリーダ・デ・バロンを有効活用する一例と言えます。

図33　3人でのサリーダ・デ・バロン

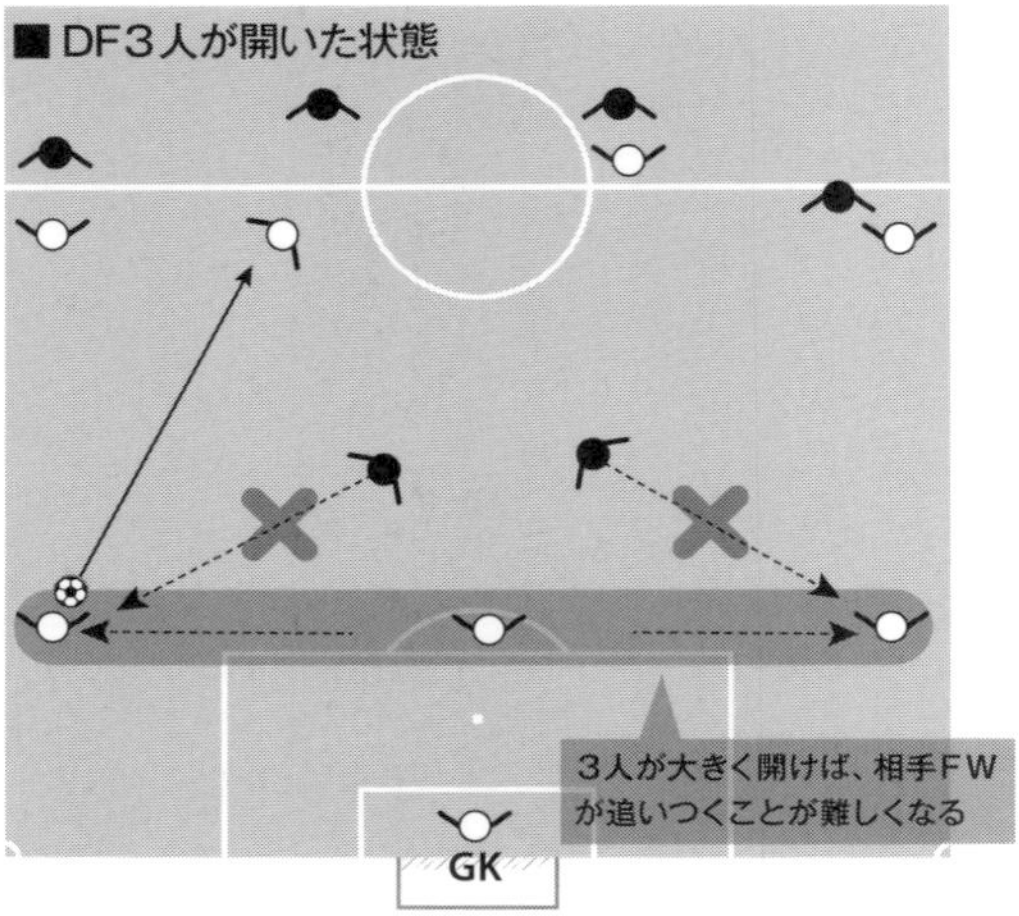
■DF3人が開いた状態
3人が大きく開けば、相手FW
が追いつくことが難しくなる
GK

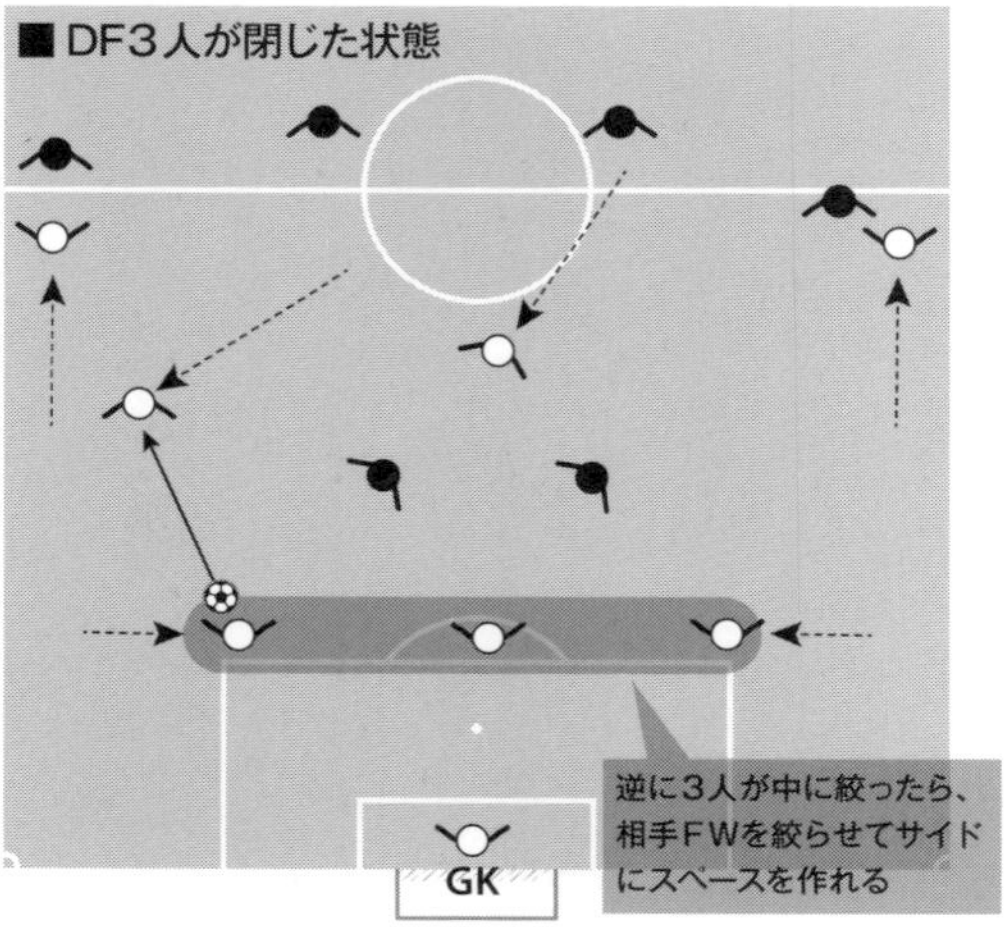
■DF3人が閉じた状態
逆に3人が中に絞ったら、
相手FWを絞らせてサイド
にスペースを作れる
GK

③3人でのサリーダ・デ・バロン

攻撃のスタート時に後方に3人を配置して開始する。

例：両CB＋アンカーなど

3人でのサリーダ・デ・バロンは主に相手が2トップでプレッシングを実行してくる時に有効で、開いたパターンと閉じたパターンに分類できます【図33】。

開いたパターンであれば、3対2の状況で真ん中の選手が2トップの1枚を出来る限り引きつけて外へパスします。パスを受けたCBは前のスペースが空いているので、運ぶドリブルで持ち上がり、SBを加えて2対1の状況を作ることが可能となります。

以前は1-4-3-3からボランチがCB間に降りてきて3人でのサリーダ・デ・バロンの配置を作るのが一般的でしたが、最近では別のバリエーションが発生しています。

4バックの左右どちらかのサイドバックが深さを取り、残りの3人が後方にポジションを取る形です。この形では、ボランチが降りる形式よりも誰が3人なのかが見えにくいので相手を混乱させるには有効な方法です。

17-18シーズンに対戦したバルセロナのフベニール（ユース）Bがこの形でのサリーダ・デ・バロンを採用してきて、実際戸惑った経験があります。

図34　3人でのサリーダ・デ・バロンのバリエーション

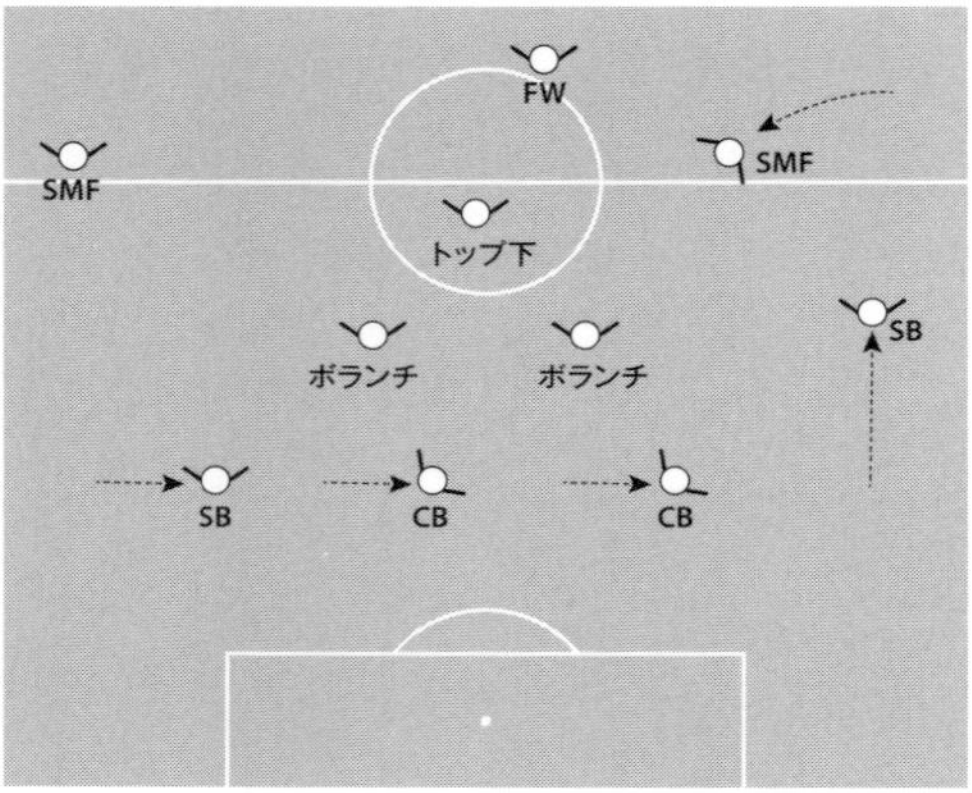

4バックの左右どちらかのサイドバックが深さを取り、残りの3人が後方にポジションを取る形。この形では、ボランチが降りる形式よりも誰が3人なのかが見えにくいので相手を混乱させるには有効な方法となる。

図35　ロングボールを使ったサリーダ・デ・バロン

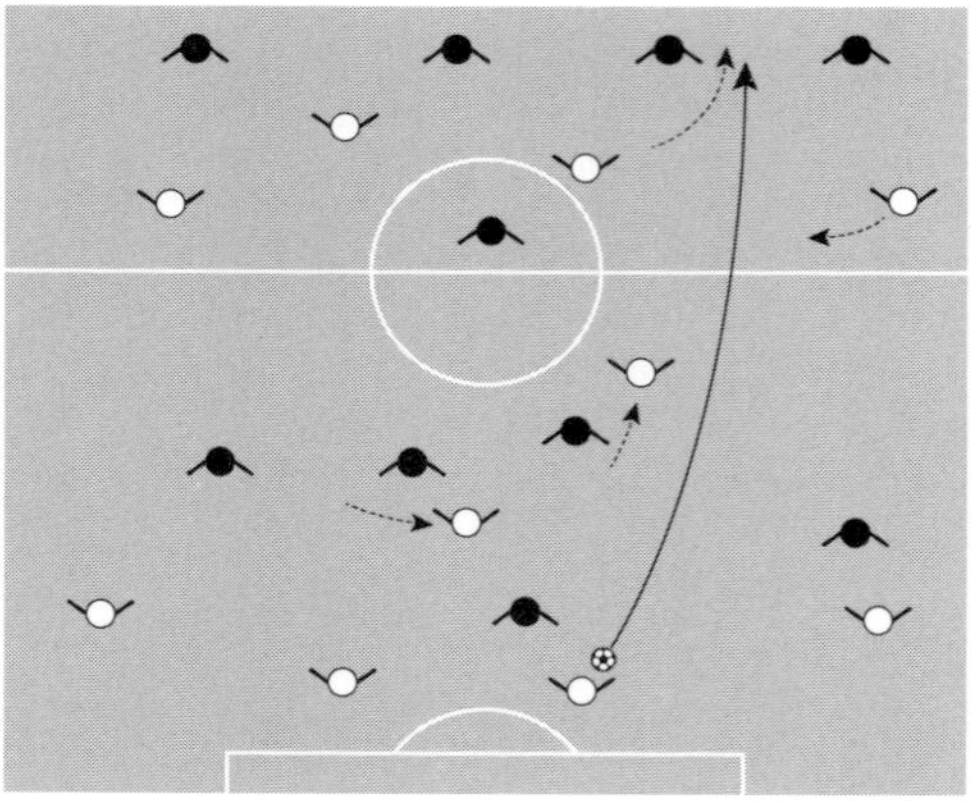

中盤に人数を配置せず、後方に数的優位を作ってボールを保持。そこで相手を引きつけ、前線へボールをロングフィードするための配置。ここでは「相手を引きつける」アクションがとても重要となる。

図34を見るとわかる通り、アシンメトリー（左右非対称）ですので、守備側からすると分析・対応するのに一手間かかります。

④ロングボールを使うためのサリーダ・デ・バロン

中盤にあまり人を配置せず、最終ラインで数的優位を確保する。

この配置はＤＦラインと前線が分離されているポジショニングです。

図35のような中盤に人数を配置せず、後方に数的優位を作ってボールを保持します。そこで相手を引きつけ、前線へボールをロングフィードするための配置です。

ここでは「相手を引き付ける」アクションがとても重要です。単純に判断なくボールを放り込んでいくのとは違います。ＤＦラインでパス交換を行い、相手がプレスに来るのを誘発することで、ＤＦラインと中盤やサイドの距離が開きます。その後にロングフィードを入れることで、相手選手の人数が少なくなることが起こり、それを狙う方法です。

私のチームでもダイレクト攻撃がプレーモデルになる時は、このような配置で行っています。

特に相手がゾーン３からプレッシングをかけに来る時に有効な手段です。

相手がゾーン３からのプレッシングを実行してくるとわかっている時のプレーモデルです。

右のCBから前線にロングフィードを行うことを狙いますが、配置を見ると中盤に人数を割いていません。

なぜなら、初めからプレスが厳しい中盤の足元への配給の選択肢は消して、手薄になる前線へのロングフィードを行うことを狙っているからです。2トップとサイドハーフの2人、合わせて4人が前線に配置されていますので、ボールサイドのサイドハーフは中へ入ります。

そして、FWが競り合ったこぼれ球（セカンドボール）の回収を狙う、直接ライン間でボールを受けることを狙います。

⑤ゴールキックのサリーダ・デ・バロン

自チームのゴールキック時に、近くの選手にパスを渡す際のポジショニング。

自チームのゴールキックもサリーダ・デ・バロンの1つです。

相手のチームのプレッシングに対して、どこで誰がパスコースを作るのかなどを考慮してポジショニングを決定します。基本的にはキーパーがボールを配給し、フィールド10人の配置を決めます。現代サッカーでは、守備チームはCBやボランチの足元にパスをつけさせないようタイトなマークを敷いてきます。SBに対しても中間ポジションからのスプリントでプレッシングをかけてくるのが主流となってきました。

ですから、ＧＫにはＳＢへのフィード能力だけではなく、50メートル近い距離のロングフィードによってＦＷへピンポイントでパスができる能力まで求められています。

例えば、ＦＣバルセロナのテア・シュテーゲン、マンチェスター・シティのエデルソンなどはそうしたプレーを実行できるＧＫです。彼らは、ＤＦラインにも中盤にも配給できない時、ハーフウェーライン辺りにポジションを取る前線のＦＷに精度の高いロングフィードを挿し込みます。

ここからは、私が対戦した中で経験したＦＣバルセロナのフベニール（ユース）Ｂや他チームが実行しているゴールキックの時のサリーダ・デ・バロンの一例を紹介します。バルサ・ユースＢは次のような方法で中盤のパスコースを作る動きをしていました。

●ＣＢはペナルティエリアの横に立つ

●ＳＢは深さを取りボランチよりも高い位置に立つ

●ボランチは真ん中のパスコースを作る

5、6年前であれば、1-4-4-2の場合、ダブルボランチが両方前に出ていかないケースが多く、ＣＢ間に降りて行った相手のボランチにＧＫからのパスが簡単に通る状況でした。また、

2トップが降りるボランチを気にして間を閉じれば、外のＣＢへパスを入れて攻撃を簡単にスタートさせることができます。

それが現在、守備チームのプレッシャーのファーストラインにおいて３人がＣＢとボランチにマンマークに近いタイトなマークをつけてパスコースを塞ぎ、後方のセカンドラインもゾーンに３人を並べてＳＢへのロングフィードに対応するような陣形を組んでいます。サイドバックに出たとしても、ボールの移動中にスライドを行って対応する方法が採用されるようになったのです。すると、今度は攻撃側が新しい策を編み出します。

ボランチが少し横へ動き、マークを引き連れてスペースを作ります。そこにインテリオール（インサイドハーフ）が降りてくる動きを入れることで、守備側に迷いを生じさせます。

中央で2対1の数的優位が生まれ、パスを出せるなら出し、もしセカンドラインの３人のうち誰かが出てくれば、他の選手がフリーになるのでパスコースが生まれます。

例えば、サイドの選手が対応をすればサイドバックが空きます。真ん中の選手が対応をすればスペースが空きますので、もう1人のインテリオールが真ん中へ移動しパスを受ける、またはウイングが中へ入りそのスペースを使うこともできます。

このような流れで、ここ数年のヨーロッパのトップレベルのチームのゴールキック時のサリーダ・デ・バロンは急速な進化を見せています。

私の理解では、求められるGKのキックの飛距離が長くなったこと、さらにボールから遠い「プレーに関与する選手たち」までをチームとしてコーディネートすることが求められている点が進化の中身です。将来的にはボールから遠い選手たちのコーディネートがより進化し、もしかすると攻撃のコーナーキック時に行われているスクリーンプレーなどを駆使してフリーな味方を作り出し、そこにGKからピンポイントのフィードを挿し込むようなこともゴールキックから行われる可能性があるでしょう。

ここまで5種類のサリーダ・デ・バロンを紹介してきました。

「これらをどう使い分けるか」ということが現場の指導者にとっては重要です。自チームのプレーモデルに合わせて、相手のプレッシングの形に合わせて、変えていかなければいけません。また、試合展開によって変化させることも必要となります。それぞれの特徴を理解した上で、柔軟に使いこなすことが何より重要な時代となっています。

◆他のエリアでフリーな味方を作るために、1つのエリアに敵を引きつける

定義：自チームがボール保持時、事前にボール付近に相手を引きつけて、前進しやすい他のエリアにボールを運ぶためのアクション。

図36　ゴールキーパーからのサリーダ・デ・バロン

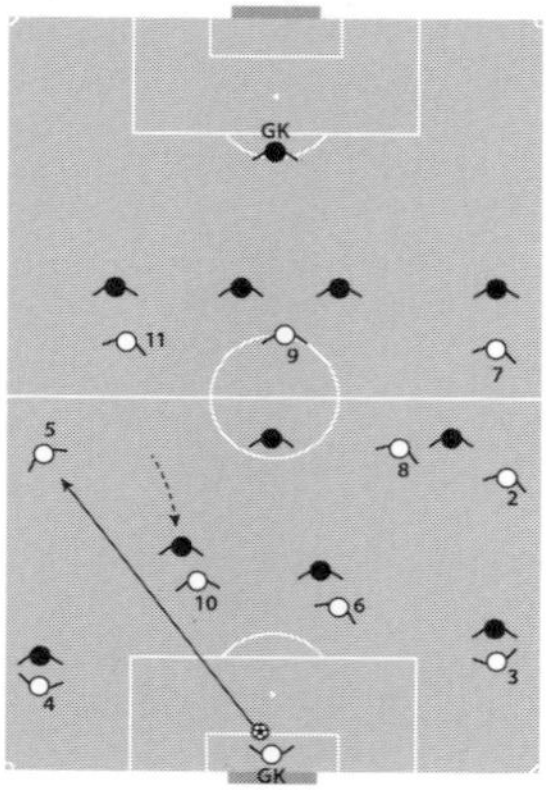

守備チームのセカンドラインの右 SH が10にマークへいけば、左SBの 5 がフリーになる。

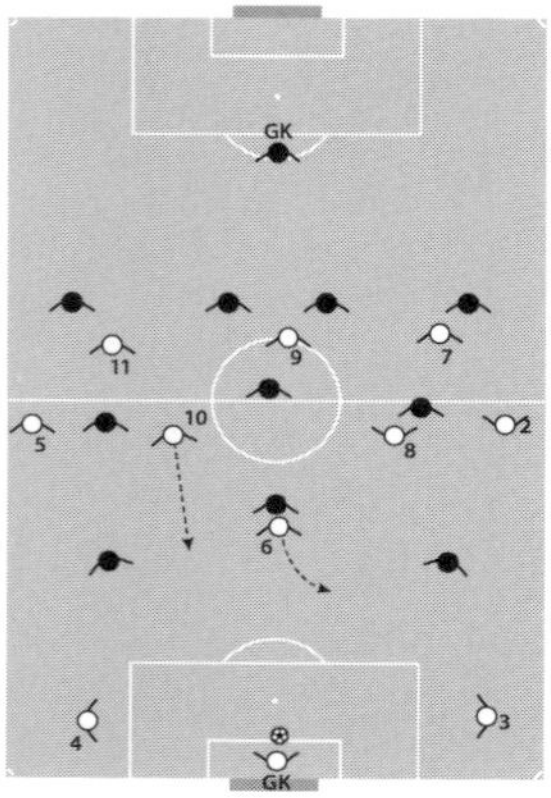

セカンドラインの 3 人のうち誰かが出てくれば、他の選手がフリーになるのでパスコースが生まれる。

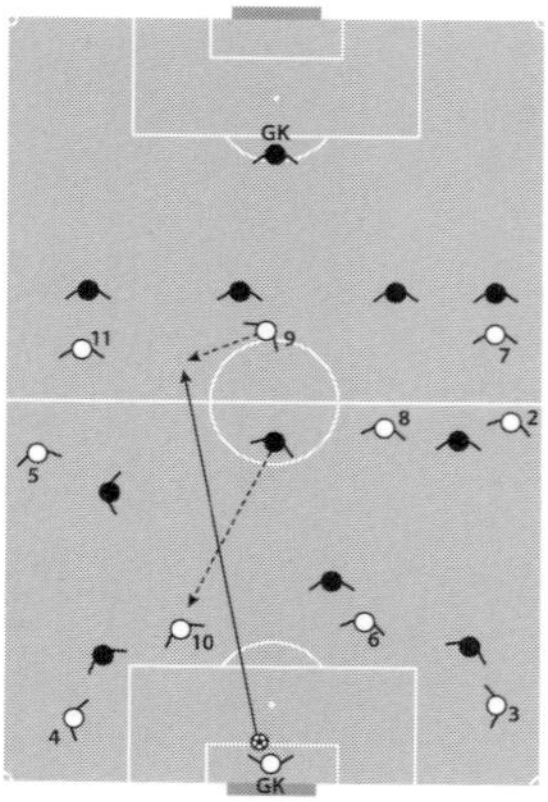

守備チームのセカンドラインの真ん中の選手が10のマークに出てくれば、DF ラインの前のスペースが空くため、FW9にロングフィードのパスを入れる。

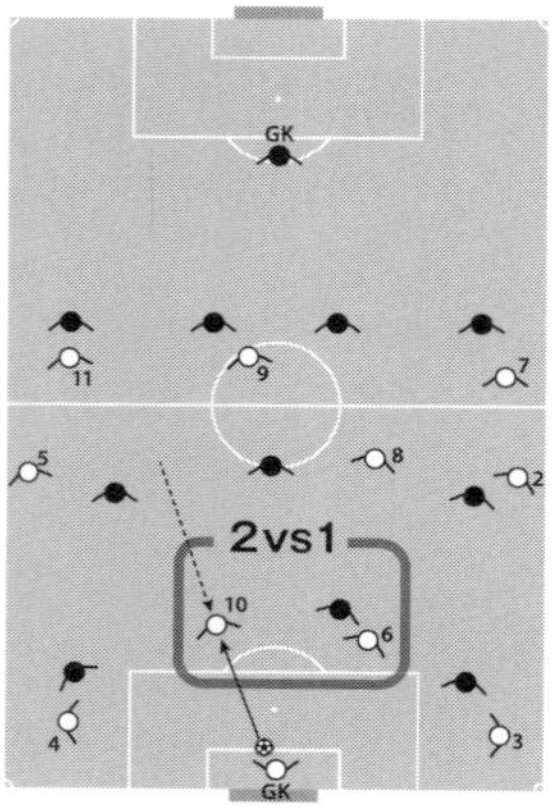

ボランチ 6 と降りてきたインテリオール 10 によって2対1の状況が生まれる。

これは、ボールの保持、前進を図るにあたり有効なスペースからチャンスを見出すための原理原則です。現代サッカーの守備組織では、スペース管理がとてもハイレベルになっていますので、単にパスをつないでいるだけでは有効なスペースを作る、使うことはできません。

そこで、このような原理原則を理解し、「意図的に」相手を一定のエリアに寄せ集めることが必要となります。横方向に相手を動かしてチャンスを作り出す概念となっています。

【キーファクター】

●ショートパスを1つのエリアで続けた後は、サイドチェンジを試みる。ほとんどの場合、フリースペースは逆サイドにある。ショートパスを繰り返すことでボール付近に相手を集めることができる

●相手を引きつけるためには、ショートパスを重ねるか、多くの味方選手を集めるか、2つの方法がある

●逆サイドの選手はサイドチェンジのために、大きく開いておく必要がある

図37と図38のように、中央へ引きつけるパターンとサイドに引きつける2つのパターンがあります。重要なことは、いつ、何のために、相手を引きつけてサイドチェンジするのかです。

図37　相手を中央に引きつけるパターン

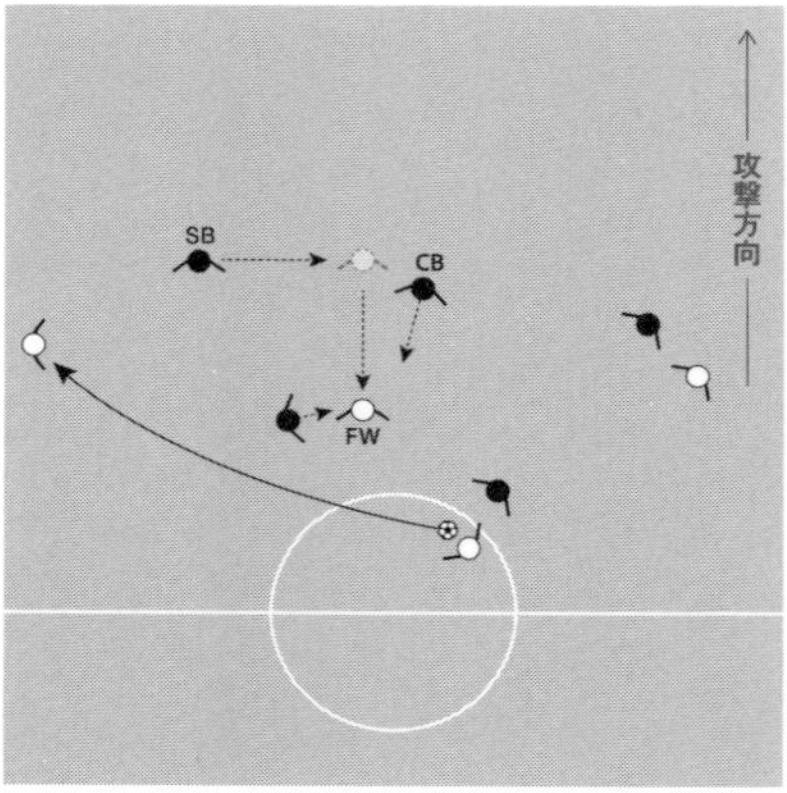

ポジション構造で真ん中に数的優位や同数を作ることで相手を中央へ集め、その後にサイドへ展開する形。近年では「ファルソ・ヌエベ（偽9番）」と言われる戦術がいい例となる。本来センターFWの選手が中盤に降りることで相手CBを引き出し、DFラインの他の選手の中央へのカバーリングを誘発。すると、サイドにスペースが生まれそこを狙う。グアルディオラ監督は、レアル・マドリーとのエル・クラシコでメッシを偽9番に使う戦術でライバルに圧勝した。

図38　サイドに相手を引きつけるパターン

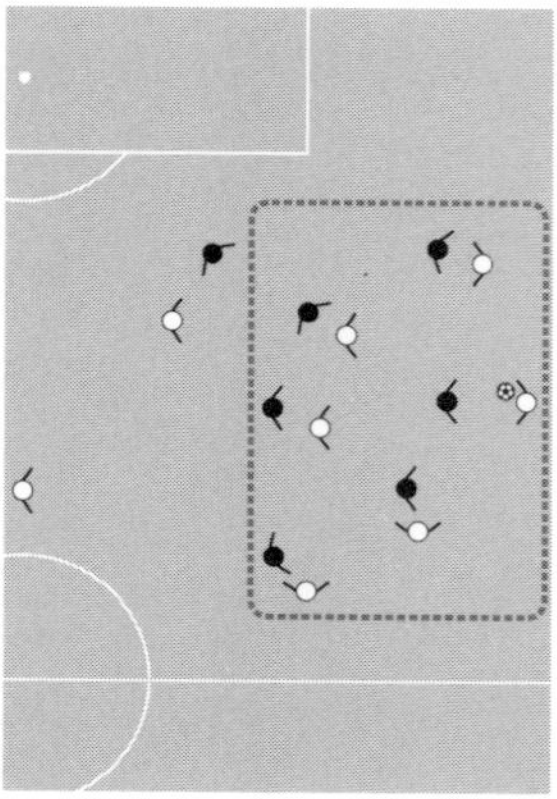

片方のサイドに人とボールを集め、逆サイドへ展開する形。FCバルセロナは伝統的にこの方法をプレーモデルに導入。ティト・ビラノバ、タタ・マルティーノ時代のバルサは右SBのダニエウ・アウベスが高い位置を取り、アンカーのブスケツ、インテリオール（インサイドハーフ）のチャビ・エルナンデス、右ウイングのアレクシス・サンチェス、自由なポジションを取るメッシが右サイドに集結してボールを保持。相手を片方のサイドに寄せたところで、左に張ったネイマールに展開。その後、1対1の個人突破、あるいは左SBのジョルディ・アルバが攻撃参加をして前進を図り、フィニッシュ局面へ持っていく形が目立った。

例えば、中盤を経由して前進するにあたり、右サイドに相手を集めてから左サイドへボールを展開するとします。単に左サイドへボールを運んだだけでは目的達成とは言えません。目的が前進なのであれば、左サイドへボールを運んだ結果、パスを受けた選手がコントロール・オリエンタード（方向付けされたコントロール）で前方のスペースへ大きく持ち出したり、サイドバックが後方から攻撃参加をすることで2対1の状況を作って前進のチャンスを作り出せているかが評価基準となります。

この原理原則における「プレーに関わる選手たち」とは、どのエリアの選手のことを指すでしょうか？　それは、相手を引きつけた後にボールを送り込むエリアにいる選手たちです。基本的には、ボールと逆サイドにいる選手となりますが、この選手たちのオーガナイズ次第でサイドチェンジをした後のプレー展開に差が出ます。

例えば、せっかく一方のサイドへ相手を引きつけても逆サイドの選手のポジショニングが悪く、幅が十分に取れていない、または深さが取れていないとなれば、前進のチャンスを失います。また、テクニック面で言えば前方にスペースがあるにも関わらず、足元へボールをコントロールしてしまうことでせっかく生まれたスペースも相手が素早くスライド対応してしまい、使いたいスペースを埋められてしまう状況も起こりえます。

ですから、「ボールに関与する選手」のキーファクターと「プレーに関与する選手」のキーファクターに分けて整理することで、選手は自分の役割が理解しやすくなります。

前述のキーファクターは、あくまで一般的な項目となっていますので、プレーモデルによってさらに細かく設定して下さい。各チームの指導者が独自のものを作っていいのです。

◆次のラインで数的優位かポジション優位を得ながら前進する

定義：相手の守備組織に対して、各ラインで数的優位、またはポジション優位を得ながらボールを前進させるアクション。

先ほど解説した、サイドチェンジのための原理原則が横方向の概念だとしたら、この原理原則は縦方向の概念です。

縦方向にボールを前進させるアクションにおいて、前方状況のオーガナイズはとても重要です。なぜなら、パスを受ける側の状況が良くなければせっかくのパスやその前のボール保持も有効とならないからです。

よって、受け手のポジショニングや配置による数的優位を作ることが、この原理原則におけるキーポイントです。

加えて、事前分析できるのであれば試合前に相手のシステムや守備方法を把握し、「どこにスペースができるのか」を仮想したトレーニングをその週に組むことが必要です。

スペインでは、トップレベルのみならず、小学生年代でさえも監督が事前に相手チームの試合に足を運び、ビデオ撮影、スカウティング、分析を行い、「次の対戦相手はこのシステムだからここにスペースができて、こちらは数的優位を作るためにこのスタートポジションを取ろう」といったことを考えて緻密に準備をしています。

【キーファクター】

●相手の守備組織に応じて異なるポジショニングを確立する。1-4-3-3であればボランチの両脇にスペースができる。1-4-4-2であればライン間にスペースができやすくなる。各システムによってスペースができる場所の傾向があるので、それを理解しておく

●選手間の関係性を理解する

①ボールから離れた位置にいる選手は、ボール付近の選手がプレーしやすい状態を作る。（闇雲にボールに近づけば、相手を引き連れてしまいスペースが狭くなる）ボールから離れたところにいる選手が離れた距離を維持することで相手も広がり、結果的に周辺の選手がスペースを確保できる。

②遠くの選手は自身のポジションを守ることで、相手のマークをそこに留めることができる。

図39　1－4－3－3で優位性を形成していることを示す図

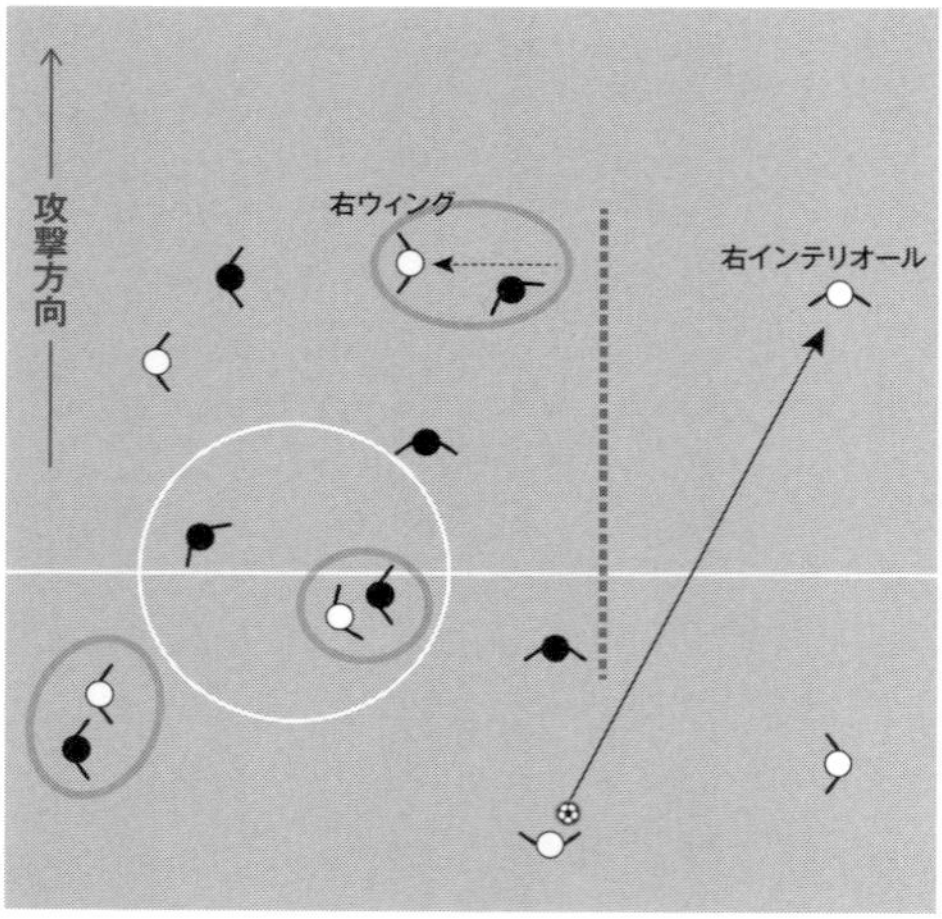

①右のウイングが中へ入り、右のインテリオールが外へ開くポジションチェンジを行うことで、スペースを作り出している。
②サイドにポジション優位を取った右のインテリオール：一本のパスで守備ブロックを越えてパスを受けることのできるポジションにいる。
③相手左ＳＢに対してポジション優位を取る右ウイング：ボール保持者である右 CB から直接背後へのパスを受けられるようなマークを外す動き
④右インテリオールと右ウイングで対左ＳＢに対して数的優位を形成。

【注意点】
●優位な状況は時に相手ＤＦラインの背後、サイドにできていることがある。
●チーム全体で幅を取ることで、深さも確保できるようになる。逆に幅が確保できているのに深さが形成されていない場合は、ポジションのバランスが悪い。同じスペースに２人がポジションを取っていることがある。
●全ての前進は相手の守備バランスの悪いところから行われるべきで、常に相手守備ブロック内への侵入を試みるために行う。もし前方の状況が良くない場合は後方へのパスを行い、再度チャンスを探すよう試みる。相手のプレッシングによっては、これを意図的に利用することも可能。こちらがバックパスをすることで相手をおびき出し、前方にスペースを作ることも狙える。
●自分たちが敢えてバランスを崩すことで、相手の守備バランスを崩すこともできる。偽９番、偽ＳＢ（ＳＢがボランチに入る動き）など、本来の概念ではそこにいるはずの選手が他のポジションに移動することでバランスを崩し、相手もそれに対応することで守備バランスが崩れる。また、近年では左右非対称（アシンメトリー）のポジションバランスで攻撃を行うチームも増えているが、それはこれまでの概念と異なり、相手が対応に困る、守備組織のバランスを崩す方法の1つである。

図40 ファルソ・ヌエベとファルソ・ラテラルを生かした崩し方の例

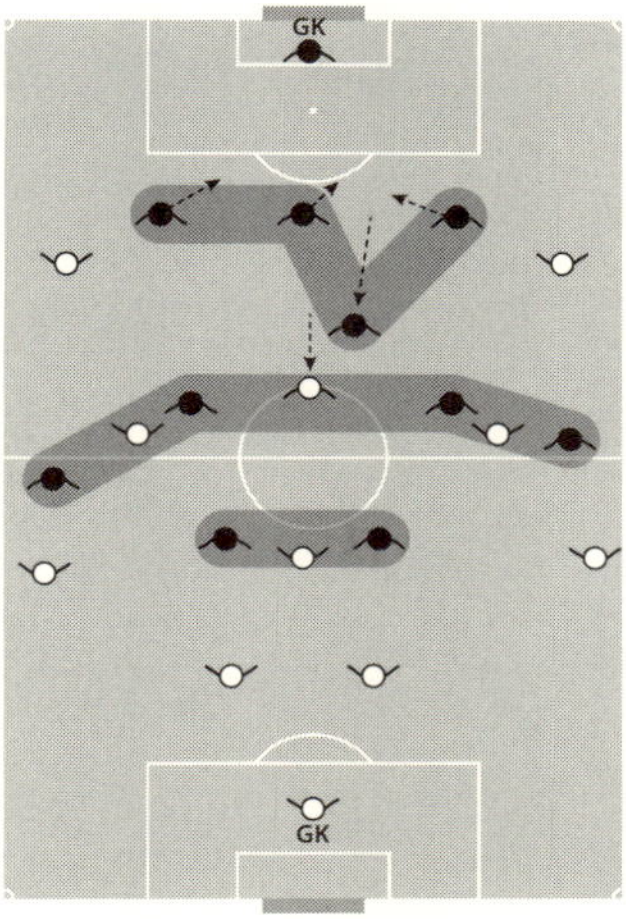

■ファルソ・ヌエベ（偽9番）

相手のＣＢをおびき出し、ＤＦラインのバランスを崩している。

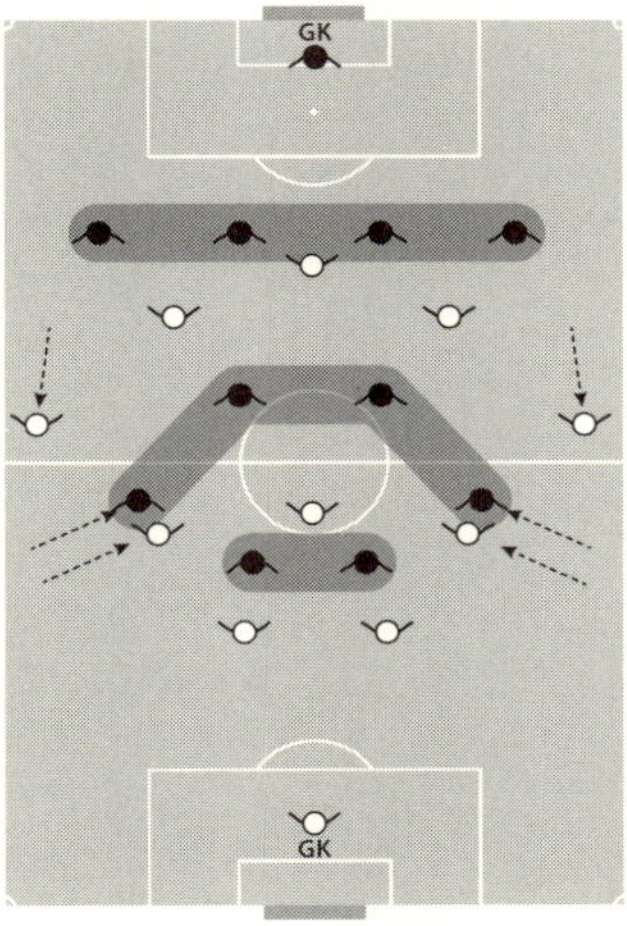

■ファルソ・ラテラル（偽ＳＢ）

ＳＢがボランチの位置に入り、相手のサイドハーフが中に絞ることで、サイドにスペースを作っている。そこへウイングが降りてくる形をグアルディオラ監督時代のバイエルンが採用していた。

その次のパスのためにも、ポジションを維持しなければならない。直接のパスではなく、その次のパスをより優位性のある状況で受ける。

③距離も状況によって変化する（例えば、ボール保持者へのプレスの有無など）。微調整は各選手が行う必要がある。

●相手のプレッシングの開始位置によって、スペースの場所が変わる。相手がゾーン3からプレッシングを実行している場合、DFラインと中盤の間や、DFラインの背後にスペースが生まれる。逆に、ゾーン2や1で待つようなプレッシングを実行する場合はライン間がコンパクトに形成されているため、中央にはスペースがないことが多い

●スペースが無ければ、スペースを作り、侵入することを試みる。そのモビリティの中で、数的優位かポジション優位を作れるようプレーする

●常に相手陣内と自陣を同一視できるような体の向きでボールを受ける。後方からのパスを受ける時によくあるミスとして、体の向きが後ろになってしまい、パスを受けた後のアクションにつなげるために反転を要するというプレーがある。そうなると次のプレーまでに時間がかかり、前方の状況を認知できない（しにくい）デメリットが生じる

図41ではメッシがCBとボランチの間に立っていて、ポジション優位が発生しています。な

図41 メッシの位置から見るチーム戦術のコーディネートの一例

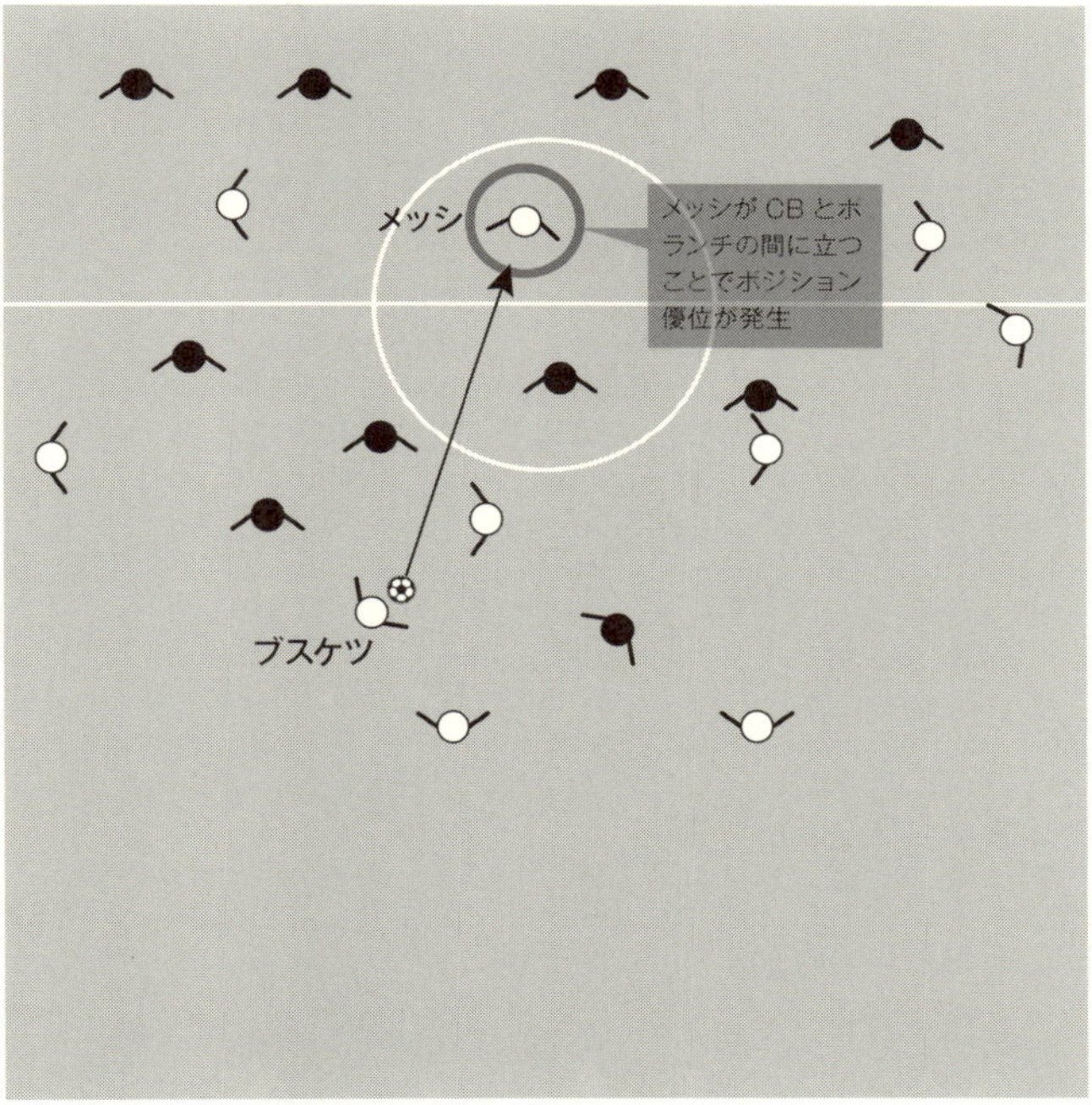
メッシ
メッシが CB とボランチの間に立つことでポジション優位が発生
ブスケツ

状況エリア

メッシが相手CBとボランチの間に立つことで、ポジション優位が発生している。メッシは無闇にボールへ寄らず、ポジション優位の場所から離れずに待っている。なぜなら、1本のパスで相手の中盤のプレッシングを越えることができるからである。

ぜなら、1本のパスで相手の中盤のプレッシングを越えることができるからです。ここで大事なことは、メッシは無闇にボールへ寄らず、ポジション優位の場所から離れずに〝待っている〟という点です。

なぜメッシはこの場所にい続けることができるのでしょう?

それはボール保持者であるブスケツに対して、パスコースを作る動きをしている中盤の選手との関係があるからです。ボール周辺の選手はボール受けるためにパスコースを作りますが、それによって自分のマークを動かし(本来いる場所から引っ張り出して相手の守備組織をかく乱)、メッシへのパスコースを作っています。

このオーガナイズはボールから遠いところにいる選手にパスを渡すためにボール周辺の選手が「ポジションを取っている」というチーム戦術のコーディネートの一例です。

各選手がバラバラにプレーするのではなく、チームが機能するようにオーガナイズするとはこのような状況を指します。特にFCバルセロナの場合、メッシがキーマンとなりますので、彼がいかにいい形でボールを受けられるようにするかということを考えるのはプレーモデルを構築するにあたり非常に重要なファクターとなっています。私が最近考えているのは、チームの中には主役がいて、主役を助ける脇役(サポート役)がいるということです。

プレーモデルを考えるに当たり、主役と脇役の選定は非常に大事で、決定的な仕事をしてくれる主役が気持ちよく、良い状況でプレーできるように脇役の選手たちは上手くコーディネートしなければいけません。プロレベルになれば、選手はお互いに誰がチーム内でより重要、決定的な仕事をできる選手なのかを知っています。監督はチームの中のヒエラルキーを把握してチームを率いる必要があります。日本においては監督が選手間の序列を決めることを「不平等」と見なされることが多いようです。しかし、チームスポーツというのは各選手の個性を踏まえて初めてチームとして機能するのです。そのため、主役になるべき選手に対してはオーガナイズ面での特別扱いが必要で、プロの世界であればそれはごく当たり前のことです。

実際、バルセロナの監督がメッシを主力として扱わないことで成功するでしょうか？　レアル・マドリーの監督がロナウドを主力として扱わないことで成功するでしょうか？

Jリーグにおいてよく聞く話しの1つに、「日本人監督は外国人の選手の扱いが上手くない」というものがあります。それはヨーロッパで指揮を執る監督であれば当たり前に心得ている「特別扱い」の利用法、主役選手の〝トリセツ（取扱説明書）〟を知らないことが原因だと考えています。もちろん、ピッチ外での優遇は避けるべきですが、ピッチ内でチームを機能させるためには各選手にしっかりと役割を与える、タスクを明確にすることが大切です。2つの攻撃のスタイルによってキーファクターがそれぞれ異なりますので、ここからはそれを見ていきます。

前述のポジション構造の部分で紹介した2つの攻撃のスタイルによって、細かいキーファク

図42　連携プレーを中心に攻撃を行うチーム

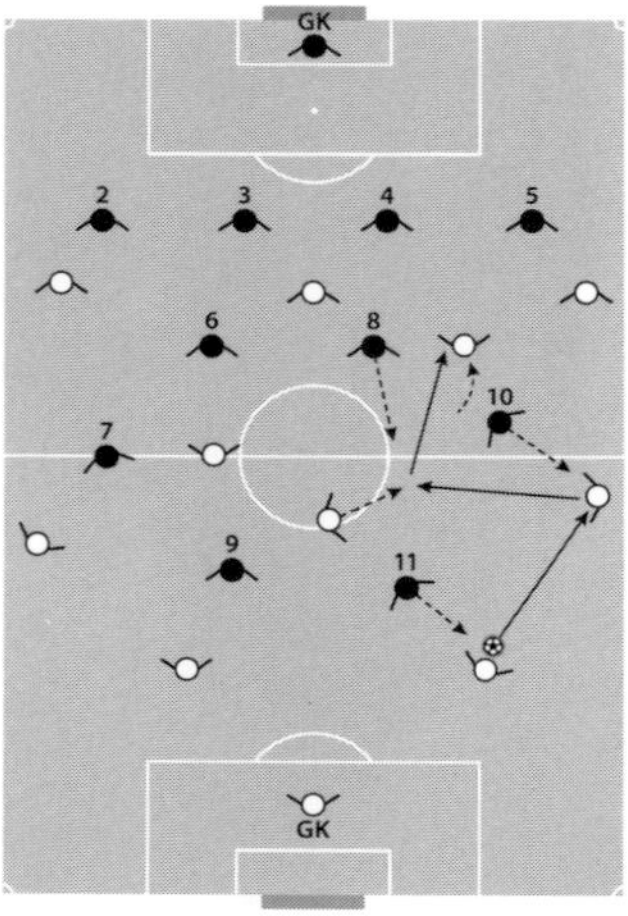

常にボールにプレスに行っている相手選手の背後でボールを受けることで前進を図る。

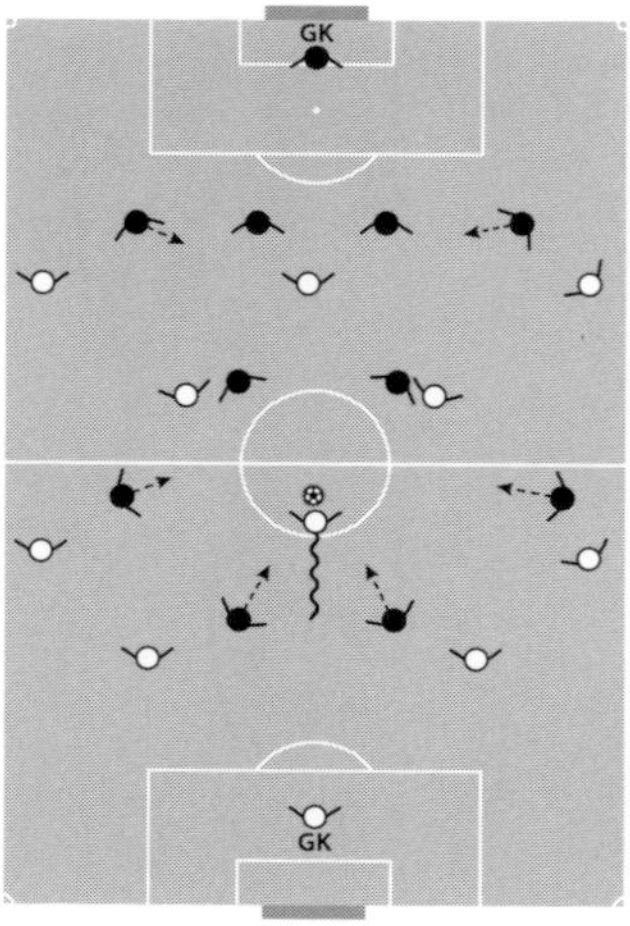

常に相手ブロック内に侵入を試みる。ピッチを広く使うためには真ん中に相手を引きつける必要があるので、フエゴ・インテリオールによる相手のブロック内への侵入が有効となる。

ターも異なります。合わせて整理していきましょう。

①連携プレーを中心に攻撃を行うチーム【図42】

●常にボールにプレスに行っている相手選手の背後でボールを受ける
●他のエリアから前進するために、1つのエリアに相手を引きつける
●チームとしてできるだけ深さを確保する。中盤を経由するため、深さがないと中盤にスペースはできない
●ワイドの選手がフリーでプレーできる状況を作る
●常に相手ブロック内に侵入を試みる。ピッチを広く使うためには真ん中に相手を引きつける必要があるので、相手のブロック内への侵入が有効となる（フエゴ・インテリオール）

②縦に速い攻撃を行うチーム【図43】

●相手DFの選手間に各選手を配置する（ルーズボールを拾いやすくするため）
●ロングボールを蹴る選手をフリーにする（ロングボールを蹴りやすくするため）
●前線の選手は背後へのマークを外す動きとサポートのマークを外す動きを使い分ける（相手のDFラインのバランスを崩し、スペースを作るため）

図43　縦に速い攻撃を行うチーム

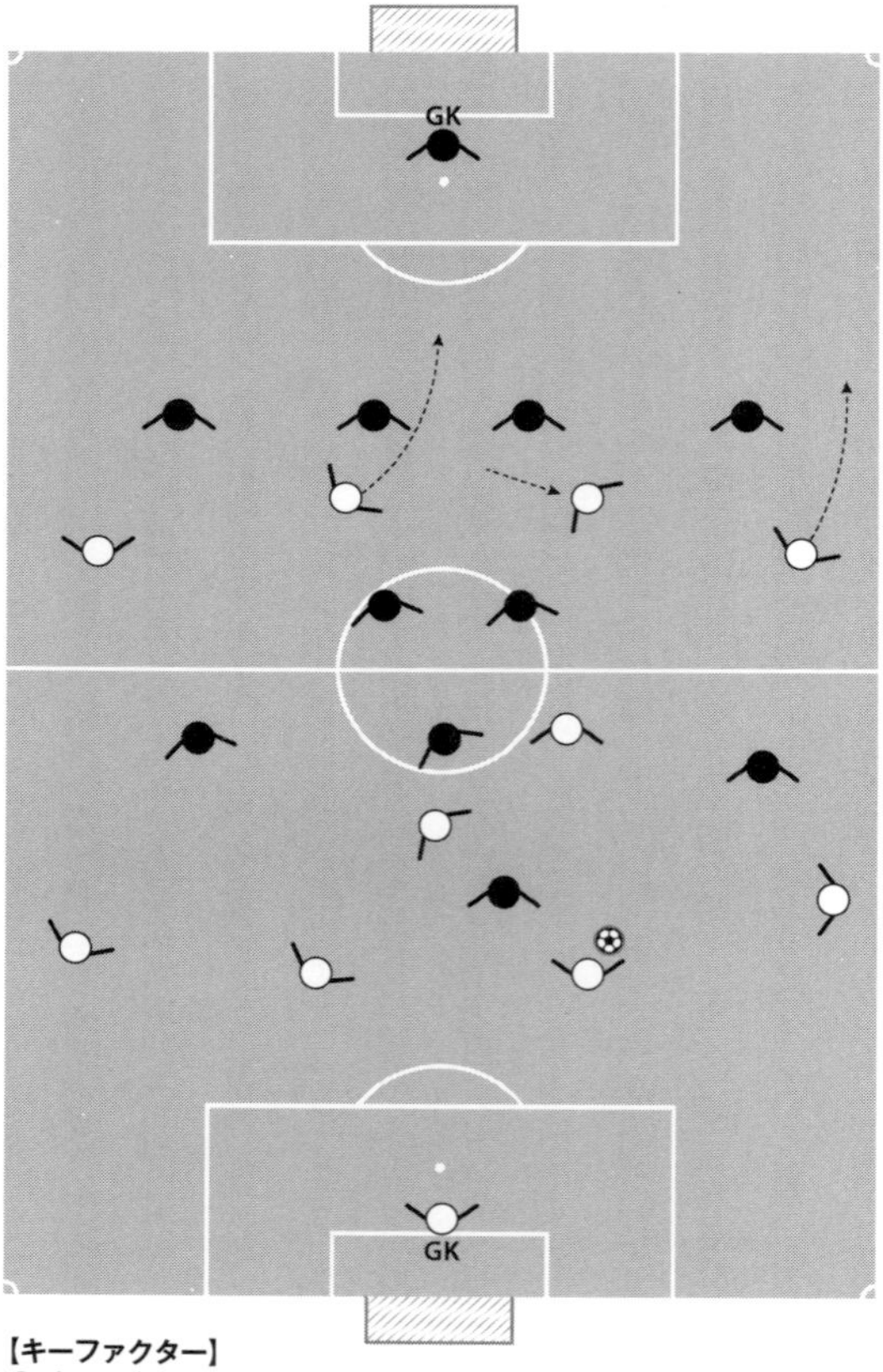

【キーファクター】

● （ルーズボールを拾いやすくするため）相手 DF の選手間に各選手を配置する。
● （ロングボールを蹴りやすくするため）ロングボールを蹴る選手をフリーにする。
●（相手のDFラインのバランスを崩し、スペースを作るため）前線の選手は背後へのマークを外す動きとサポートのマークを外す動きを使い分ける。

ハリル・ジャパンの守備組織を崩すために相手チームが採用した戦い方

ワールドカップ2ヶ月前の2018年4月上旬、日本代表に突然監督交代が起こりました。さすがに私も驚きましたし、いまだ真相はわかりませんが、当時監督を務めていたヴァイッド・ハリルホジッチが採用していた守備戦術は相手に合わせてシステムを変え、「人についていく」マンマークが基本コンセプトでした。ワールドカップアジア最終予選のオーストラリア戦では、中盤を経由する攻撃を採用してくる相手の中盤に対して人をつけるというわかりやすい守備方法で対応し、有利に試合を進めたことは記憶に新しいところです。

無事にW杯本大会行きを決め、2017年11月のヨーロッパ遠征ではブラジル、ベルギーと戦い、翌年3月にはマリ、ウクライナと対戦。その3月の2試合は、ワールドカップ本番に向けて「仮想セネガル」、「仮想ポーランド」という位置づけで、シミュレーションの親善試合を戦いました。私がこの4試合を分析したところ、対戦相手は試合を通して明らかに日本代表のマンマーク採用の戦術に対応してきました。特に、ヨーロッパの国はその対応のスピードがとても速く、本大会に出場できないウクライナですら前半序盤で対応していました。進化の著しいヨーロッパのサッカーでは、試合中の対応のスピードが速く、今や代表レベルでもそれを実践

図44　ハリル・ジャパンのウィークポイント

■ウクライナ戦（18/3/27）より

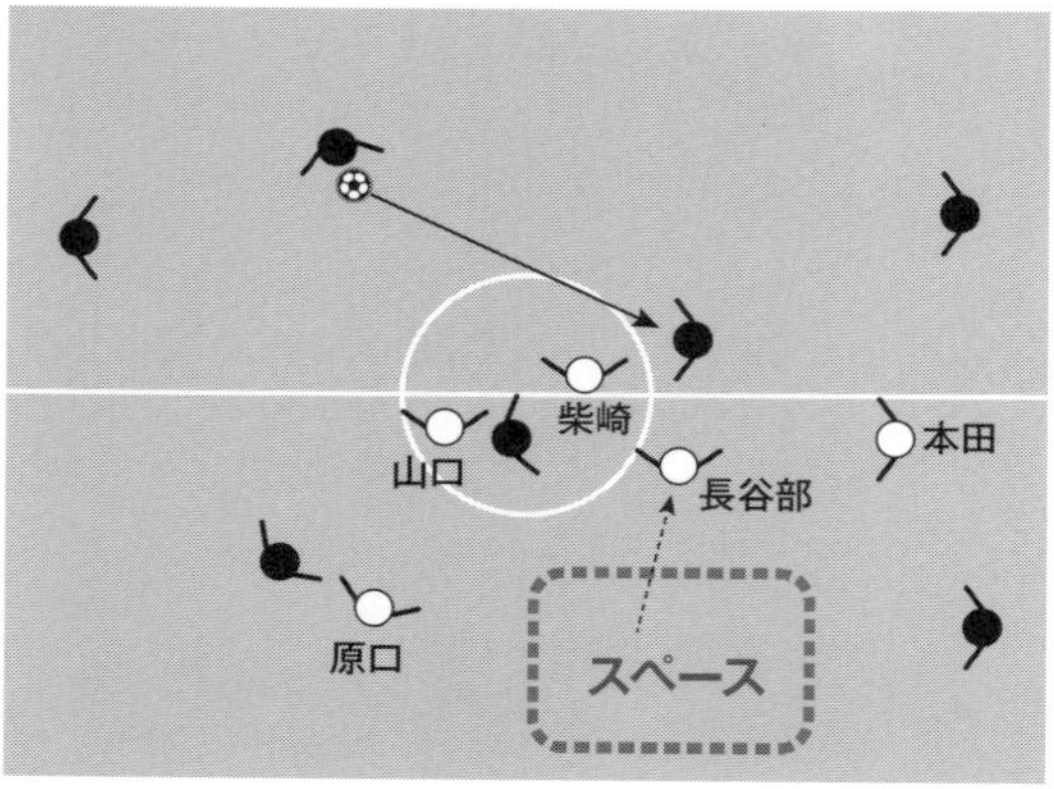

中盤がマンマークだったため、バイタルエリアからボランチが引き出された時にスペースができる。

■ベルギー戦（17/11/15）より

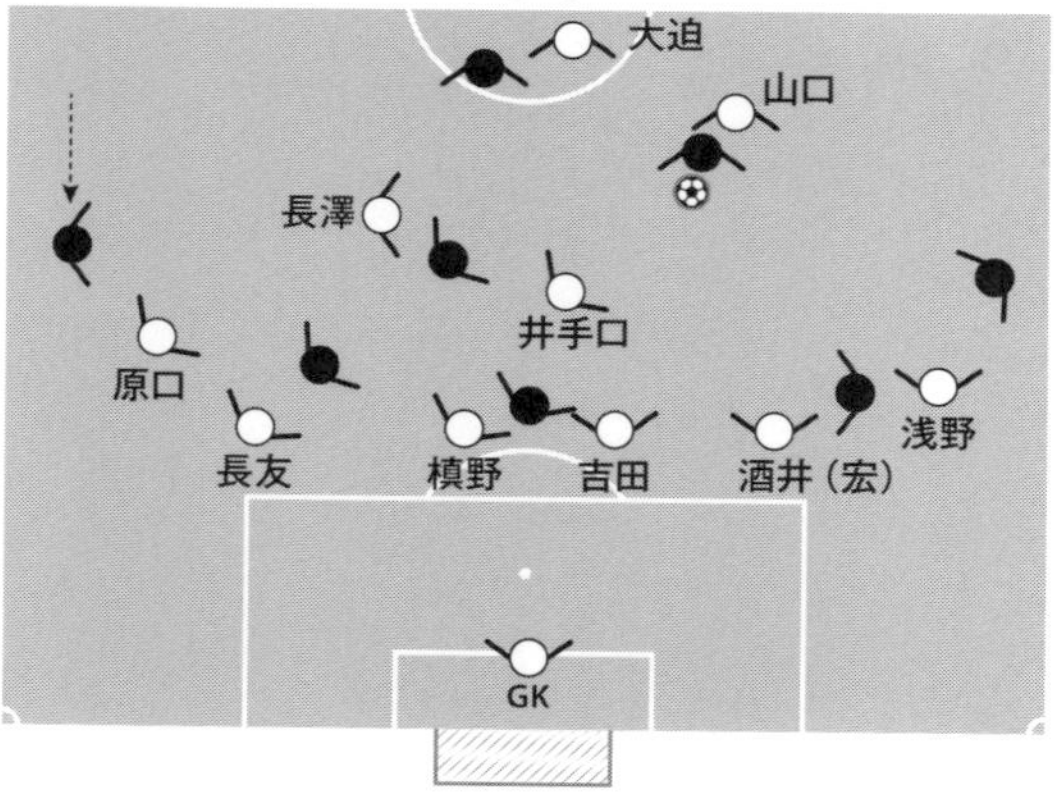

サイドもマークの受け渡しが少なく、サイドハーフが押し込まれて容易に6バックになる。この時、ボランチの両脇にスペースができるので、相手CBに簡単にドリブルで持ち運ばれてしまう。

できるだけのスカウティング、戦術レベルとなっています。

日本代表のウィークポイントは以下の通りでした【図44】。

●中盤がマンマークだったため、バイタルエリアからボランチが引き出された時にスペースができる

●サイドもマークの受け渡しが少なく、サイドハーフが押し込まれて容易に6バックになる。この時、ボランチの両脇にスペースができるので、相手CBに簡単にドリブルで持ち運ばれてしまう

試合をするにあたり事前分析で対戦相手の情報は一通り入っています。試合前には、それに対応するためのプレーモデルの構築と落とし込みが行われます。

しかし、バリエーション豊かな現代サッカーでは、開始から15分も経てば、その相手に対して有効な戦術変更をするのが一般的です。欧州最高峰のレベルになると、そのような戦術変更の駆け引きが試合中に高頻度で行われています。その変更に対して、相手も素早く反応しますので、戦術の打ち合い、応酬となります。

これは日本のJリーグではまだない試合傾向です。日本代表の守備を分析した対戦相手は、立ち上がりから時間が経過する毎に攻撃のスタートポジションを変え、日本のウィークポイントを突いてきました。

図45　マリ戦（18/3/23）で見えた現象

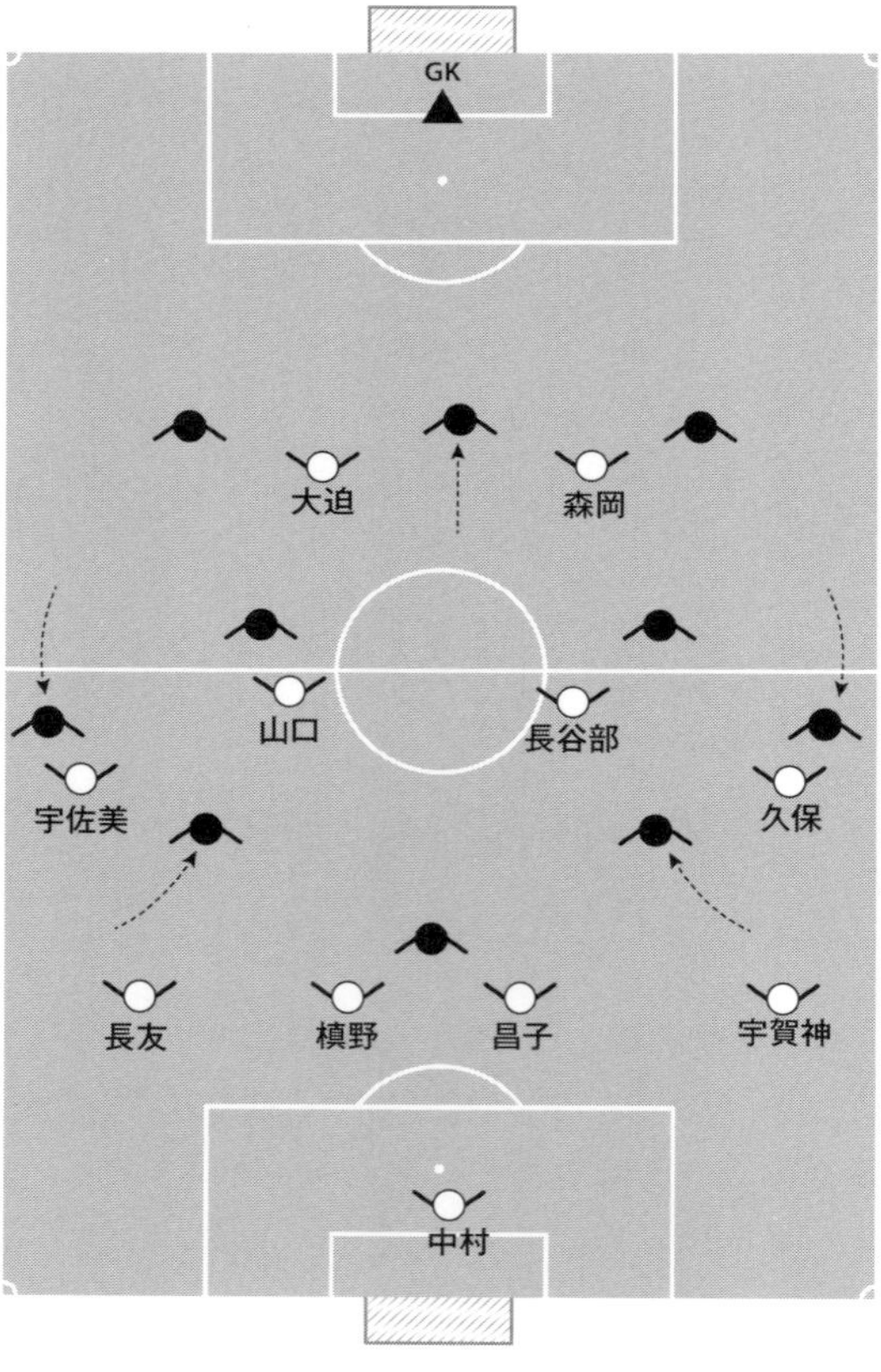

1-4-4-2 で守備を行う日本に対し、素早く気付いたマリはボランチをCB 間に落とし、サリーダ・デ・バロンを３枚にして、サイドバックを高い位置に配置した。ウイングは中へポジションを取り、1-3-2-4-1 の形で攻めてきた。中盤に人数を多く配置し、中盤を経由する前進を狙ってきた。

●マリ戦の現象【図45】

1-4-4-2で守備を行う日本に対し、素早く気付いたマリはボランチをCB間に落とし、サリーダ・デ・バロンを3枚にして、サイドバックを高い位置に配置しました。ウイングは中へポジションを取り、1-3-2-4-1の形で攻めてきました。中盤に人数を多く配置し、中盤を経由する前進を狙ってきたのです。

ここで困ったのは、日本代表の山口蛍、長谷部誠のダブルボランチです。真ん中のエリアに4人が入ってくることに加え、彼ら2人のタスクは相手のインテリオール（インサイドハーフ）にマンマーク対応することでした。2対4という数的不利な状況で自分のマークにアプローチに行けば、背後にはポジション優位を取っている相手がいる状況になります。

要するに、展開としてはマリがサリーダ・デ・バロンにおいて変化をつけ、ボールの前方にポジション優位と数的優位を生み出したのです。

対する日本は、この後も同じような守備を続けていました。マリはアフリカW杯予選で敗退し、新しい世代でチームを組んできたこともあり完成度は低く、ミスも多いチームでした。身体能力の面でもトップレベルではありませんでしたので、何とかギリギリのところで止めることはできていましたが戦術的変化は全く見えませんでした。

もちろん、ハリルホジッチ前監督がW杯本大会を睨み情報戦を仕掛け、「手の内を明かさなかった」という見方もできると思います。しかし、W杯本大会でのセネガル戦を想定した場合、試合中のマッチアップでのグループの質でもセネガルはマリよりも高いレベルにあるでしょうから、例え戦術対応をしたとしても局面をはがされてしまうことは想像できます。

マリ戦の守備パフォーマンスを見ると、セネガル相手には簡単に「やられてしまう」というのが私の率直な感想でした。

●ウクライナ戦の現象【図46】

続くウクライナ戦は「仮想ポーランド」という位置づけのゲームでした。ウクライナのスタートのシステムは1-4-3-3で、サリーダ・デ・バロンは台形（開いたCBと高い位置を取ったSB）でした。中盤はボランチにステパネンコ、インテリオールにジンチェンコとマリノフスキー。ウイングは右のマルロスがスタートポジションから中に入る形で、左はコノプリャンカが多様性を持って中と外でプレーしていました。

おそらく、日本の守備の方法を知っていたウクライナはキックオフ直後にそれを「確認」すると、あらかじめ決められていたかのようにジンチェンコとマリノフスキーがCBとSBの間に降りて、長谷部と山口の日本代表のボランチを釣り出しにかかります。

図46 ウクライナ戦（18/3/27）で見えた現象

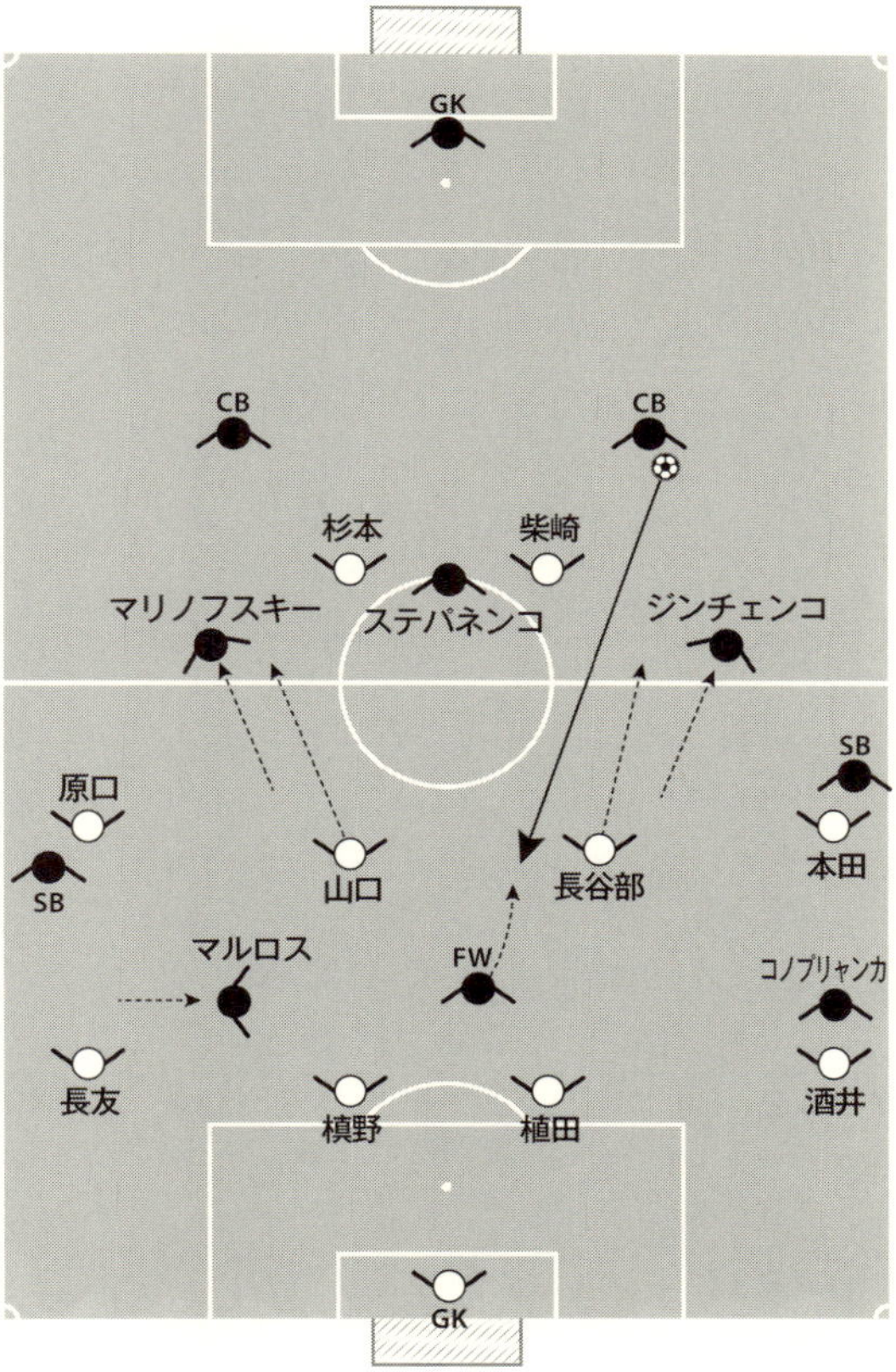

ウクライナはジンチェンコとマリノフスキーがCBとSBの間に降りて、長谷部と山口の日本代表のボランチを釣り出しにかかり、これによってバイタルエリアにスペースが空き、CB からセンター FW へのパスが簡単に入って、そこからのコンビネーションで崩されるシーンが何度か出た。

これによってバイタルエリアにスペースが空き、CBからセンターFWへのパスが簡単に入って、そこからのコンビネーションで崩されるシーンが何度か出ました。また、中へ入ったウイングにマンマークでついていく日本のSBが空けたスペースに対して、高い位置を取るウクライナのSBが入っていきましたので、そこに向けて大きなサイドチェンジをされる場面が前半から多く出ていました。戦術的に「スペースを作る・使う」というアクションをされると困ってしまう日本のマンマーク守備のウィークポイントを見事に突いたウクライナの攻撃でしたが、日本はそれに対してここでも守備方法を変えることはありませんでした。結果、終始ゲームを支配され続け、1－2で敗れたというのが私の感想です。

2試合で言えることは、**日本は分析をされて相手がリアクションしてきた時に、リアクションが取れないチーム**ということです。

なぜ、そのリアクションをハリルホジッチ前監督率いる日本代表がしなかった（もしくはできなかった）のかは、外にいる私にはわかりません。しかし、テクノロジーが導入されるワールドカップのレベルになれば、相手の攻撃時のオーガナイズに即座に対応しなければいけませんし、日本側も相手の守備の分析をして効果的な戦術バリエーションをつけていかなければなりません。

世界レベルであれば、一瞬のポジション構造のズレで生まれたチャンスをゴールに結びつけてしまうような選手たちがゴロゴロ揃っています。

余談ですが、私が戦っているスペインのユース2部のリーグでさえも、相手のスタート時の戦術に加えて、展開によって変化させるプランＢの戦術分析までを戦う前に用意しておき、その対応策も週のトレーニングで準備しています。

世界トップレベルの戦術大国スペインでは、育成年代からそのような駆け引きが当たり前に行われています。そのような環境から出てきた選手たちですから、トップレベルに辿り着いた時の豊富な戦術メモリーから来る多様性も高いレベルにあると言えます。

残念ながら、日本の育成ではここまでの駆け引きはないと認識しています。リーグ戦の環境が本当の意味で全カテゴリーに整っておらず、相手の事前分析ができないということもあり、情報戦を前提とした戦術の仕掛けあいとまではいってないようです。

明らかにチーム戦術の駆け引きの頻度という部分においては日本とスペインでは大きな差が生まれています。それが今、代表レベルにも差として大きく出ています。日本サッカー界がもっと危惧しなければならないのは、「これから先」の年代です。

シビアな言い方になってしまいますが、現時点で育成年代においても大きな差が出ているわけですから、これから先は今以上にヨーロッパ（世界トップレベル）との差がつくはずです。テクノロジーの導入やアナリストの育成など環境面も含め、日本サッカー界全体で進化するための努力をしなければいけません。

図47　攻撃時の警戒におけるキーファクター①

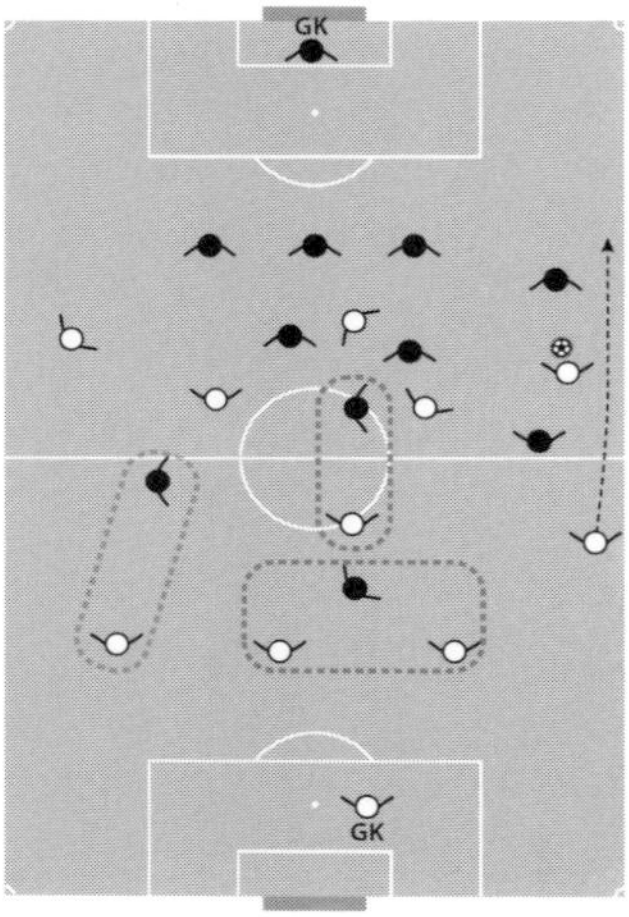

自チームが攻めている時、後方ではCB間で相手FWを警戒する。逆サイドのSBは相手の右サイドハーフ（ウイング）を、ボランチはトップ下を警戒している。攻撃のモーメントではあるが、数的優位を後方で維持して次のトランジションのモーメントで起こる相手のカウンターに備えている。

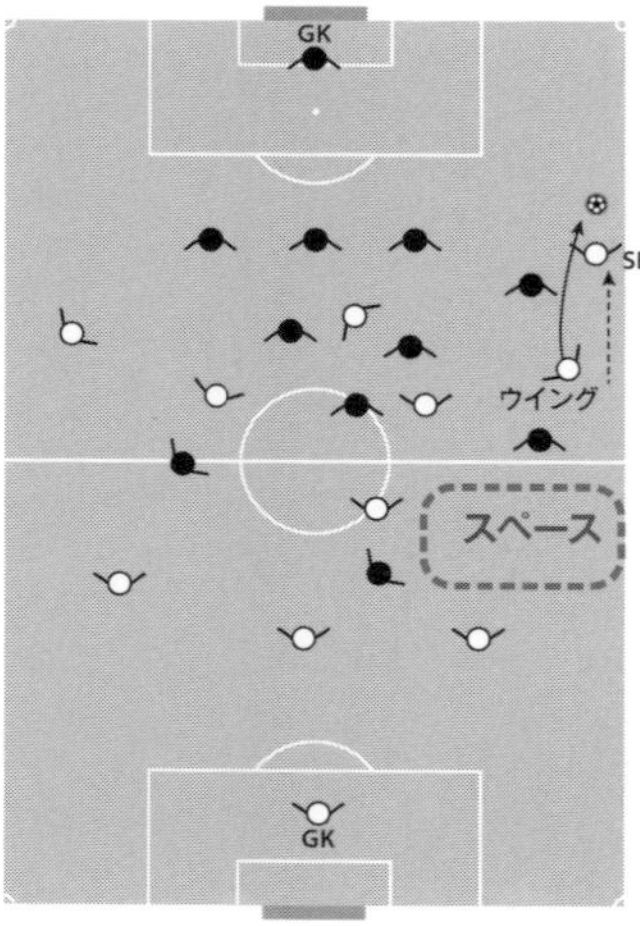

右ウイングがボールを保持していて、右SBが攻撃参加をして自身のスペースを空ける。この時、そのスペースを誰が埋めてバランスを取るのか？　ウイングが残るのか、また右インテリオールがそこに留まり、グループでバランスを取る。

図48　攻撃時の警戒におけるキーファクター②

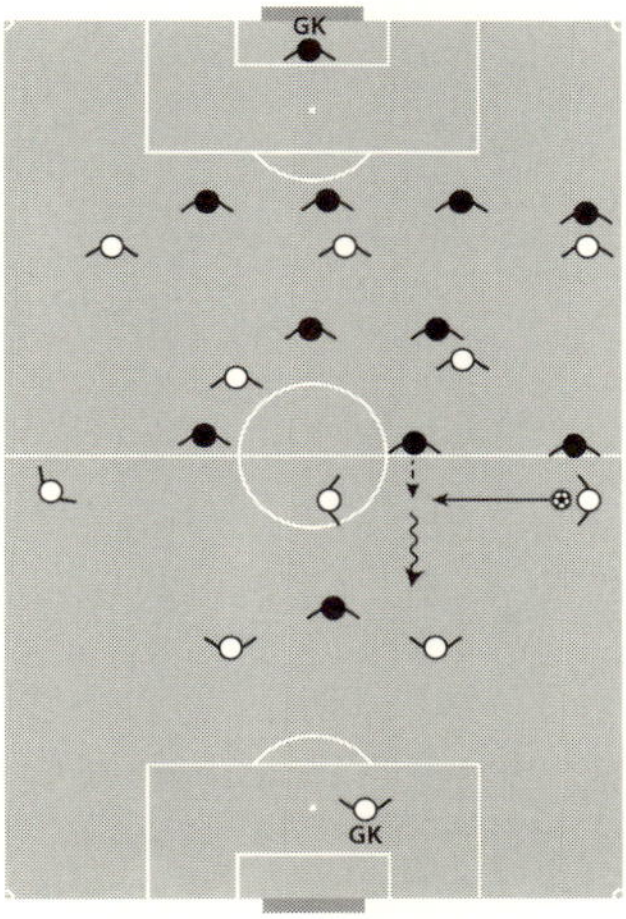

ボール保持者に対して、非ボール保持者が同じ高さの位置を取り、横並びの平行なパスを受けようとすると、ボールを失った時に２人が同時に置いていかれる危険性がある。

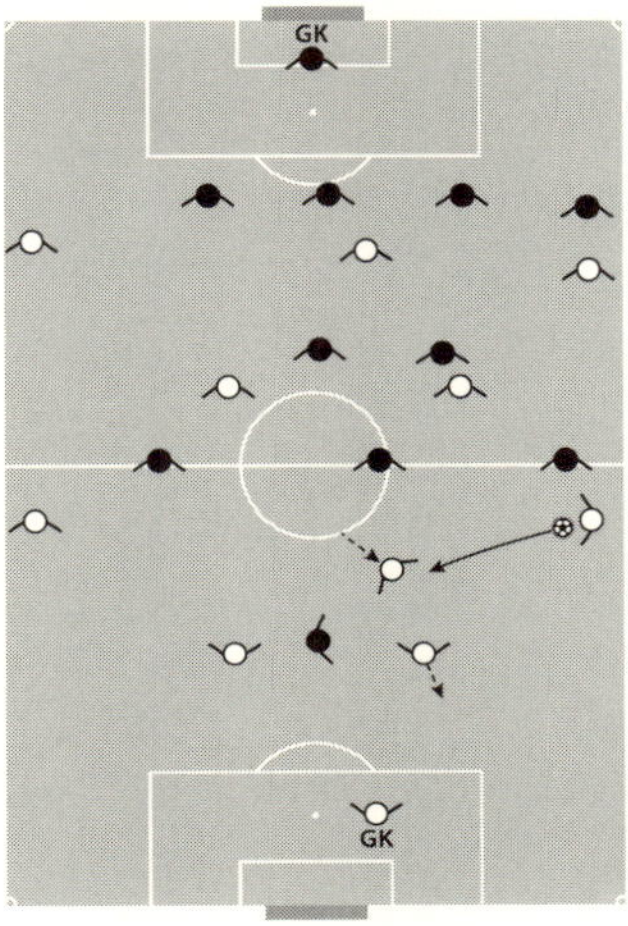

自チームがボール保持している時は、各選手が異なる高さと異なる幅にポジションを取る。その方が多くのパスコースができやすく、また失ったボールへのプレスもかけやすい。

◆攻撃時における警戒（リスクマネジメント）

定義：攻撃をしながらも、ボールを失った時にはすぐに「攻撃から守備の切り替え（トランジション）」に移ることができるような準備をしておくアクション

この原理原則は、他のものと異なりトランジション（切り替え）の要素も含まれます。サッカーのゲームを支配するにあたり、非常に重要度が高いトランジション局面のリスクマネジメントとも言える原理原則です。攻撃をする際、バランスを崩して攻めることも大切ですが、この原理原則を忘れてしまいチームのポジションバランスがバラバラになってしまうとカウンターを受ける時のポジションバランスも悪くなってしまいます。そこでチームが攻撃をしている時に、ボールを失って攻撃から守備へのトランジションのモーメントを迎えるわけですが、その状況でいかにリスクマネジメントをして優位な状況で迎えるかが重要です。よって、これはとても知的なコンセプトです。

ボール支配を好むチームは、失った瞬間にすぐ「失ったボールへのプレッシング」を実行するための準備をします。逆に、プレーモデルとして守備組織を形成するための後退に重きを置くチームであれば、チームが攻めている時にＤＦラインの選手やボランチはトランジションが発生した時に自分たちの背後を取りにくる相手FWを警戒しておかなければいけません。

【キーファクター】

ボールから遠くにいる「プレーに関与する選手」

●自チームがボール保持時でも、守備に参加していない相手の攻撃選手へのマーク、もしくは注意を維持する

●相手を監視しているライン上では、数的優位を確保する

●ボールがあるサイドへの選手の密度を高める

ボールの近くにいる「ボールに関与する選手」

●もし1人の選手が自分のポジションを離れて動けば、他の選手がそれを埋める

●ボールの後ろで常にパスコースを維持する。特にボランチやCBは無闇にボールよりも前に出てサポートをしてしまうと後方の数的優位が確保できなくなってしまう。それだけではなくスペースを空けてしまうことにもなるので注意が必要

●自チームがボール保持している時、各選手が異なる高さと異なる幅にポジションを取る。(そのほうが多くのパスコースができやすい。また、失ったボールへのプレスもかけやすい)横並びの平行なパスを失う

と2人が置いていかれる

●シュートの跳ね返りへのゾーンを埋める

攻撃時の警戒で最も重要度が高いポジションといえば、ボランチとCBです。その中でもFCバルセロナ、スペイン代表のMFのセルヒオ・ブスケツは現代サッカーにおいて最も優れた能力を持ったボランチ（アンカー）です。グアルディオラ監督が率いた全盛期のバルサから時間は経過しましたが、今でも彼がチームにいるのといないのとでは攻撃から守備のトランジションのモーメントにおける中盤のバランスには大きな違いがあります。

彼は常に後方からチームの攻撃を俯瞰し、ボールを失うと同時に的確な予測の下でカウンターの芽を摘み取っていきます。また、バルセロナのSBの背後のスペースを使われてCBが引き出された時には、素早く中央のスペースを埋めて危険なスペースを埋めます。

決して派手なプレーをする選手ではありませんが、アグレッシブな攻撃サッカーを繰り広げるチームを常に後ろから支え、ボールを失った時に何が起こるかを予測しながらプレーしているインテリジェンス溢れる選手です。

図49　オフェンシブ・トランジション

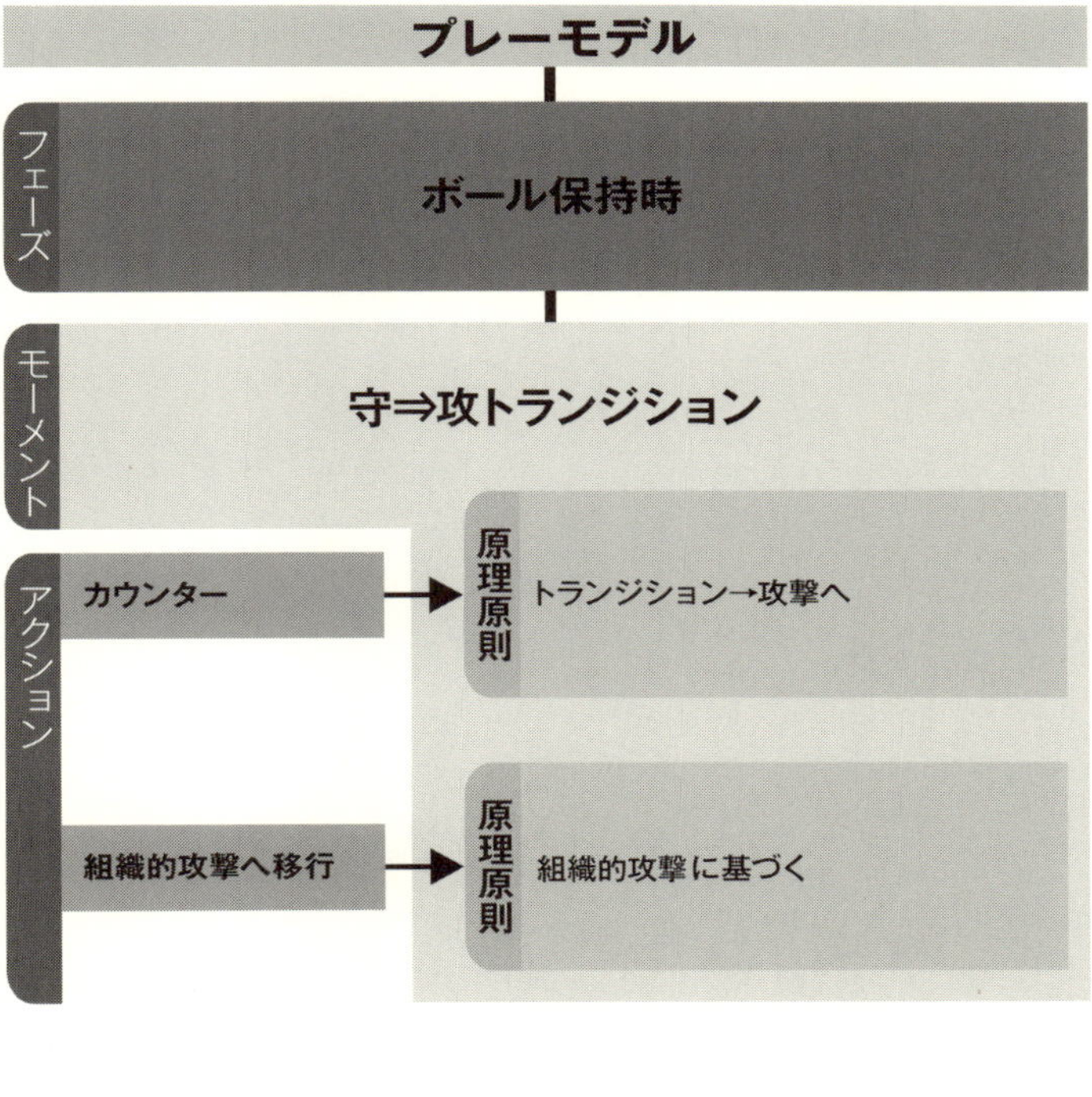

攻守の切り替え（トランジション）

現代サッカーにおいて攻守の切り替え（トランジション）のモーメントは、重要度の高い局面になってきています。

なぜなら、ハイレベルに守備戦術が進化し、組織的な守備を攻略することが困難になっており、守備組織が整う前の限られた時間がこのトランジションのモーメントだからです。

サッカーにおける得点のデータを見るとわかるのですが、セットプレー以外のシュートチャンスの約75％はボールを奪ってから5本以内のパスのうちに起こっているというデータがあります。これが何を意味しているかというと、カウンターアタックの重要度は高く、今ではこの局面をどうオーガナイズして戦うかが試合の鍵を握っています。実際、私がここ数年ペアを組んでいるゴンサロ・リウトルト監督が率いるチームでは、このモーメントのクオリティを上げることで大きな成果を生んでいます。

逆に、相手の守備組織が整っていない状況をどう攻略するかというプレーモデルを明確に持っているチームは、鋭いカウンターアタックを実行することができます。ボールを支配していなくても一矢報えるポテンシャルを兼ね備えたチームです。

そのようなチームは相手にとってはかなり嫌なチームで、いくらボールを保持していても一瞬も気を抜けない展開となります。加えて、ずっとボールを保持していたのに2、3回しかなかったカウンターアタックで失点して試合に負けるというのは後味の悪いものです。

反対に、プレーモデルとしてボールを奪った瞬間に敢えてカウンターアタックを発生させず、組織的攻撃へと移行するチームも存在します。2018年現在、マンチェスター・シティやFCバルセロナがそれに該当するチームです。実際、バルサを率いた経験もあるグアルディオラ監督はそのようなプレーモデルを好みます。

理由は奪った時にカウンターを実行するとフィニッシュまで行った時は良いのですが、途中でボールを失った時に選手間の距離が離れ、特に縦方向の間延びが避けられないため、再度ボールを失った時にプレスをかけられないというデメリットが発生してしまうからです。グアルディオラ監督の信念は「ボールを保持してプレーする」ことですので、その部分がプレーモデルに大きく影響を与えていることは間違いありません。

FCバルセロナを率いていた当時、**「カウンターアタックよりも相手が守備組織についてくれた方がオーガナイズしやすい」**とも発言しています。

組織的攻撃のモーメントのみをオーガナイズしやすいと言っているのか、それとも4つの局面全体をオーガナイズしやすいと言っているのか、詳しい意図は定かではありませんが、どちらにしても彼がカウンターのメリットを放棄してまでもポジショナルアタックを選択するというのは特徴的なことです。

先に挙げた図49が示している通り、ボールを奪った時に選択できるアクションは2種類あります。1つは「カウンターアタック」。そして、もう1つは「組織的攻撃へ移行」です。ここではカウンターアタックについての原理原則と戦術要素を見ていきます。図にもある通り、後者の場合はモーメントが攻撃へと移行していきますので、他の項で紹介している攻撃のオーガナイゼーションの原理原則や戦術要素を考えることになります。

◆カウンターアタック

定義：チームがボールを奪い返し、プレーが続いている際に行う個人と集団のアクション。

【キーファクター】

●ボールを奪ったエリアから素早くボールを出して、ボール保持を確実にする。ボールを失った相手がすぐにプレッシングに移行してくる場合、囲まれる可能性が高いのでそこを安全に抜け出す必要がある

●前のフリーな味方へのパスを優先する。ただし、ボール保持者がフリーであれば、ドリブ

ルでボールを前に運ぶ

●できるだけ少ないタッチと時間で、相手陣地深くに対する前進を優先する

●「カウンターアタック」の際には、縦の3つのレーンで考えると良い。ピッチの幅を広く使うことで相手は守備をすることが困難になる

●ボール付近に選手を集めない

●他のラインの選手も「カウンターアタック」に参加する

●数的優位もしくはポジション優位の状況を探す

2段階のカウンターアタックのプロセス

カウンターアタックは2段階に分かれており、さらに実行の際はボールポゼッションと前進の両方を同時に成立させるため、攻撃の波を何段階か作る必要があります。

①カウンターの始まりのフェーズ

ボールを奪ったゾーンには多くの相手がいるので、前進のパスを出すことが難しい場合が多い。一度パスによって前進しやすいエリアへとボールを出す必要があります。また、この時のパスは安全であるべきです。

②前進からフィニッシュへ

相手の守備陣形が整う前に前進して得点のチャンスをうかがう。そして、次のような3つの段階があります。

【第一波】カウンターアタックの際に、先頭をきって前進を試みる選手たち。主に攻撃的なポジションの選手。

【第二波】第一波の選手たちの後ろから攻撃に参加する選手たち。主に中盤やサイドの選手。できる限りの幅を取る方が良い。

【第三波】第二波のさらに後から攻撃に参加する選手たち。主にSBなど。

考慮すべき背景（以下のポイント次第でどのようにプレーするのかが変わる）

●どこでボールを奪ったのか。ボールを奪った地点が自陣ゴール前なのか、それとも相手のゴールの近くなのかによって状況は異なる

【ゾーン3：ショートカウンター】

相手ゴール前に近いエリアのゾーン3でボールを奪取できた場合、手数をかけずに1、2本のパスでシュートへ行くことができる。ボールを受ける選手はゴールへ向かうマークを外す動きを実行する。そこにパスが正確に通れば、大きなチャンスを迎える。

【ゾーン２：ミドルカウンター】

このゾーンでボールを奪取するのは守備ブロックをゾーン2で形成し、相手のサリーダ・デ・バロンでボールを奪ったり、前からのプレスをかけて相手がロングフィードを蹴ってそれを回収した時。

この場合、ゾーン3でボールを奪うよりも距離が遠くなります。少なくともゴールまで40mほどあるので、どうしても直接的なゴールへのパスがアシストになることはなかなか難しい状況です。そうなると、もう一手間かける必要があり、ＤＦラインの背後で特にＳＢの背後のスペースを突いたり、ライン間にポジションを取った味方に一度預けてその後に第二波で絡んでくる味方とのコンビネーションなどでゴールを目指します。このゾーンで奪った場合、コンビネーションが上手くいった時には大きなチャンスとなります。

【ゾーン１：ロングカウンター】

図50　ショートカウンターとミドルカウンター

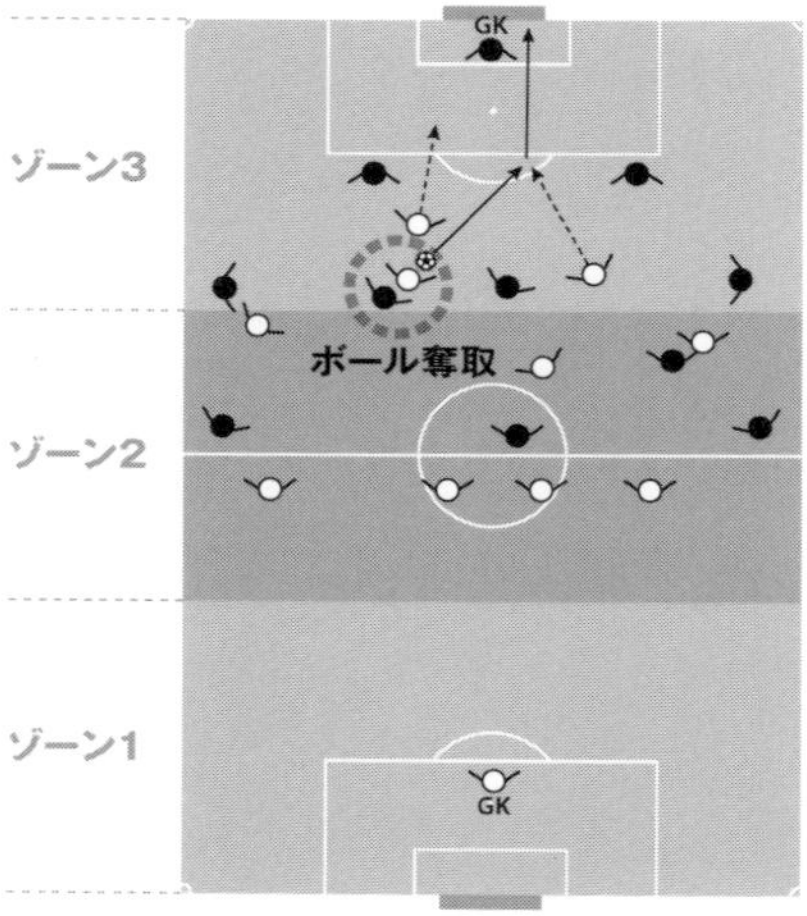

相手ゴール前に近いエリアのゾーン３でボールを奪取できた場合、手数をかけずに1、２本のパスでシュートへ行くことができる。ボールを受ける選手はゴールへ向かうマークを外す動きを実行する。そこにパスが正確に通れば、大きなチャンスを迎える。

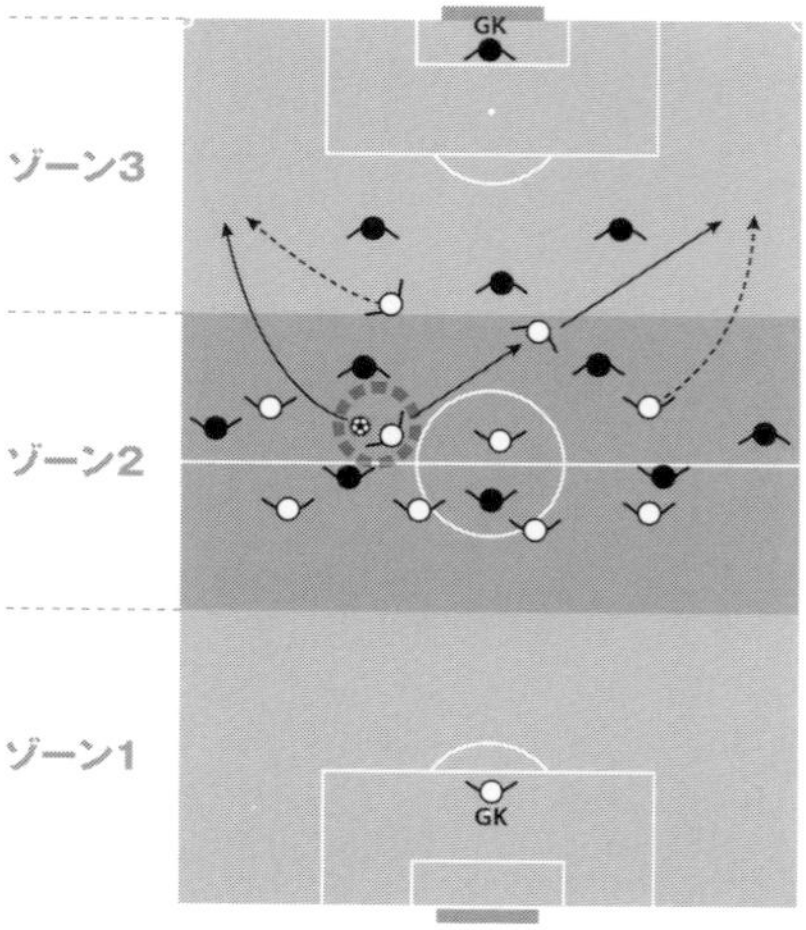

このゾーンでボールを奪取するのは守備ブロックをゾーン２で形成し、相手のサリーダ・デ・バロンでボールを奪ったり、前からのプレスをかけて相手がロングフィードを蹴ってそれを回収した時。

ゴール前のゾーンであるゾーン1でボールを奪う場合は、押し込まれての守備でボールを奪う、クロスボールをクリアしてこぼれ球を拾う、守備のCKのセカンドボールをマイボールにした時が多い。

特徴として相手のDFラインの背後に大きなスペースがあります。相手GKがゴールに張り付いているようなタイプの時には特にスペースが大きくあります。直接的に背後を狙う、または一度FWの足元へパスを入れて収めてから後方からのサポートでカウンターアタックを仕掛けます。どちらのケースにしても長距離のスプリントを要するところがこのシチュエーションの大きな特徴です。スペースが大きい分、フリーでボールを運べるケースもあるので、ドリブルで引きつけてからパスをするという適切な判断も要求されます。

●ボールを奪った選手に対するプレスがあるか否か
●ボールを奪った選手の前にスペースがあるか否か。前方にスペースがあるならその選手はドリブルすることが可能となるので周りの選手は離れてサポートやマークを外す動きをする
●相手DFラインの裏にスペースがあるか否か。基本的には背後のスペースがあるならそこ

図51　ロングカウンター

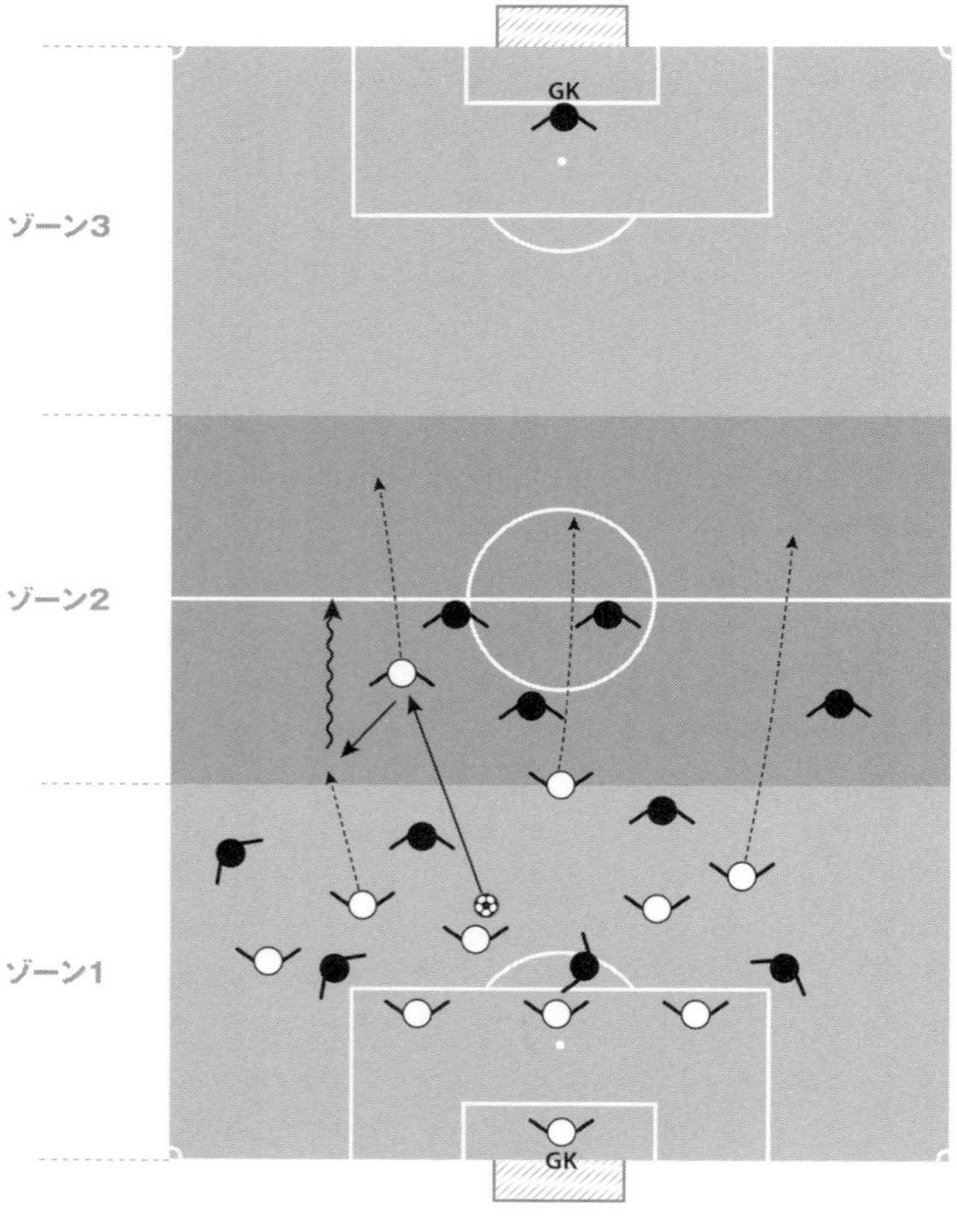

ゴール前のゾーンであるゾーン1でボールを奪う場合は、押し込まれての守備でボールを奪う、クロスボールをクリアしてこぼれ球を拾う、守備のCKのセカンドボールをマイボールにした時が多い。

へ向かってマークを外す動きを実行し、ボールは優先的に裏のスペースへ送る

●相手ＤＦラインの人数と構成。システムや配置によって空くスペースの傾向が決まるので、それを踏まえてカウンターアタックのプランニングを行う

●攻撃に参加できる選手の数と状況。第一波、第二波、第三波までにおいて誰がどこへ走りこむのかをプランニングする

●いつ、どのような状況ならカウンターアタックをするのか。逆に、いつどのような状況ならポゼッションを維持して「組織的攻撃」に移行するのかをチームとして決めておく必要がある

こうした内容を設けるにあたっては分析の力が求められます。誰がそれを担当するかというと、監督やコーチ、分析スタッフです。

ピッチ上でこれを選手が行うのはほぼ不可能な作業です。外から冷静にゲームを見ることのできる立場の人間が試合中に観察し、ハーフタイムにチームに伝えます。試合前に相手の分析ができるのであればこれらを踏まえて試合のプレーモデルを構成すると良いでしょう。

カウンターアタックはチーム作りでまずアプローチすべきポイントの1つ

チーム作りをするにあたり、守備から攻撃への局面のオーガナイズは初めに手をつけた方が良い部分です。シーズン開幕において大事なのは、守備をきっちりと固め、失点をしないゲームを展開できるようにしてチームに安定感をもたらすことです。それにより、選手は安心して毎週末の試合を戦えるようになります。

攻撃に関して、まずカウンターをチームに落とし込む監督は結果を出しやすい傾向にあります。なぜなら、前述の通り現代サッカーにおいては攻守の切り替えの場面でのカウンターアタックが得点の3分の1近くを占めており、そこに着手することが攻撃に関しては一番効果的だからです。組織的攻撃のコーディネートをするには、どうしても長い時間がかかってしまい、それが形になる前に敗戦が続き、気づいたら監督の座が無い、ということは避けたいところです。

2018年のJ1リーグの序盤戦を見てみても上位に位置づけているチームはサンフレッチェ広島を筆頭にソリッドな守備をベースに戦っているチームが多いように見えます。

反対に攻撃のモーメントは、時間をかけて形が作られていくもので、この部分が良くなっていっているチームはシーズンの中盤以降、徐々に勝ち点を挙げ始めていく傾向があります。

例えば、風間八宏監督が率いていた当時の川崎フロンターレです。２０１２年４月に風間監督が就任し、ボール保持に拘ったスタイルでしばらくは結果が出ずに苦しみましたが、時間が経つにつれて選手が風間監督のサッカーを理解し成果が出始めました。その後のフロンターレの躍進はみなさんもご存知だと思います。指導者としてチームを作る際には、まずは守備とカウンターのオーガナイズをし、ベースを作ってから「攻撃」と「攻撃から守備のトランジション」のモーメントを強化していくのが一般的な方法だと考えています。実際、私のチームでも監督とそのような話をしてチーム作りをしていますし、そのような方法を採用してから結果が出るようになってきています。

バルサユースに対して勝利したプレーモデル

ここではみなさんに私が戦ったゲームで採用したプレーモデルにおけるカウンターを紹介したいと思います。今回紹介するのはバルサユースに対して私のチームが勝利をおさめた２試合における「カウンターの方法」です。

意外かもしれませんが、実はリーグ戦を戦っていてプレーモデルを一番組みやすいのがバルサ戦です。なぜなら、バルサは圧倒的に格上のチームであり、ボールを支配されることが容易

図52 【坪井戦術】ショートカウンターのプラン

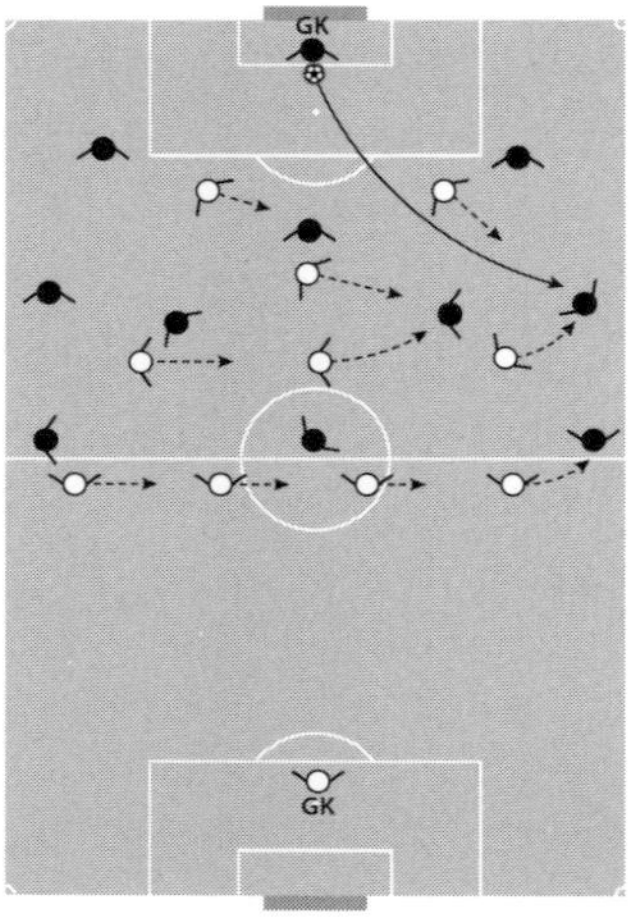

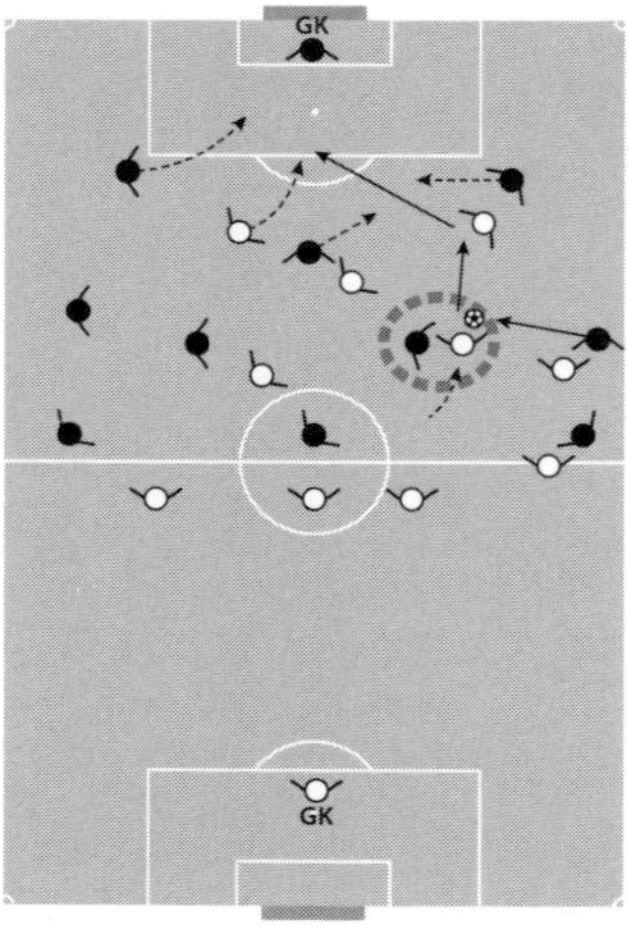

GKが足元でボールを持った時にはプレッシャーにはいかず、ゴールキックの時も同様の条件でプレーさせた。バルサはSBに浮き玉のフィードをすることが事前のスカウティングでわかっていたため、それを前提にGKからSBへのボールの移動中に3人がスライド。当然、浮き玉の競り合いになるのでルーズボールの競り合いが発生し、ここにボール奪取のチャンスを見出すのが守備の狙いだった。

に想像できるからです。我々スタッフとしては、「守備」と「守備から攻撃のトランジション」のモーメントに絞って準備をすれば良いというのが特徴です。

［2016年1月30日（土） リーガ・ナショナル グループ❼ 第20節］
FCバルセロナ・フベニールB 1-2 UEコルネジャ・フベニールB

1-4-3-3で戦うバルサに対して、私たちUEコルネジャはゾーン1、2、3で守備の方法を変えて対策を練りました。ゾーン3で相手GKが持っている時はCBにパスを出させないようにしてSBへの浮き玉のフィードを誘発します。そして、空中戦のセカンドボールを拾って、ショートカウンターを狙います。GKが足元でボールを持った時にはプレッシャーにはいきません。ゴールキックの時も同様の条件でプレーします。**図52**のような形で、バルサのCBとボランチの3人にマークをつけ、パスを受けさせないようにします。

その後方には3人がラインを形成してポジションを取ります。SBとインテリオールの計4人を中間ポジションでマークするようなポジションです。この場合、バルサはSBに浮き玉のフィードをすることが事前のスカウティングでわかっていました。

それを前提にGKからSBへのボールの移動中に3人がスライドします。当然、浮き玉の競り合いになりますのでルーズボールの競り合いが発生し、ここにボール奪取のチャンスを見出

図53　【坪井戦術】1-4-4-2のブロックからサイドに追い込む

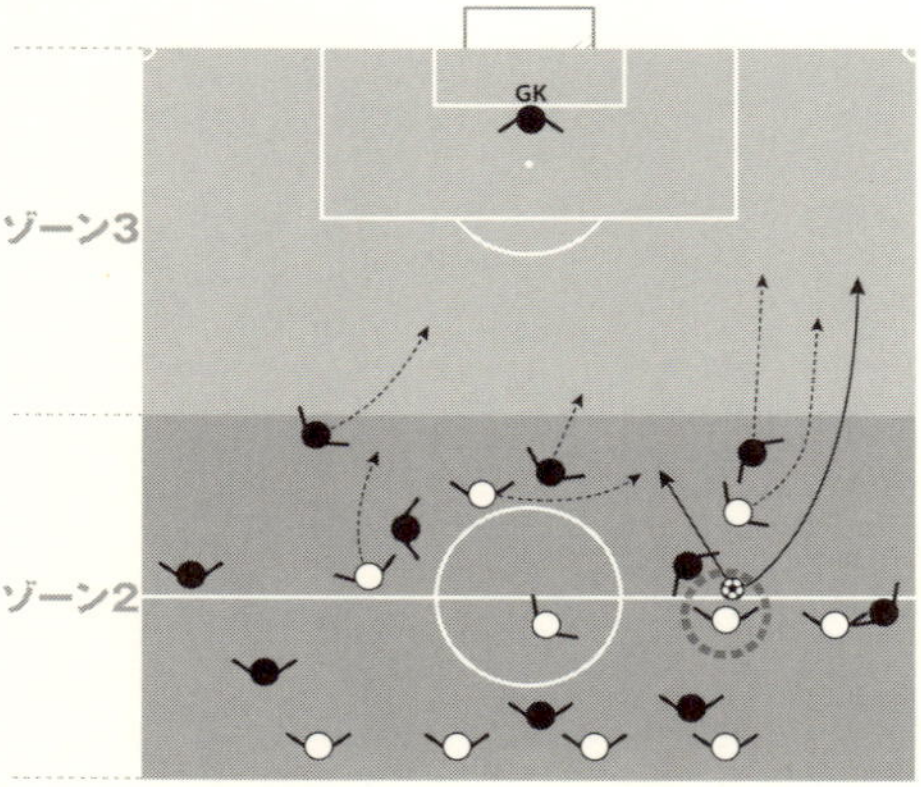

ゾーン2では1-4-4-2のブロックを形成し、サイドへ追い込み数的同数を作り、ボールを奪えれば、同サイドのサイドバックの背後へのフィードかライン間へつないでからチャンスを作ることを狙った。実際、ボール奪取はゾーン2のサイドが多くなった。

図54　【坪井戦術】中盤で奪った時の2つのオプション

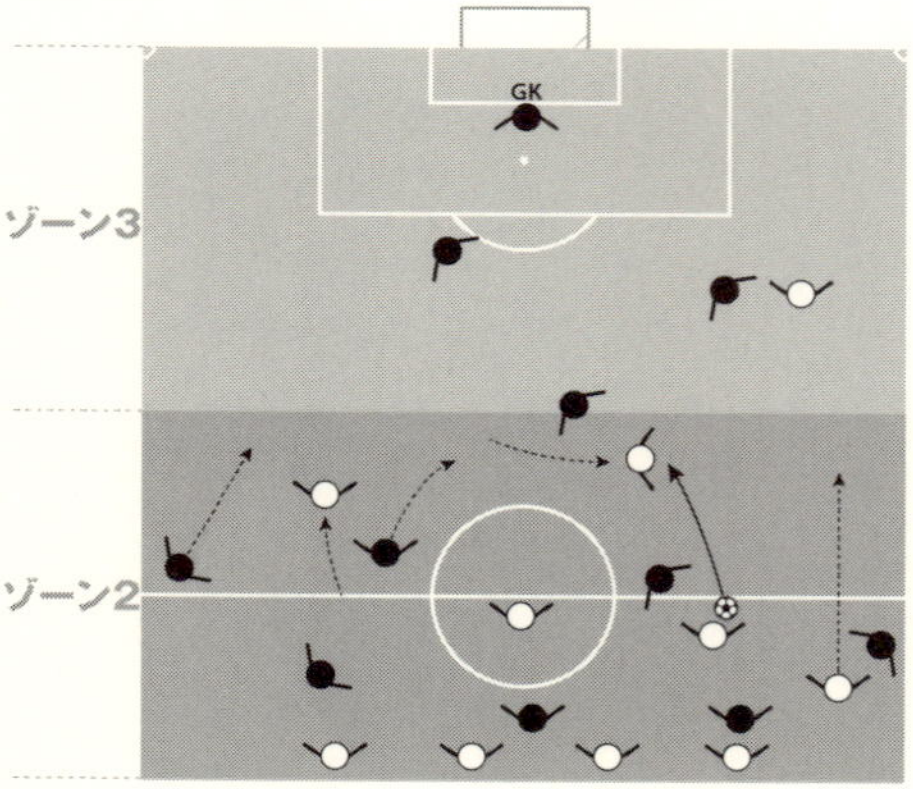

まずは深い位置までボールを送り込み、そこでボールをキープしてファールを誘う、もしくはサポートに入った味方とコンビネーションでミドルカウンターを成立させることが狙い。このように深い位置を狙うことで、もう1つのオプションが有効となる。ボールサイドのCBが下がり、さらにボランチも近くへと寄ってくるのでライン間にスペースができやすくなる。遠いサイドのFWが狙うべきスペースはまさにここで、異なる高さでパスコースを提供するメリットが出る。

すのが守備の狙いでした。もしここでボールを奪うことができればショートカウンターを繰り出すことができます。ボールを拾えない場合も、ボール保持者にはプレスをかけてGKへのバックパスを誘導するようにしました。その時は、リセットして同じプレスを実行します。

ボール奪取できた後のカウンターにおいて大事なのは、2トップのポジションです。自分のラインを越えられたからといって、その場でぼーっとしていてはいけません。ボール奪取後のショートカウンターに備え、前線でポジションを取っておく必要があります。

キーファクターとしては、

●近いFWはCBとボランチのライン間にポジションを取る
●遠いサイドのFWはCBの間に向かってマークを外す動きを行う
●一時的にトップ下のポジションにいる選手は前線の2人のアクションと相手のリアクションで発生する状況の変化に合わせてサポートを行う

というものになります。

続いて、図53のようにゾーン2では1-4-4-2のブロックを形成し、サイドへ追い込み数的同数を作ります。ボールを奪えれば、同サイドのSBの背後へのフィードかライン間へつないでからチャンスを作ることを狙いました。実際、ボール奪取はゾーン2のサイドが多くなりました。プランとしては、中盤で奪った時に2つのオプションを与えます【図54】。

1つは近いサイドのFWがボールを奪ったサイドと同じサイドの深い位置まで走り込みパスコースを作ること。もう1つは遠いサイドのFWが中央のライン間へと顔を出すこと。

この時に優先したのは、1つ目の選択肢です。

まずは深い位置までボールを送り込み、そこでボールをキープしてファールを誘う、もしくはサポートに入った味方とコンビネーションでミドルカウンターを成立させることが狙いです。このように深い位置を狙うことで、もう1つのオプションも有効となります。ボールサイドのCBが下がり、さらにボランチも近くへと寄っていきますのでライン間にスペースができやすくなります。遠いサイドのFWが狙うべきスペースはまさにここで、異なる高さでパスコースを提供するメリットが出ます。

もし遠いサイドのFWにボールが渡った場合、サイドのMFが後方から第二波としてサポートに入り、攻撃参加します。ここからコンビネーションで崩すことができればクロスを上げることもできますので、フィニッシュのチャンスを作り出すことが可能です。

このようにして、ゾーン2、3で守備の組織的プレッシングをオーガナイズしたとしても、個々の能力で上回るバルサ相手ですからはがされてゾーン1へ押し込まれることも度々ありま

図55 【坪井戦術】ロングカウンターからの得点

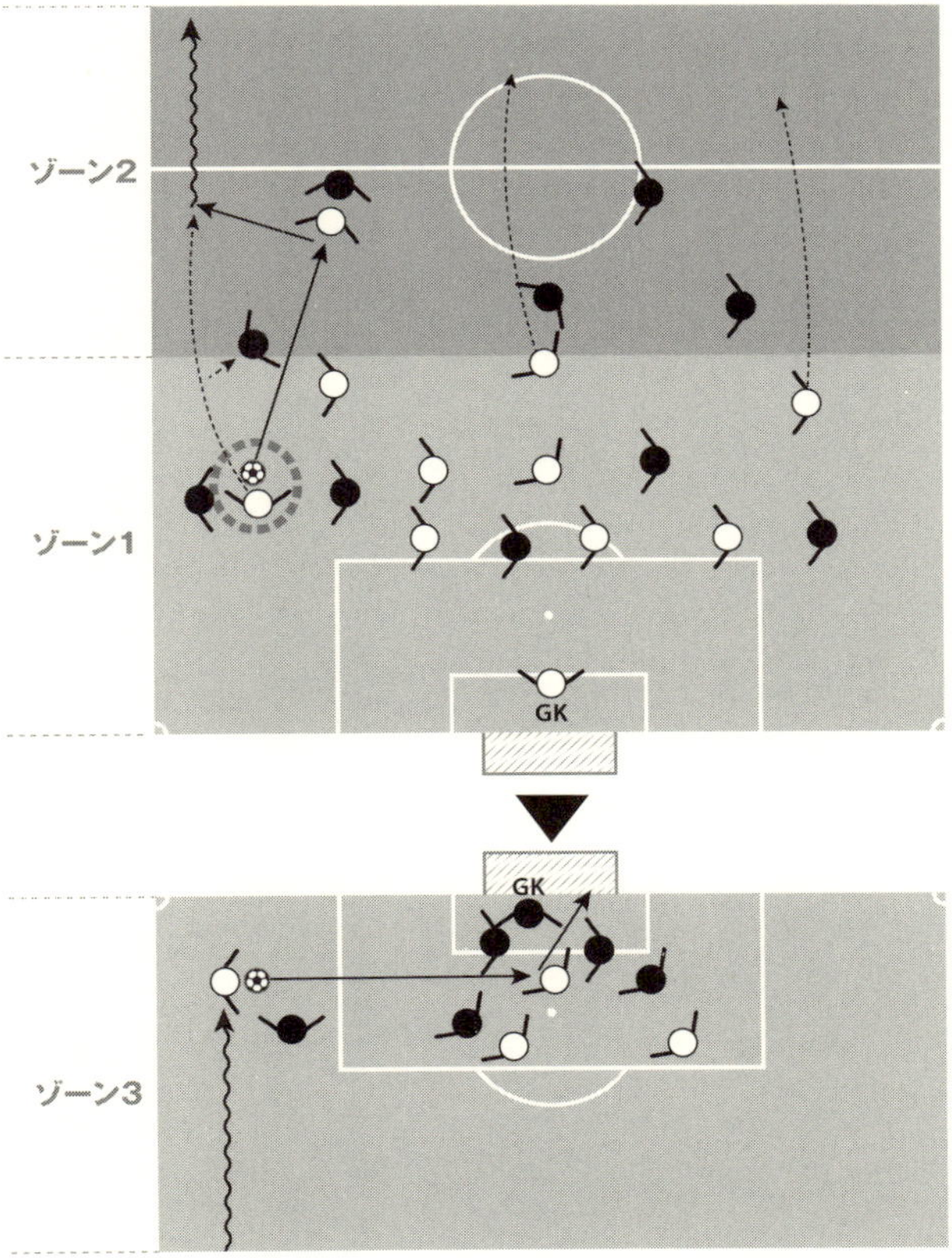

実際の試合における得点シーンは、まずゾーン1からのロングカウンターで左サイドから前進し、深い位置まで侵入しクロスからヘディングシュートでゴールした。

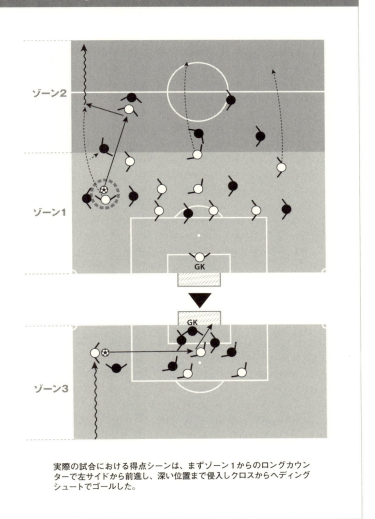

す。ゾーン1ではどうしても能動的な守備は難しく、受け身でディフェンスをするようになります。加えてボランチにもしっかりとマークに行かなければならないので、1-4-2-3-1で耐えてボールを奪ったら1トップの足元へパスをしてそこでキープをして後方からのサポートを待ちサイドのスペースを狙うというプレーモデルとなります。

実際の試合における得点シーンですが、まずはゾーン1からのロングカウンターで左サイドから前進し、深い位置まで侵入しクロスからヘディングシュートでゴール。もう1点は自陣からのFKでゴール前にロングフィードを送り込み、そのこぼれ球を拾って押し込み追加点。その2点で1-2の勝利をおさめることができました。

試合展開はほぼバルサがボールを持つ苦しい流れではありましたが、少ないチャンスをものにして掴んだ勝利でした。これが私のサッカー人生「初」となるFCバルセロナに勝利した試合です。

［2018年3月17日(土) リーガ・ナショナル グループ❼ 第26節］

CEエウロパ・フベニールA　1-0　FCバルセロナ・フベニールB

17-18シーズンは、6年間在籍したUEコルネジャから古巣のCEエウロパへと再び移籍しました。戦うカテゴリーはユースの2部リーグと変わりませんでしたので、バルサユースBと

図56 【坪井戦術】バルセロナ対策の５バック採用

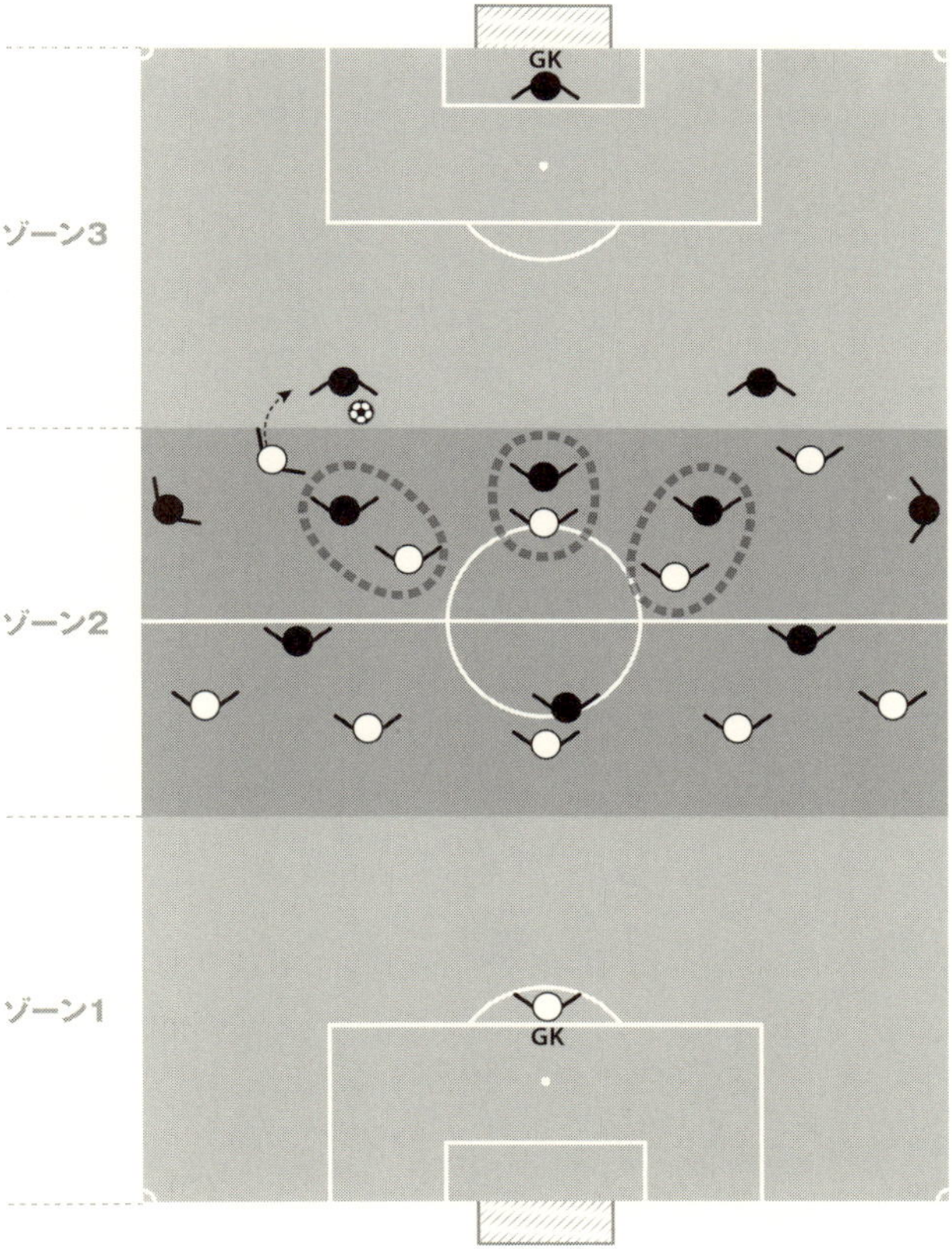

意図としては、相手ＳＢに対しこちらのＳＢをぶつけにいくと、後方４人（４バック）のためスペースができてしまい、自信を持って飛び出していけないので、そのデメリットを消すために、システムは５バックを採用。

も再び対戦がありました。前回の勝利から2シーズン経ち、バルサのサッカーも進化をしています。

事前分析から、中盤3人は引いてきて、足元で受けてSBは高い位置を取る、ウイングが中と外を出入りするポジションチェンジを行うことはわかっていました。そこで私たちが取った守備の戦術は次の通りです【図56】。

システムは5バックを採用。理由、意図としては、相手SBに対しこちらのSBをぶつけにいくと、後方4人（4バック）のためスペースができてしまい、自信を持って飛び出していけませんので、そのデメリットを消すことです。5バックにすることによってSBもCBも自信を持って自分のゾーンを飛び出していくことが可能になります。中盤はマンツーマンでマークする形になるよう、ダブルボランチと1人のトップ下で三角形を形成。2トップは開いて外から中へボールを誘導するようCBへとアプローチをかけました。

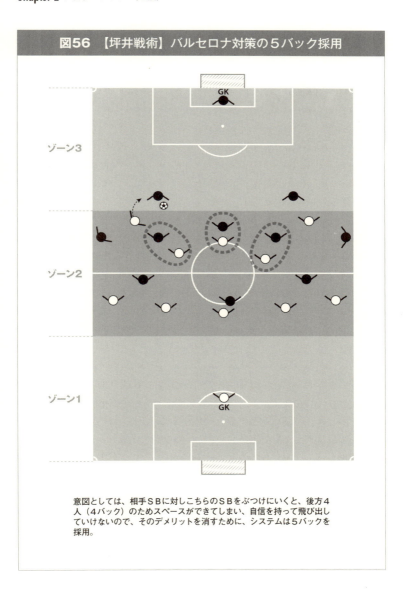

初めの狙いとしては、外から中へボールを誘導し、中央の3対3のエリアへと誘い込みます。今シーズンの我々のチームは中盤の守備能力が高く、ストロングポイントを活かすためにもまず中央へ誘導してボール奪取のチャンスをうかがいました。

ただ、ここでのリスクはバルサのSBが一時的にフリーになっている点です。その対応は我々のウイングバック（WB）が飛び出していくことで対処しました。そのプランニングを設定した

図57【坪井戦術】相手の攻撃に合わせた守備のオートマティズム

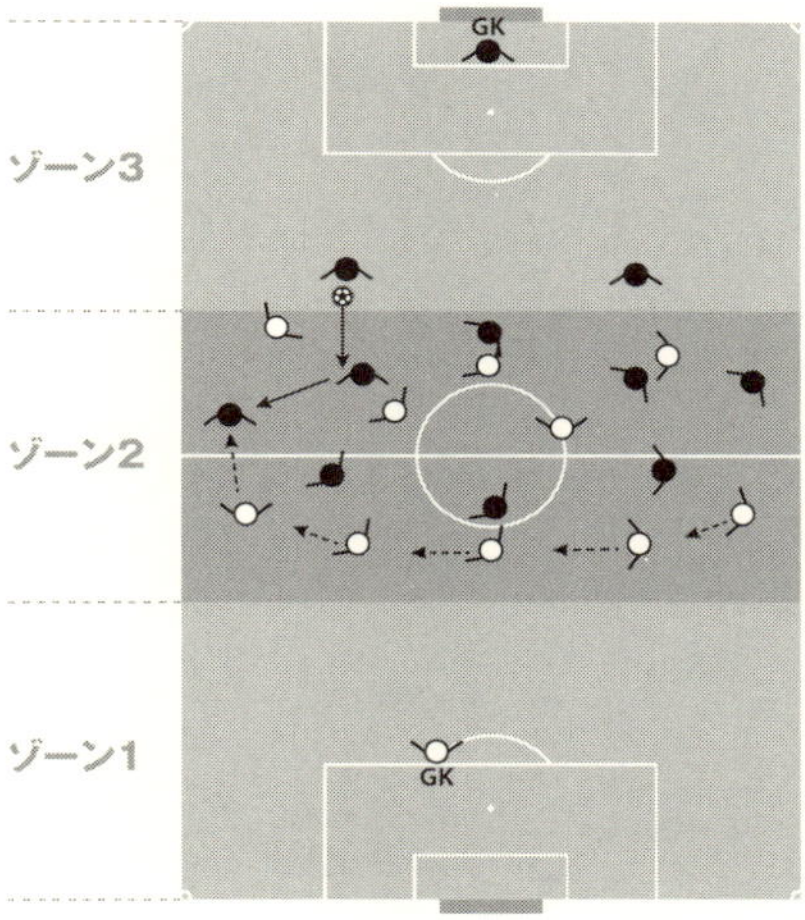

初めの狙いは、外から中へボールを誘導し、中央の3対3のエリアへと誘い込むが、ここでのリスクはバルサのSBが一時的にフリーになっている点。その対応はウイングバック（WB）が飛び出していくことで対処。そのプランニングを設定した時には、残りの4枚がスライドして、4バックが最終ラインに形成されることになり、安心して守備することができた。

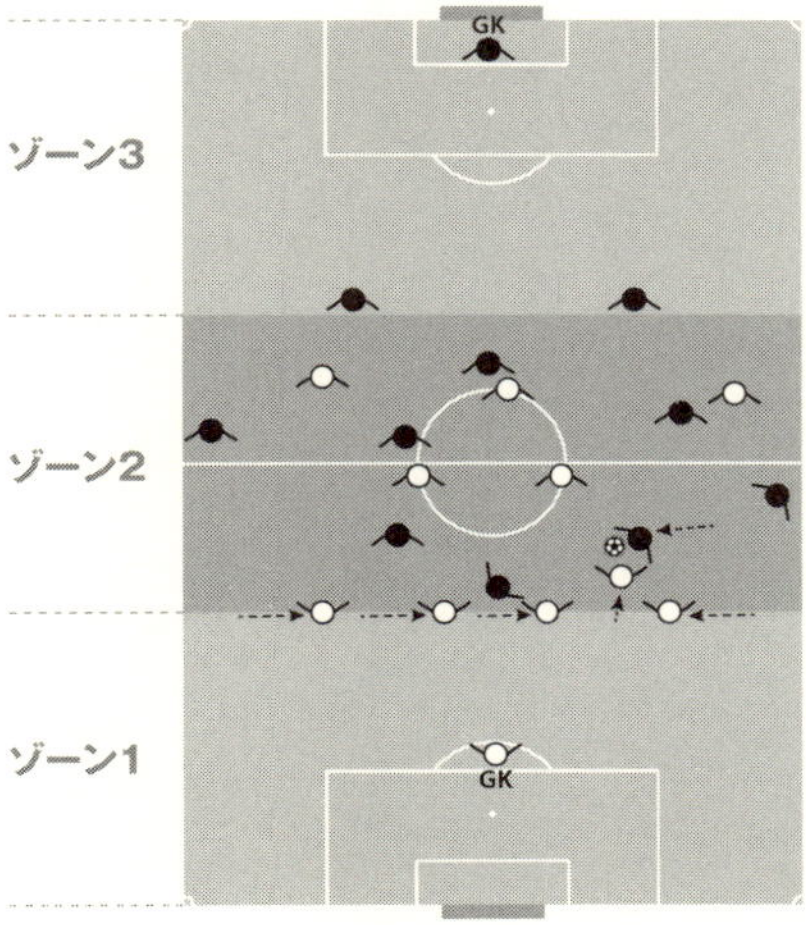

同様に中へ入って来たウイングにボールが渡ったとしても、中央のＤＦが飛び出して残りの４選手が絞るという守備のオートマティズムを徹底すれば、後方でスペースを与えないことができる。

図58【坪井戦術】カウンターからの第一波と第二波のオーガナイズ

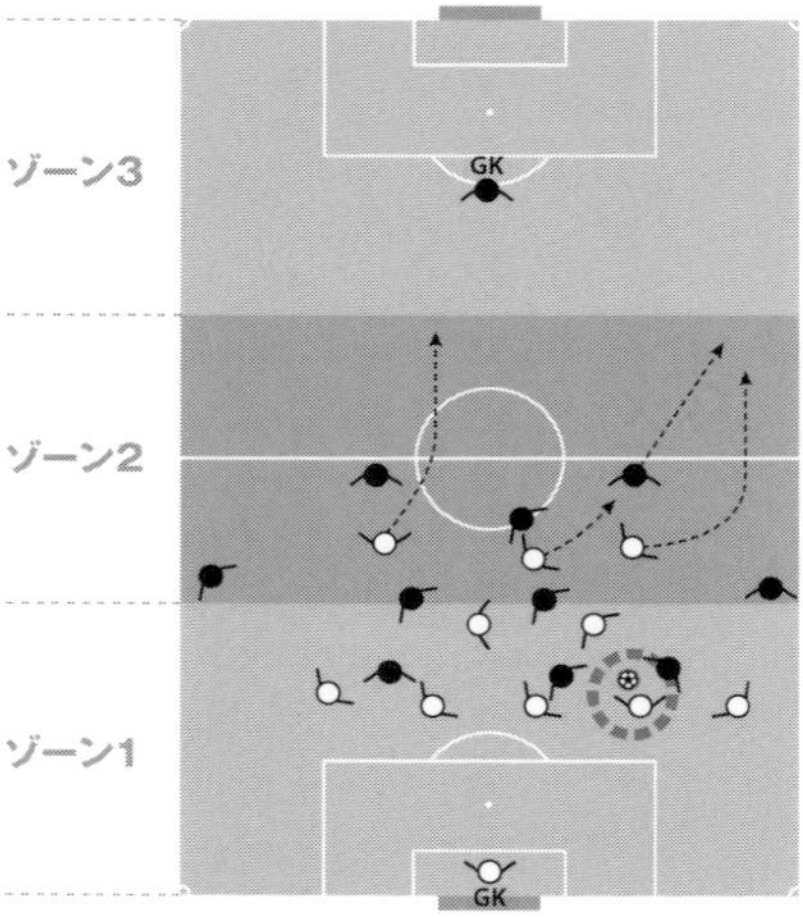

カウンターの第一波はＣＥエウロパの前線で発生する３対３となり、グループとしてのキーファクターは「同サイドで縦に早いコンビネーションで深さを取りに行く」というもの。ボールサイドのＦＷは背後を取り、トップ下の選手はライン間に顔を出して異なる高さにパスのオプションを形成。逆サイドのＦＷは、逆のレーンからクロスに合わせるなど、フィニッシュのシーンに絡んでくる仕事を担う。

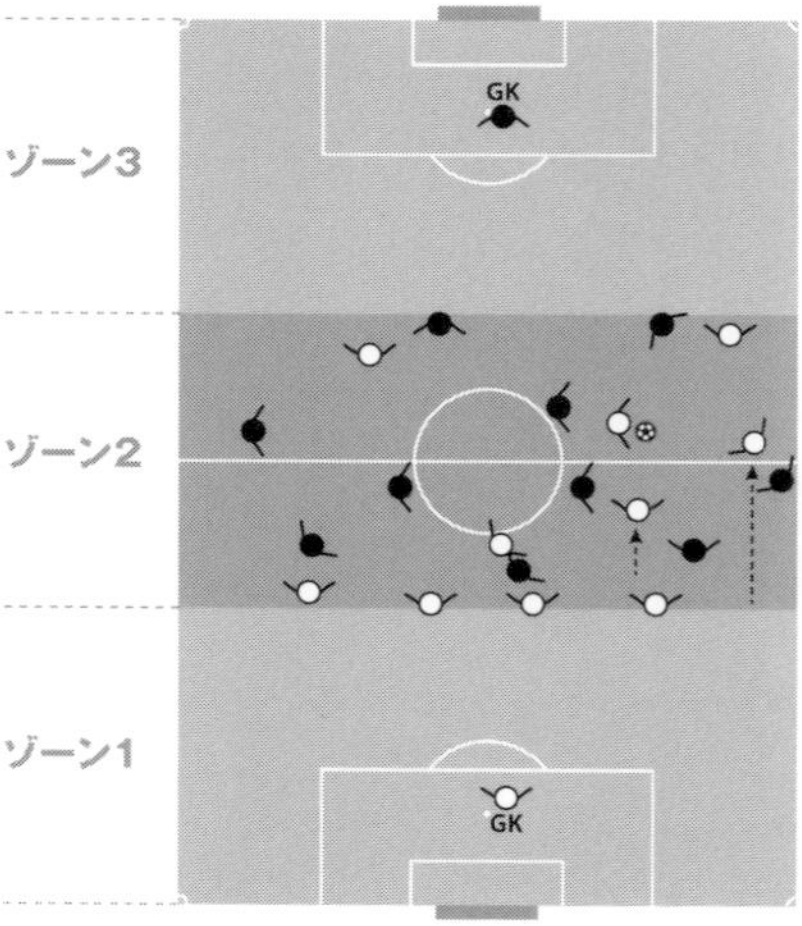

第二波のオーガナイズは、同サイドのＷＢとボランチの１人が後方からサポートすることで設定。基本、バルサ相手の試合の攻撃は少ない人数とリスクでフィニッシュまで到達する狙いを持つ。ボランチも２人のうち必ず１人は後方へ残る、ＷＢは片方のサイドが上がれば、もう一方のサイドは残る、というような攻撃時における守備の警戒を徹底した。

時には、残りの４枚がスライドします。これで４バックが最終ラインに形成されることになり、安心して守備することができます【図57上】。

また、同様に中へ入って来たウイングにボールが渡っても、中央のＤＦが飛び出して残りの４選手が絞るという守備のオートマティズムを徹底して、後方でスペースを与えないようにしました【図57下】。

このような守備の戦術を機能させてカウンターの機会をうかがうわけですが、このゲームでも狙うべきスペースは手薄になったバルサのＤＦの背後のスペース、特にボールサイドのＳＢの背後でした。

カウンターの第一波はＣＥエウロパの前線で発生する3対3となり、グループとしてのキーファクターは「同サイドで縦に速いコンビネーションで深さを取りに行く」というものです。

ボールサイドのＦＷは背後を取り、トップ下の選手はライン間に顔を出して異なる高さにパスのオプションを形成します。逆サイドのＦＷは、逆のレーンからクロスに合わせるなど、フィニッシュのシーンに絡んでくる仕事を担います。

第二波のオーガナイズは、同サイドのＷＢとボランチの１人が後方からサポートすることで設定しました。基本、バルサ相手の試合の攻撃は少ない人数とリスクでフィニッシュまで到達する狙いを持ちます。我々もそうしたプランを持ち、ボールサイドに的を絞って人数をかけるようにしました。ボランチも2人のうち必ず1人は後方へ残る、WBは片方のサイドが上がれば、もう一方のサイドは残る、というような攻撃時における守備の警戒は徹底していました。

手数をかけずにフィニッシュへ持ち込むという意味でも、WBは後方からサポートし、バックパスを受けた場合は例え深い位置にいなくてもクロスを実行するということをキーファクターにしていました。手薄なバルサの守備組織が整う前に、ゴール前にボールを運んでしまおうというのが狙いです。

こうしたゲームプランで戦い、後半の60分にゾーン2、中央からのカウンターから1点を先制します。その後も、バルサはシステムを変えて攻撃を繰り広げてきましたが、こちらも1-5-4-1にシステムを変えて対応し、長いアディショナルタイムを経て1-0で大金星を挙げました。

ユース年代の試合であるにもかかわらず、ホームには多くの観客が押し寄せ、CEエウロパのスタジアムが満員になった中で奇跡の勝利をあげることができました。育成年代の試合ではありますが、クラブのサポーターに感動的な試合を届けることができましたし、私にとっても一生忘れられない試合の1つとなりました。

私は10年スペインに住んでいますが、バルサやエスパニョールのようなラ・リーガ1部のプロクラブの下部組織に勝つことは「とても難しい」ということを身にしみて理解しています。

バルサは言うならば、「世界最高レベルのチーム」です。そのようなチームに格下の選手たちで、2度もバルサに勝利(エスパニョールにも1度勝利)することが、いかに難しいことで、偉業であるかはみなさんも何となく理解して頂けるのではないでしょうか。

ある日本の監督から聞いた言葉を今でも忘れません。

「一度の成功はまぐれで起こることもある。だから二度、三度の結果を残してこそ、本物なんだ」

今だからこそ、「まさにそうだ」と理解できます。

最初のバルサ相手の勝利はもしかすると偶然、まぐれがあったかもしれません。しかし、2度目の勝利を手にしたことで、私の中の経験はある種の確信に変わりました。ゲームプランを明確にして、それを選手に浸透させ、コンペティティブな集団(戦える集団)に鍛え上げた監督の手腕あってのことですが、私たちに信じてついてきてくれた選手には感謝の念が絶えません。貴重な経験を第二監督と言う立場でさせてくれたチームにはとても感謝しています。

ここまで、私のバルサ戦の実体験を話してきました。この2つのカウンターのプレーモデルを読んでわかるかと思いますが、カウンターのプランニングを明確にするためには守備のプレッシングのプランニングも明確になっていなければいけません。

守備のプレッシングのプレーモデルにおいて、各選手の役割が明確であればボールを奪った時のポジショニングにも再現性が出ます。時に、カウンターのスタートポジションも再現性のあるものとなり、より計画されたアクションが実現しやすくなります。ですから、カウンターと守備のプレッシングはセットで考えることが重要なのです。

●奪ったエリアを抜け出すために誰がどこにサポートをするのか

●前進するために誰がどこへ走りこむのか（第一波）

●第二波は誰がどこへサポートするのか

●深い位置までボールを運んだ後は誰と誰がコンビネーションを実行して突破を図るのか

こういったことを細かく設定しておくことが、カウンターの精度を上げるポイントとなります。みなさんも、改めて整理した上で選手、チームに落とし込んでみてください。

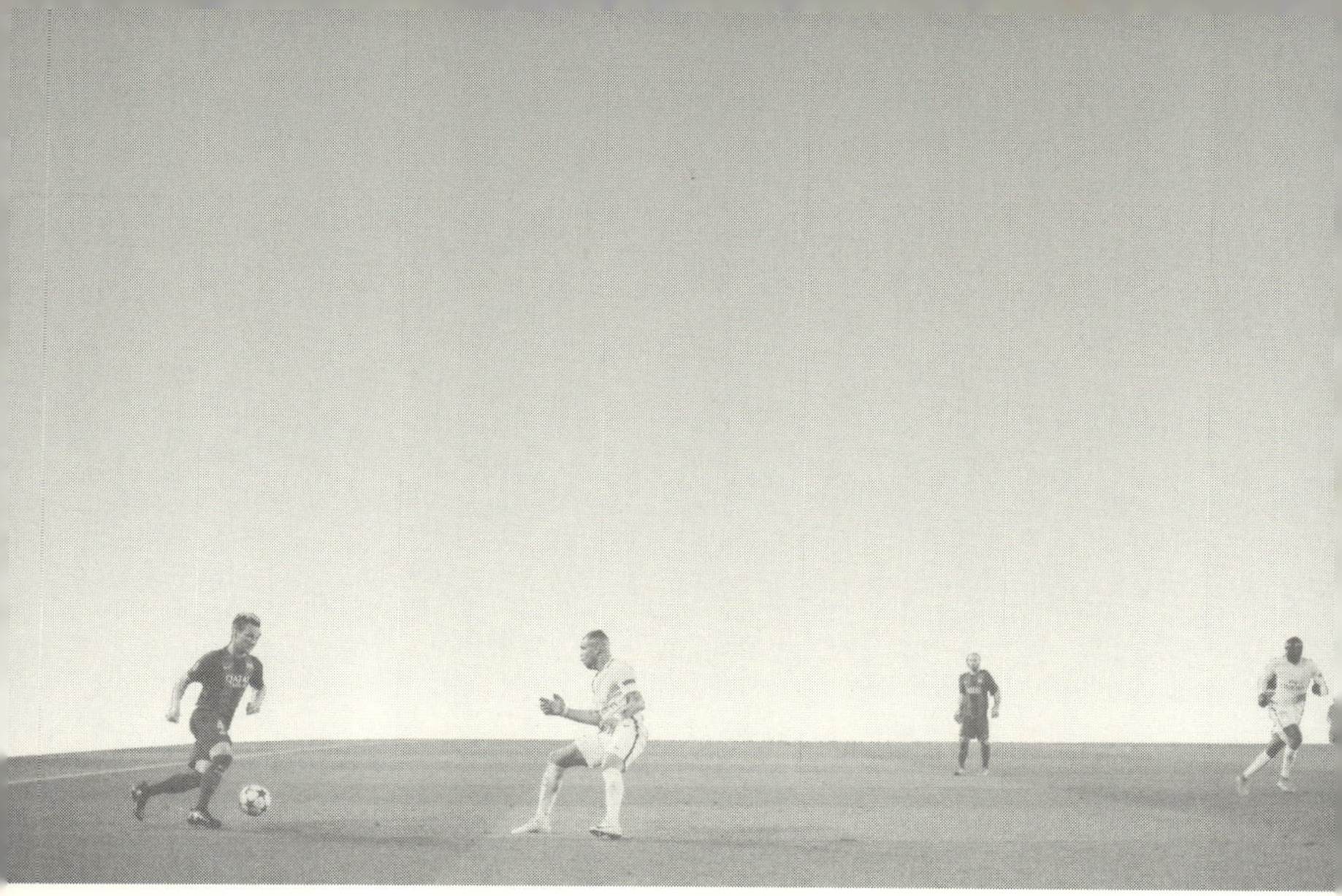

Chapter 3
攻撃のプレー分析

「チーム全体」の見方における分析方法

このChapter 3では、国内外のプロチームの攻撃のプレーモデルを分析していきます。その前に、私がいつもどのように試合を見ているのか、そのフレームワークについて紹介しましょう。サッカーの試合を見るにあたり、3つの見方があります。

1つ目は、選手個人の分析をする見方です。1人の選手に集中し、個人戦術アクション、テクニックアクションにフォーカスして分析を行います。私は現在、仕事でJリーガーを含めたプロ選手向けのプレー分析も行っていますが、その時にはこのような視点でゲームを見るようにしています。2つ目は、チーム全体の分析をする見方です。その時には、Chapter 2で挙げたことを踏まえながら観戦します。最後3つ目の見方ですが、単純にいちサッカーファンとして何も難しいことを考えずに試合を楽しむ見方です（たまには気を抜いてサッカーを見るのもいいものです）。

ここで紹介するのは2つ目の「チーム全体」の見方における分析方法です。プロの試合を見る時、私が戦っているリーグ戦の対戦相手のプレー分析を行う時に用いる見方です。

まずは、4つのモーメントに分けて整理をしていきます。守備のフェーズに関しては前作の『サッカー 新しい守備の教科書』に詳しく書かれていますので、本書では攻撃フェーズの中から「組織的攻撃」のモーメントに絞って紹介していきます。

フロー①：前進の方法

攻撃のモーメントに関して分析をする時、まず分析対象のチームが「ボールを保持して中盤を経由し、前進する方法を好んでいるのか」、それとも「縦に速い攻撃で前進することを好んでいるのか」を見るようにしています。私の視点では、前進の方法に攻撃スタイルの特徴が出ると考えています。攻撃のポジション構造やサリーダ・デ・バロンのポジショニング、攻撃のオートマティズム（ポジションチェンジ）は前進を効果的に行うための設定です。

よって、そのチームが持っている選手の特徴を機能させ、どのように前進を狙っているのかを知る事は攻撃のプレーモデルを分析する上でとても重要なことだと考えています。逆に考えると、システムやポジショニングからそのチームが何を狙っているかを把握することもできるということです。

フロー②：攻撃のオートマティズム

前進の方法の次に見るのは、攻撃のオートマティズムです。

現代サッカーのトップレベルの試合においては、もはやシステムという概念が意味をなさなくなっています。そのくらい、ポジショニングに多様性が出てきています。

例えば、サリーダ・デ・バロンにおけるシステムが1-4-3-3でも、前進をする過程において1-3-4-3にポジショニングを変更するという現象は今や当たり前になっています。より優れたオーガナイズのチームは、ポジションチェンジに規則性があります。指導者としても規則性を持たせるためにオートマティズムのトレーニングをしていきます。

だからこそ、サリーダ・デ・バロンのポジショニングからどのように動きを発生させてポジショニングを変えているのかを見ることはとても重要です。

フロー③：どのような優位性をどこで作ろうとしているか

次は、前述の4つの優位性（個人、数的、ポジション、グループ）をどこで作ろうとしているのかを見極めます。チームでフィジカル的に優位に立ちやすいスピードのある選手、体が大きい選手、1対1で突破が上手い選手は、プレーモデルに影響を与えやすいので常にチェックします。

ちなみに、クリスティアーノ・ロナウドのような選手がサイドに張り、足元でパスを受けたら周りの選手はサポートへいくべきでしょうか？

答えは「No」です。

なぜなら、彼のように1対1で優位性を持っている選手は周りの選手がサポートにいくことで「2対2」、「3対3」のような状況、つまりはせっかく1対1で突破をしてもすぐにカバーリングに入る選手がいる状況が生まれます。それではロナウドが持つ1対1(個)の優位性をチームとして活かすことができません。このように、個人の優位性を活かすために周りの選手のコーディネートが重要になります。スピードがある選手、レガテ(突破)のドリブルが上手い選手をサイドに配置する場合は、チームとしてサイド攻撃を狙ってくることが多いでしょう。

大きな選手がFWにいる場合、その選手目がけて長いパスを主体にダイレクト攻撃をして、その周りにセカンドボールを拾えるように人数を配置することも考えられます。

このようにして、どのエリアで個人の優位を生み出そうとしているのかを見落としてはいけません。また、数的優位とポジション優位、グループ優位がどこでできやすいかはオートマティズムと大きな関係を持ちます。むしろ、これらの優位性を意図するエリアで作りたいから、それを自動化させるためにオートマティズムが組み込まれているのです。それがサイドなのか、真ん中のエリアなのか、を見るようにします。

◆1-4-4-2からサイドハーフが中に入るオートマティズム【図59上】

これによって中央のエリアで数的優位を形成するのが狙いです。前進はダイレクト攻撃でトップに長いボールを入れてセカンドボールを拾い、そこからシュートチャンスを狙います。

図59　優位性をもたらすオートマティズム

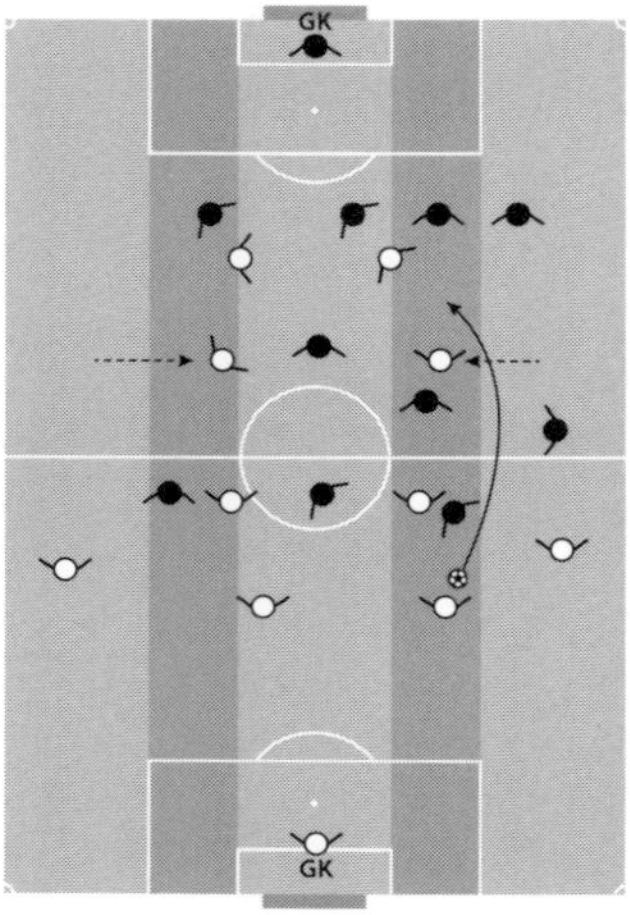

1-4-4-2からサイドハーフが中に入るオートマティズムによって、中央のエリアで数的優位を形成するのが狙いとなる。前進はダイレクト攻撃でトップに長いボールを入れてセカンドボールを拾い、そこからシュートチャンスを狙う。

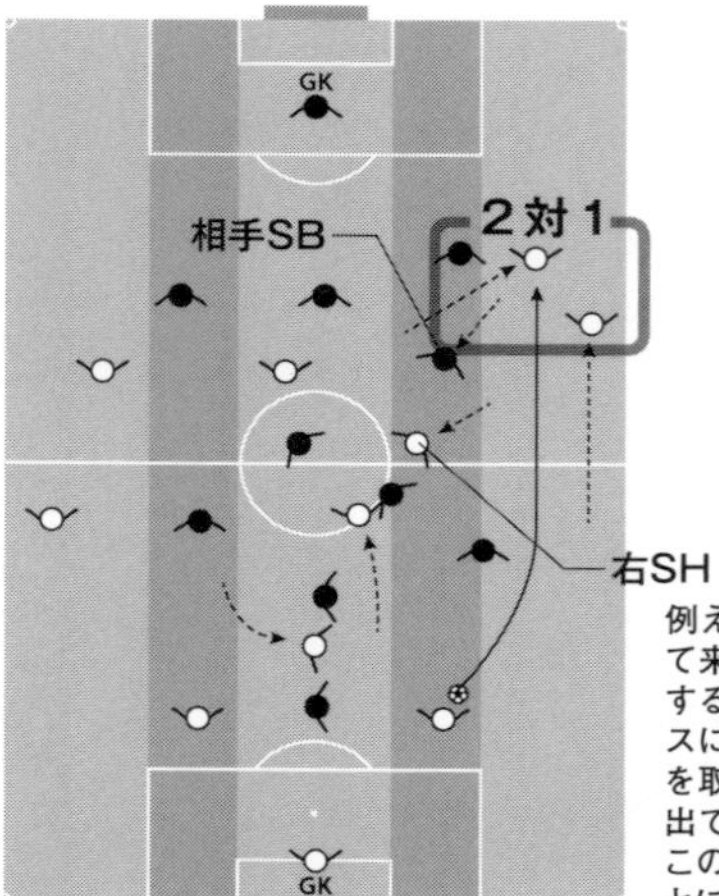

例えば、右サイドハーフが中のレーンへ入って来た時に相手ＳＢがマークに付いてくるとする。その時には、相手ＳＢが空けたスペースにＦＷが斜めに動く。あらかじめ高い位置を取った右ＳＢはロングフィードと共に前に出て行き、ＦＷの背後にパスコースを作る。この時、相手はＣＢがカバーリングに入ることになるので２対１ができる。

◆サイドで数的優位を形成するためのオートマティズム【図59下】

右サイドハーフが中のレーンへ入ってきた時に相手ＳＢがマークについてくるとします。その時には、相手ＳＢが空けたスペースに対してＦＷが斜めの動きで入っていきます。あらかじめ高い位置を取った右ＳＢはロングフィードと共に前に出て行き、ＦＷの背後にパスコースを作ります。この時、相手はＣＢがカバーリングに入ることになるので２対１ができます。

以上が、私が試合を見て攻撃のプレーモデルを分析する時に気をつけている大まかなポイントです。次の対戦相手の分析を行う場合は、これを大枠にして細かい部分はどのような戦術アクションが実行されているのかを視覚化、言語化してチームに伝達していき、対策方法をトレーニングでも落とし込みます。

マンチェスター・シティの攻撃のプレーモデル

就任から2シーズン目を迎えるジョゼップ・グアルディオラ監督率いるマンチェスター・シティ(以下、マンC)ですが、見事17－18シーズンのプレミアリーグを制覇しました。

1年目と比べると、2年目のマンCはスタートポジション、攻撃のプロセスの中でシステムを変化させながら攻撃をしていくチームへと進化を遂げています。逆に、決まったシステムを表現しにくいサッカーを展開しています。やはり、欧州サッカーの進化は「グアルディオラ監督によって引き起こされている」という事実を感じるチーム作りを行っています。

◆1－4－3－3から1－3－4－3のオートマティズム

DFラインであれば4バック、3(5)バックをシチュエーションによって、つまり相手チームの守備の方法、特にプレッシングのかけ方によってピッチ上で選手が見て、判断して、変えています。グアルディオラ監督は相手からすると、とても戦いにくい指導者です。要するに、相

［17-18シーズン 基本フォーメーション］

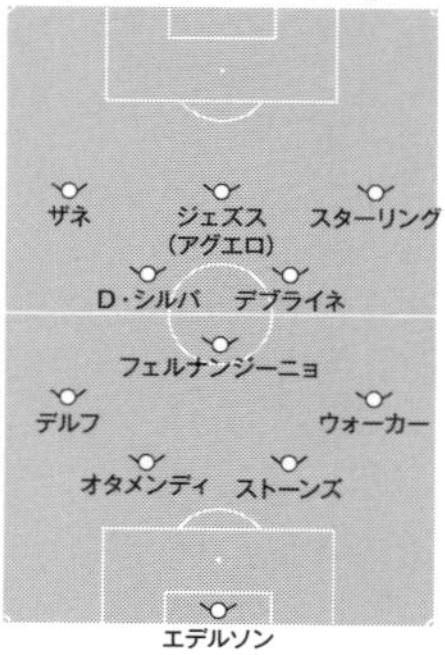

監督：ジョゼップ・グアルディオラ

手からすると、どういう戦い方をしてくるのかを予想するのが難しく、予想を当てたとしても即座に対策を打ってくる指揮官だからです。それだけやれること、戦術バリエーションの多い監督なのです。

具体的なシステムにおいては、4バックである1-4-3-3でスタートしても試合の状況に応じて左サイドバックが1つ前のボランチの位置に入って行きます。また、トップ下のデブライネが右に開いて、中盤ダイヤモンドの1-3-4-3のシステムに変化をつけるようなこともあります。しかし、このシステムでプレーしていると思えば、次の攻撃時には1-4-3-3のまま崩して点を取ってしまうことがあります。相手からすると非常に戦いにくい、つかみどころがないチームで、特にプレッシングをかけるにあたっては分析するのが難しいチームです。

戦術、システムの規則性は当然あるのですが、近くにいる2人、3人のコンビネーションにもバリエーションがあります。そのため、壁パスを使ったり、1人が中に入ったら別の人間が外に出ていくなど、狭いエリアの中でのプレーの多様性も兼ね備えています。

おそらく、試合の準備の段階、トレーニングで3つ、4つのパターンをあらかじめ作っていて、「相手がこう来たらこうしよう」ということを決めています。それをトレーニングでまず用意した上で、試合の中、ピッチ上で選手がシチュエーションの中での最適解を選んでいます。選手が選ぶ上での鍵は1つのパターンとなるスタートを担う選手の動きです。その選手がこ

図60　ペップバイエルン時代の２つのオプション

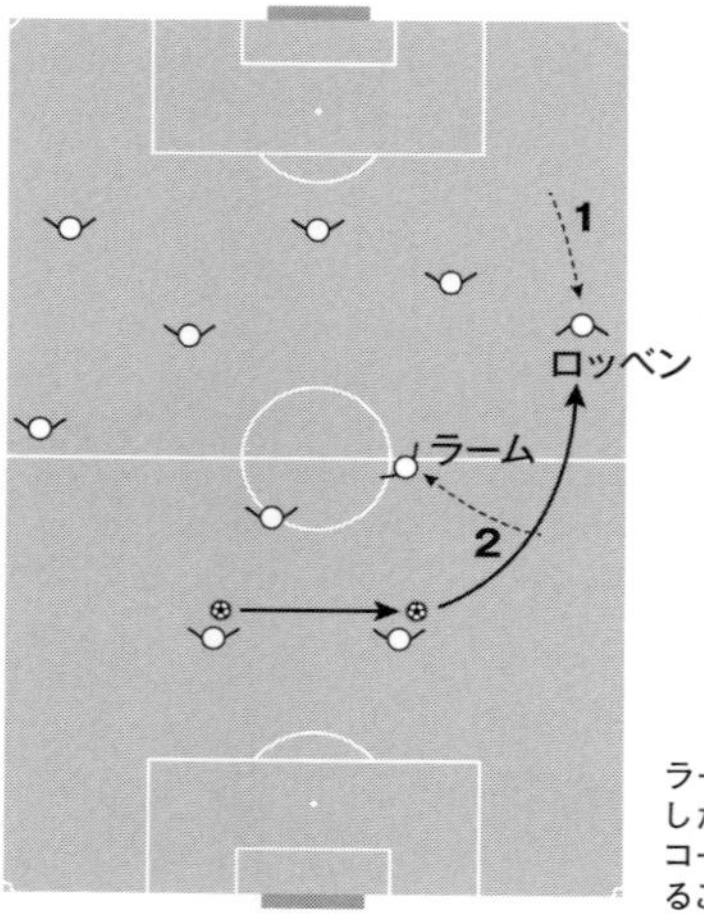

ラームはロッベンがサイドに開いたのを確認したら中へ入る。こうすることで、外のパスコースができてロッベンは足元でパスを受けることができる。

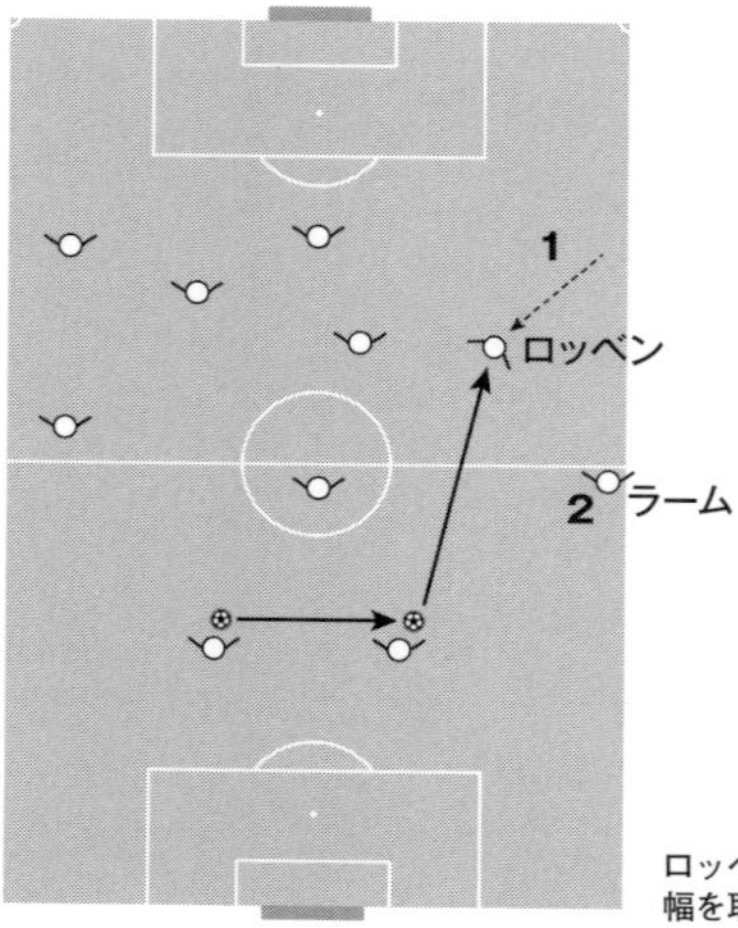

ロッベンが中へ入ってきた時には、ラームは幅を取るポジションを維持する。

う動いたら他の選手はこう反応するという準備を作っています。グアルディオラ監督はバルセロナ時代の最後も試合中にシステムを使い分けていて、ワイドの選手も本来は右サイドバックのダニエウ・アウベス（現パリ・サンジェルマン）にウイングとしてプレーさせるようなことを行っていました。バイエルン・ミュンヘンを指揮していた時代も、偽のラテラルとして中に入ってプレーする時に右ＳＢのラームが右ウイングのロッベンのポジションを見て自分の立ち位置を2つのオプションから選んでいました【図60】。ラームはロッベンの動きを見て、自分のポジションを選択していました。逆サイドにボールがある時、すでにロッベンのポジションを見ていて、サイドに開いたと思ったら、自分は中へ入る。こうすると、外のパスコースができてロッベンは足元でパスを受けることができますので、彼ほどの選手にサイドで「1対1」の状況を作れば、あとはドリブルで仕掛けて突破を図ってくれます。

反対に、ロッベンが中へ入ってきた時にはラームは幅を取るポジションを維持していました。このようなオートマティズムを可能にするには、「ロッベンのアクションに対して、ラームがリアクションをする」という決まり事を作る必要があります。

このように、グアルディオラ監督の特徴はチームプレーのバリエーションが多く、どのような戦いを挑んでくるのかが読みにくい点にあります。それに加えて、選手が自信を持ってプレーしています。つまり、こうすれば崩せる、勝てるということを感じながらプレーしている

図61　マンチェスター・シティのプレー分析①

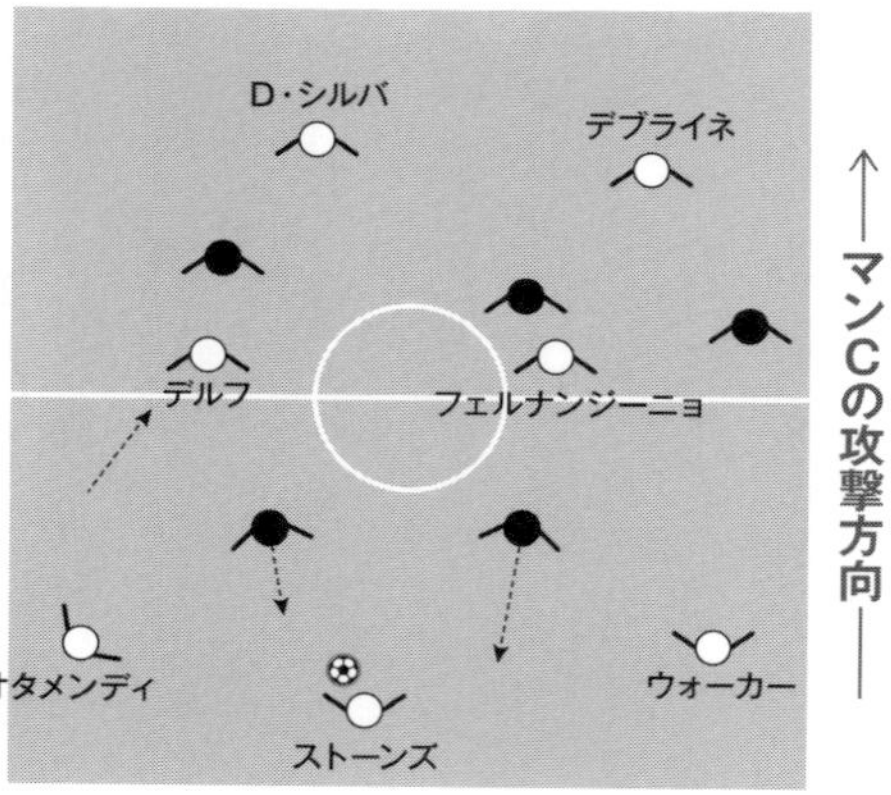

スタートは1-4-3-3が多いマンC。上図のように4バックスタートでも相手の前線が2トップでプレスにくれば、4から3バックに変形したビルドアップを行う。この試合では左サイドバックのデルフが中盤(左インテリオール)に上がり、右SBウォーカー、CBのストーンズ、オタメンディの3人で最終ラインを形成していた。

図62　マンチェスター・シティのプレー分析②

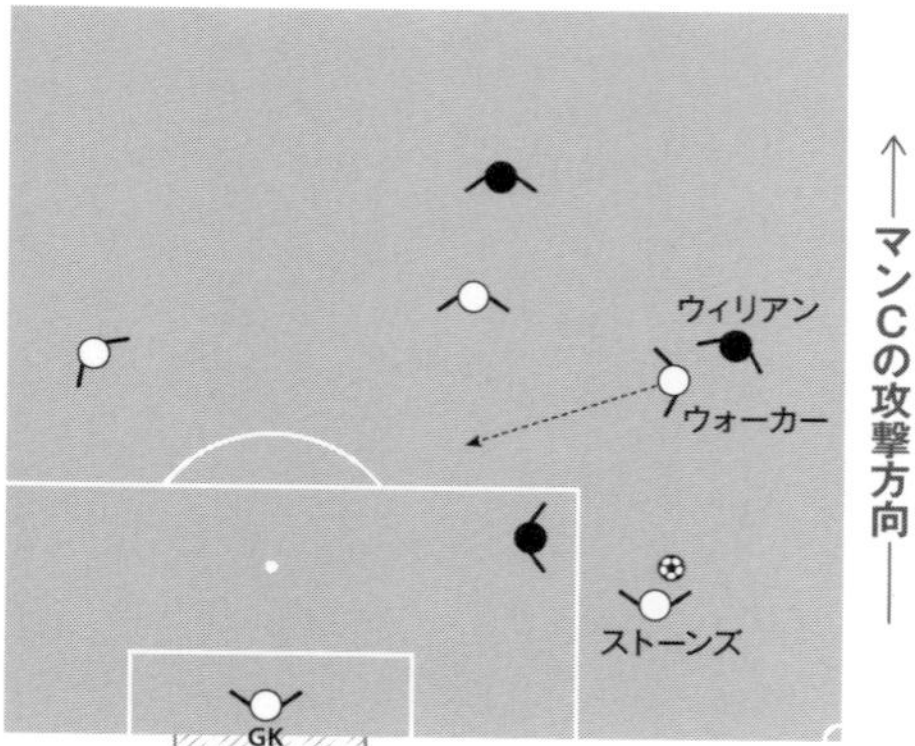

このビルドアップでは、右で受けたウォーカーからストーンズへとパスが出たが、右サイドで詰まってしまったので、ウォーカーは中に入ってチェルシーのウィリアンを引き出すことでストーンズの縦方向へのパスコースを作っている。これは要するに、2対2のグループ戦術における「背後に抜ける」、「斜めに抜けてドリブル侵入する」といったバリエーションである。細かいところまで見ていくと、DFラインのビルドアップでここまでのことをやっているのがマンC。

ので、プレースピードも速く、非常に厄介な相手なのです。ここからは17－18シーズンに行われたマンCとチェルシーの試合を分析したものを紹介していきます。

マンCは試合の中で1－4－3－3の攻撃と1－3－4－3の攻撃を使い分けています。当然、このチェルシーのみならず相手からすればものすごく対応しにくい攻撃です。デブライネの左足のミドルシュートも素晴らしいのですが、そこにボールが入ってきた時にはすでに3人目の動きがありました。また、注目しなければならないのはデブライネがドリブルを入れるタイミングで、シルバが抜けていってスペースを作っているという点です。こういう動きを見ても組織としてしっかりとバリエーションを持ち、シチュエーション毎にグループとしてパターンを選択していることがわかります。

もう1つ特徴的なことはトランジションです。マンCは奪い返すのが速いチームなのですが、そのためにボールを保持して一度相手陣内に相手の守備ブロックを押し込む展開を作ります。あえて一度押し込んでから手数をかけてフィニッシュに行きます。

この攻撃が多いのでボールを失った際の攻撃から守備のトランジションを迎えるモーメントにおいてDFラインが高い位置にあり、相手陣内でのハイプレスが可能となります。当然、守備の網をかけることになりますので、ボールも引っ掛けやすくなります。これはマンCが意図的にプレーモデルとして落とし込んでいるものです。攻撃においてはロングパスを蹴るシーンもあります。その時にセカンドボールを回収されるとプレスがかかりません。セカンドボールを拾えない時に後ろからプレッシングに出ていくとどうしても時間がかかってしまいます。グアルディオラ監督はこの現象を嫌がる傾向にありますので、他のチームと比較してもカウンターの時でも一度サイドにつけて時間を作ってから、サイドから攻める傾向があります。

マンCが3バックを使う時には、チェルシーとは攻撃のオートマティズムが異なります。チェルシーはWBの選手が前に出ていき、アザール、セスクら前線、中盤の選手が真ん中でサポートに入ることが多く、サイドで縦の速さを出しています。

一方、グアルディオラ監督のマンCはワイドの選手がすでに高い位置で張って待った状態でいます。連携プレーを中心とした攻撃を可能にする構造のポジショニングを採用しています。そこは攻撃のプレーモデルの違いとして明確に出ていることですし、必然的にトランジションの迎え方も異なります。

3人目の動きについては、現代サッカーの攻撃の必須要素です。プレッシャーが激しく、組織化されていますので時間もスペースもありません。縦パスを入れても簡単に前を向かせてくれませんので、3人目の動き、ワンツーを使ってボールを前進させながら前向きで中盤より前の選手にボールを持たせる必要があります。

おそらく、グアルディオラ監督の場合はポゼッショントレーニングの中で3人目の動きを活

図63　マンチェスター・シティのプレー分析③

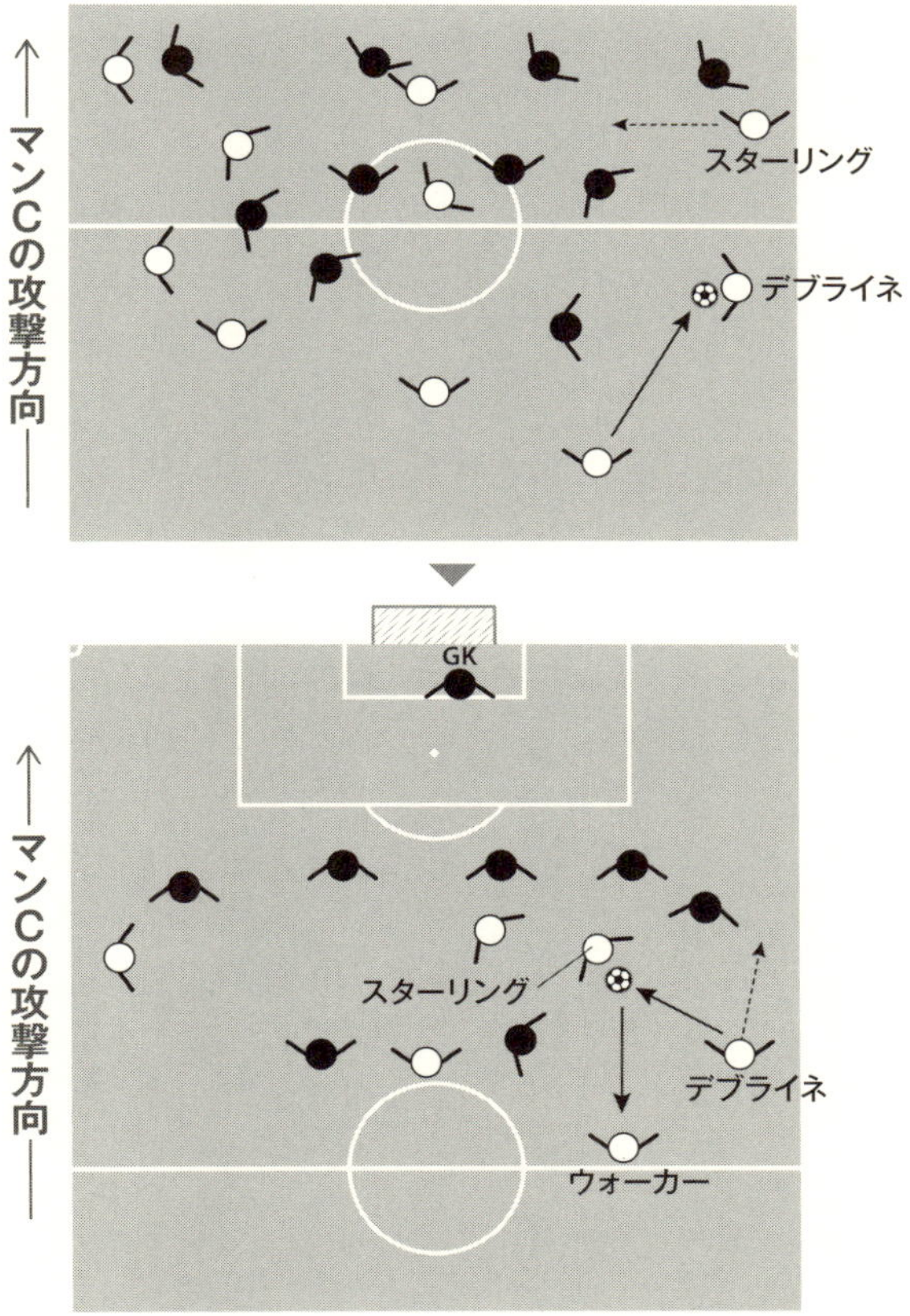

トップ下のデブライネが右に開いて足元でボールを受けようとしているシーン。その時、右ウイングのスターリングは中に入っていくので、右にスペースができて狙い通りデブライネの足元にパスが入る。デブライネは中に入ったスターリングを使ってコンビネーション（ワンツー）からの突破を試みるが、パスを受けたスターリングは難しいと判断して一度ボールを収め、右SBのウォーカーにバックパスを出す。

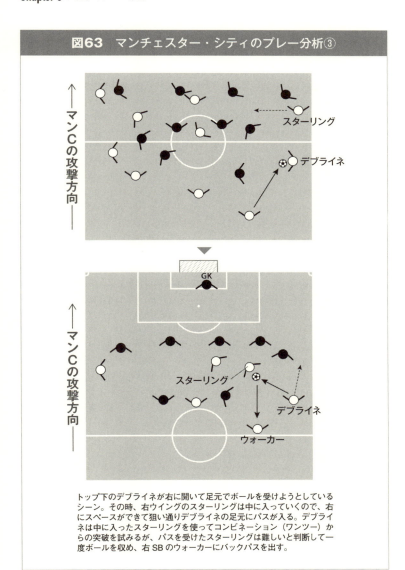

図64　マンチェスター・シティのプレー分析④

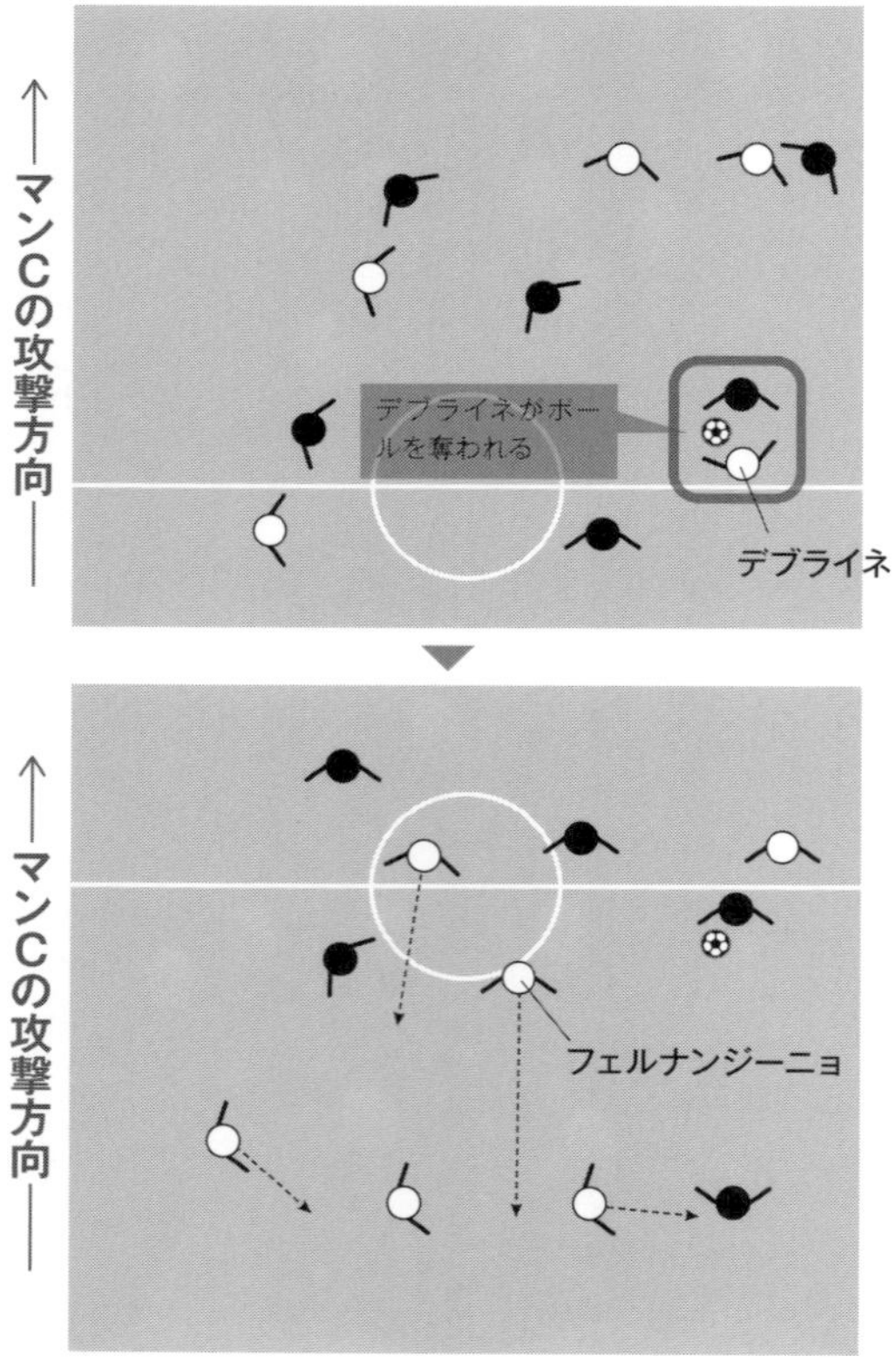

ストーンズからのパスを受けたデブライネのところで相手に奪われ、カウンターを受けるシーン。マンCの弱点は、このサイドのスペース。とはいえ、このシーンではすぐにボランチのフェルナンジーニョがＤＦラインに入って４バックを形成することで対処する。相手のチェルシーも逆サイドのウイングバックがスプリントでボールを追い越していくが、人数を揃えて対応したマンCが横パスをカットして難を逃れる。このように、グアルディオラ監督のマンCは被カウンターのリスクを考えた上で、そのオーガナイズがしっかりと設計されている。

用する要素を盛り込んでいるはずです。そこからポジショナルアタックという概念でシチュエーションに応じたバリエーションを作って攻撃を選択させていると思います。バルセロナ、バイエルンを率いていた時代もかなり3人目の動きを使った攻撃をオーガナイズしていました。

グアルディオラ監督自身の進化という面では、1つのシステムだけではなく、状況に応じて1-4-3-3と1-3-4-3の両方をピッチ上で使いこなせるように攻撃のプレーモデルを作り上げている点から特に感じます。そこはバルサ、バイエルン時代には見えなかった部分です。

そのため、今のマンCは「ベースシステムが1-4-3-3」ということすら言い難くなっているチームです。システムの概念そのものを壊しています。自分たちのシステムがこう、というよりは相手がこういう対応をしてくるからそのシチュエーションでの崩し方はこのシステムという形で攻撃をデザインしています。例えば、チェルシーのような5バックでソリッドに守れるチームを相手にグアルディオラ監督のマンCがどのような攻撃で崩し、得点を奪っていくのか、という視点で欧州のサッカーを見ると、サッカーの近未来を占うこともできます。

実際、マンCの攻撃は個人の能力だけに頼ったプレーモデルではありません。しっかりとオーガナイズ、攻撃戦術があって能動的にスペースを作り出しています。それをトレーニングから落とし込んでいるところがグアルディオラ監督の優れた点です。

一昔前のサッカーであれば、ワイドにスピードのある選手を置いてアイソレーション（1対1

図65　マンチェスター・シティのプレー分析⑤

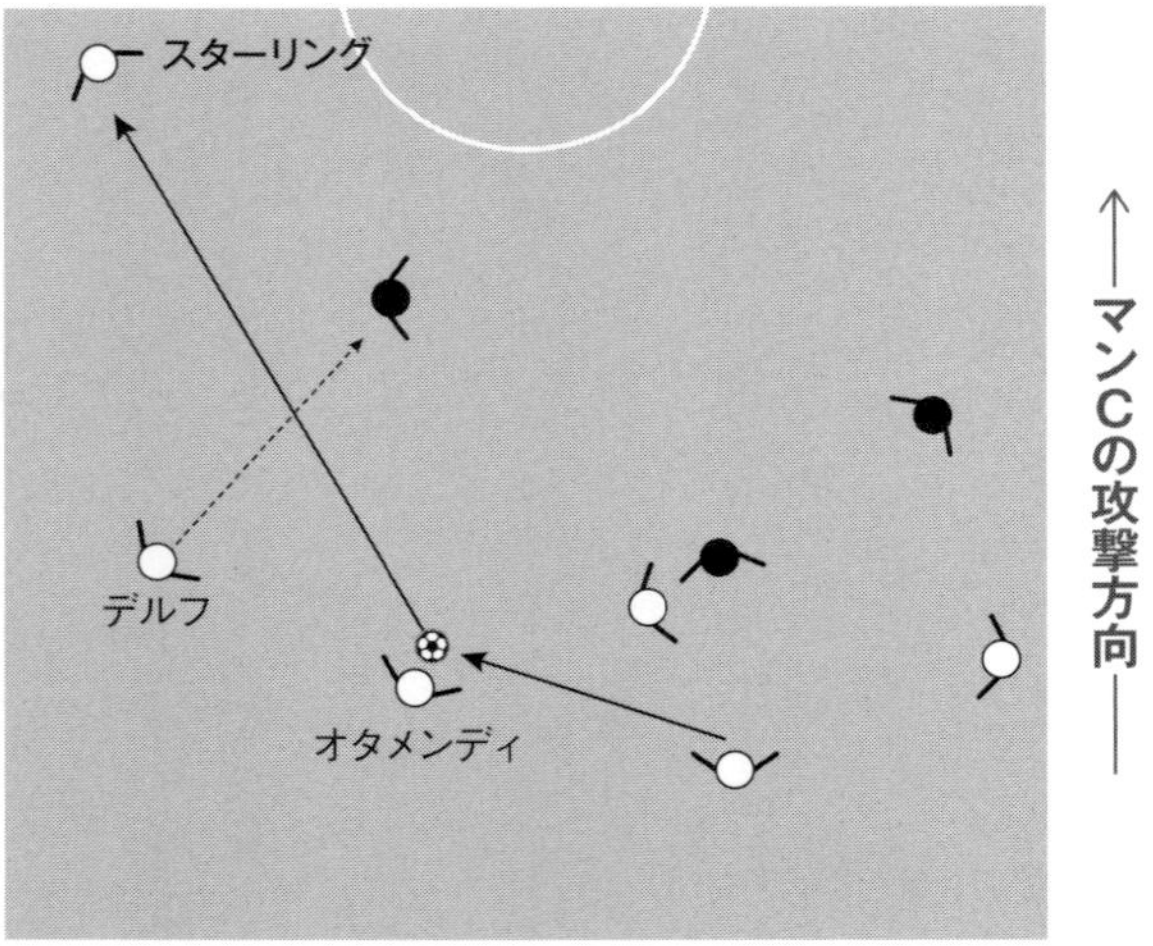

このシーンでも、ビルドアップ時に左サイドバックのデルフがボランチの位置にするすると入っていくことで、左CBオタメンディから左ウイングに入ったスターリングの足元にパスが入っている。グアルディオラ監督はバイエルン指揮時代からサイドバックのアラバ、ラームにこうした偽サイドバックの動きを実行させることで、CBからウイングへの縦パスのスペースと角度を作り出すことに成功していた。

図66　マンチェスター・シティのプレー分析⑥

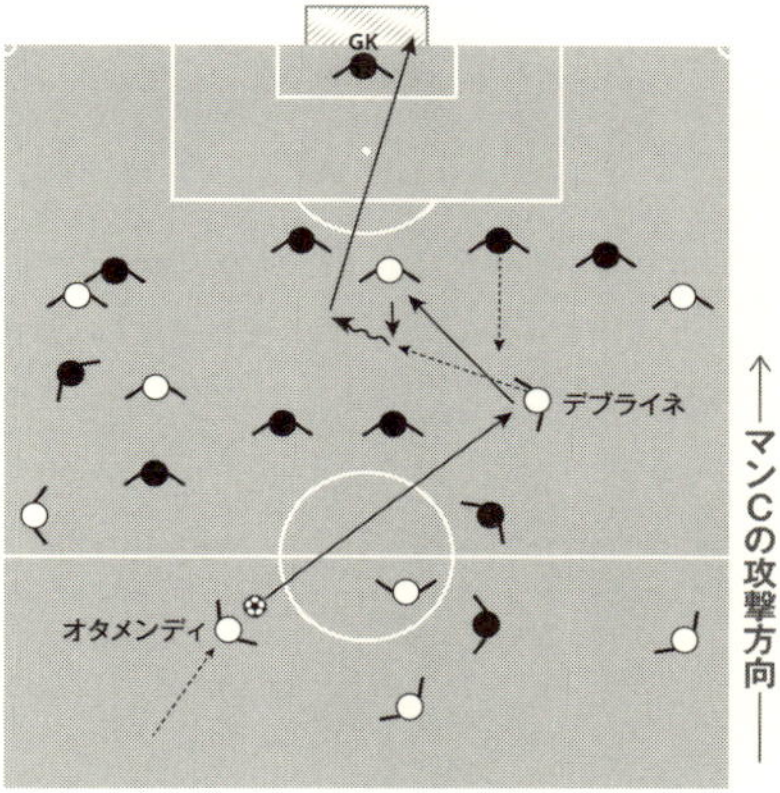

このシーンでは、1-4-3-3の立ち位置からフィニッシュまで到達し、ゴールを奪っている。デブライネが外ではなく中にポジションを取って留まり、4バックでのビルドアップからオタメンディがコンドゥクシオン（運ぶドリブル）で持ち上がり、トップ下のデブライネに縦パスを入れている。そこからデブライネがワンタッチで1トップのガブリエル・ジェズスに当てて落としをもらい、ワンツーから左足でのミドルシュートを突き刺すゴラッソ（スーパーゴール）を決めた。1-4-3-3でアタックを仕掛けて得点まで奪ったシーンだが、これはシチュエーションによってシステムを使い分けている一例と言える。

図67　マンチェスター・シティのプレー分析⑦

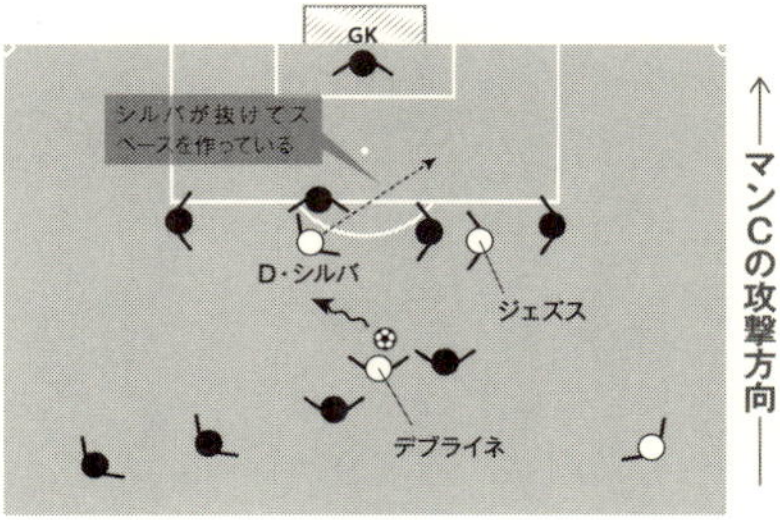

図66の得点シーンでは、デブライネがドリブルを入れるタイミングで、シルバが斜めの動きでスペースを作りにいっている部分も重要なポイント。こういう動きからも組織としてしっかりとバリエーションを持ち、シチュエーション毎にグループとしてパターンを選択していることがわかる。

を仕掛けやすくするためスペースを空ける）戦術で彼らの足元にパスをつけ、1対1の仕掛け、突破から局面打開していく攻撃が主流でした。今のマンCにもザネやスターリングといったサイドアタッカーはいますが、現代サッカーの5バックでの守備は彼らのようなサイドアタッカーの突破頼りの攻撃では崩せないほどのレベル、オーガナイズになってきています。

ある意味、5バックをどのように攻略するかは現代サッカーにおける1つの壁です。その答えや方向性を今のグアルディオラ監督、彼が率いるマンチェスター・シティは示してくれています。

マンチェスター・シティの攻撃のプレーモデル	
モーメント	組織的攻撃
システム変化	1-4-3-3→1-3-4-3
チーム全体のコーディネート	
●ピッチ全体を幅広く使いスペースを埋めて、フィールド全体にボールが循環するようにプレーする ●中盤を経由した前進を優先的に実行する	
グループのコーディネート	
●デブライネが外へ広がった時には、左 SB のデルフは前に出て中盤でひし形を形成する ●異なる高さにポジションを取って３人目の動きを利用しながら前進を図る ●前線の３人は最大限の深さと幅を形成し、ライン間にスペースを与える	
個人のコーディネート	
CB	後方から十分な幅を取り、サポートを継続的に行い、パスコースを与え続ける
右 SB	①デブライネに前方のスペースを与えるため、低い位置を取る
	②３バックになった時には右の DF としてプレーする
左 SB	①斜め前方へポジションを移動し、中盤のひし形の左でプレー。中へ入りサイドのレーンにスペースを作る
	②中に入り、サイドのレーンにスペースを作る
	③左ウイングとコンビネーションで前進を図る
ボランチ	①真ん中のレーンにポジションを取り、中へのパスコースを与え続ける
	②攻撃時の警戒を行い、失ったボールへのプレスをかけるポジションを取る
インテリオール	①右のデブライネは内側と外側でサポートするべく、動きにバリエーションをつける
	②左のシルバはデブライネが開けば、真ん中のレーンへポジションを取る
ウイング	①サイド攻撃の際は中盤菱形のサイドの MF のポジションの選手とコンビネーションを実行する（サイドの選手と同じレーンにいることを避ける）
	②継続的に中と外でのポジションのモビリティを発生させる
FW	チームに深さを与えるために最大限に深い位置でポジションを取る

チェルシーの攻撃のプレーモデル

アントニオ・コンテ監督率いる17－18シーズンのチェルシーは、同じ3バックでありながらマンチェスター・シティとは対照的なプレーモデルです。2チームを比較した時、チェルシーはマンCよりも縦に速い攻撃をします。シュートチャンスを作り出すシーンのほとんどはカウンターで、縦に速い攻撃が強力な武器となっています。また選手それぞれのポジションチェンジやチームのオートマティズムも縦方向が多く、ボールを追い越してゴールに直線的なものとなっています。

攻撃時のシステムとしては3バックを採用していて、1－3－1－4－2と1－3－2－4－1を使い分けます。基本的には中央のエリアに人数を多く配置し、数的優位を形成して中央でゲームをコントロールしながら、左右の空いたスペースから前進を図るのが狙いです。

DFラインは3枚で、ウイングバック（WB）の左がマルコス・アロンソ、右がモーゼスです。WBは攻撃、サリーダ・デ・バロン時には足元でパスを受けるサポートをしながらも、前進し

［17-18シーズン基本フォーメーション］

監督：アントニオ・コンテ

図68 チェルシーの1-3-1-4-2と1-3-2-4-1

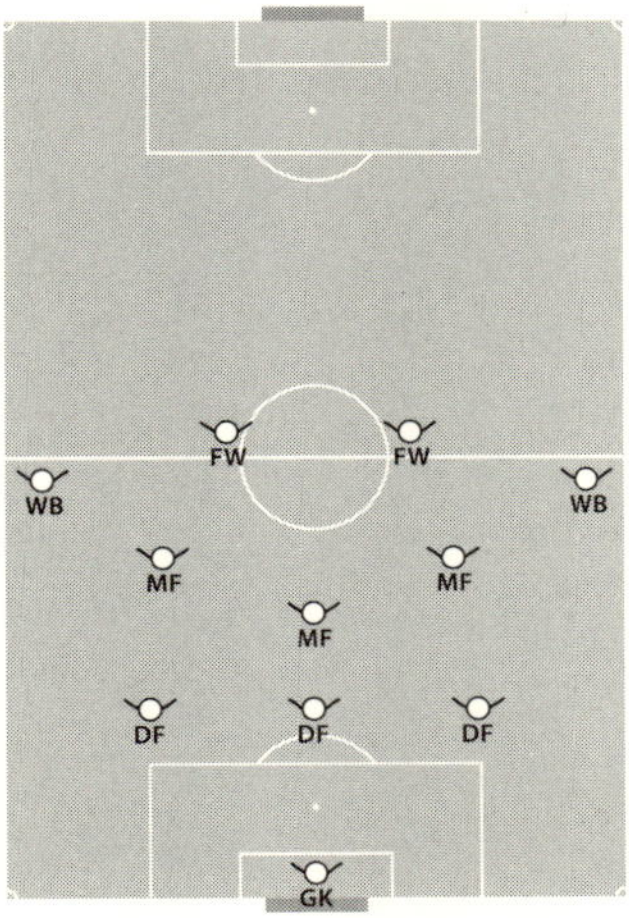

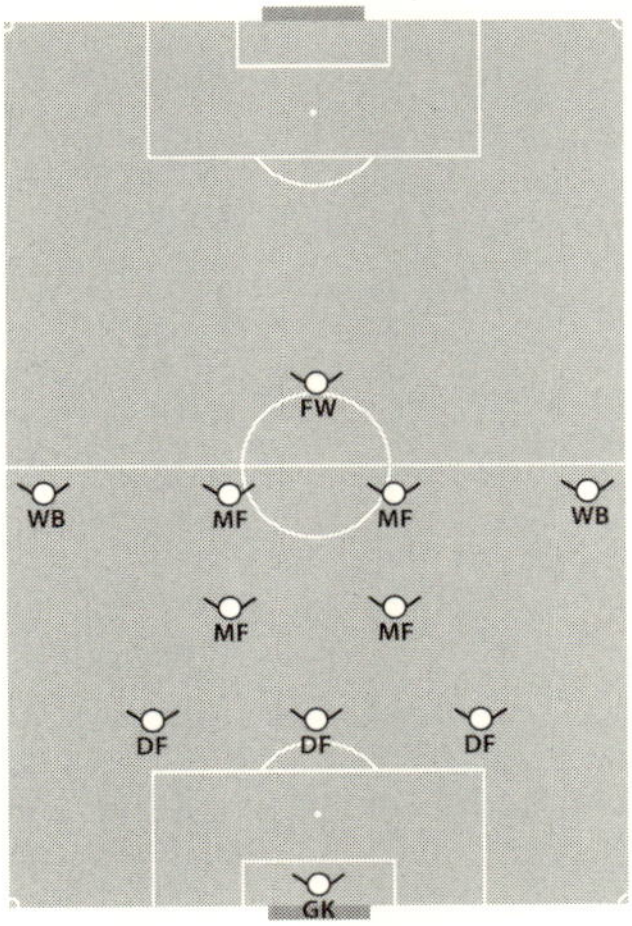

チェルシーは、攻撃時のシステムとしては3バックを採用し、1-3-1-4-2と1-3-2-4-1を使い分ける。1-3-1-4-2（図上）の場合、MFにはセスク、バカヨコ、カンテ、ペドロ、ウィリアンが起用され、FWにはモラタ、アザール、ジルーが配置される。一方、1-3-2-4-1（図下）の場合、中盤のダブルボランチにセスクやバカヨコ、カンテ。前方のMFにはアザール、ウィリアン、ペドロ。FWはモラタかジルーが入る。

図69　中央のエリアに数的優位を形成ながら前進を図るプレーモデル

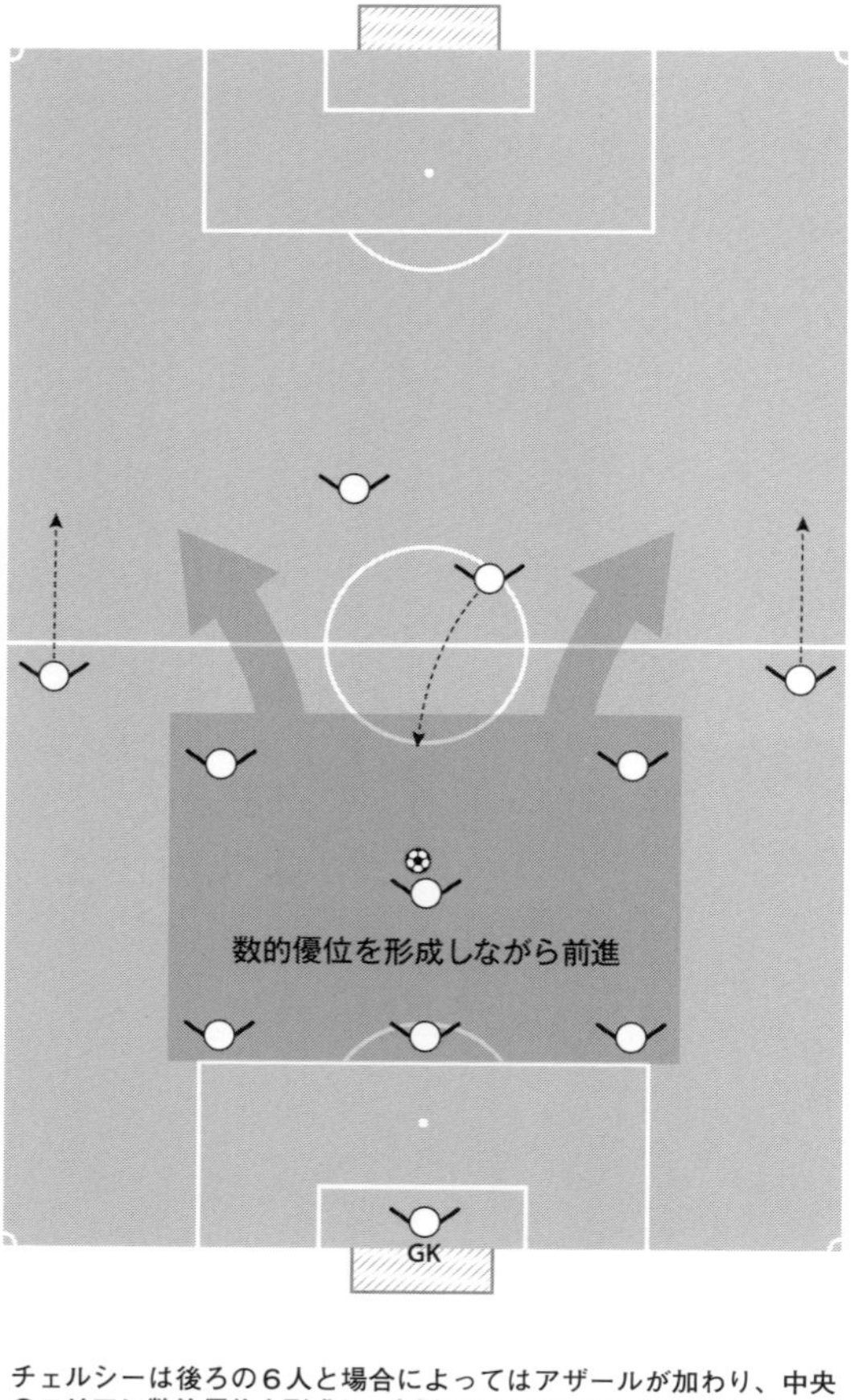

チェルシーは後ろの６人と場合によってはアザールが加わり、中央のエリアに数的優位を形成し、内側からサイドWBへ数多くのサポートをしてボール保持を行い、スペースのあるサイドへ配給して前進を図るプレーモデルである。

て行く際にはかなり高い位置を取って前から2列目、ウイングのようなポジションまで上がります。サイドでの攻撃の幅と深さは、基本的にこの両WBが取りますので、非常に重要な役割を与えられているポジションです。

◆前線の選択で変化する、グループの連携の質

前線の配置はアザール、モラタ、ジルーの3人から2トップか1トップを選択します。各選手の特徴ですが、アザールは中盤と前線で自由にプレーしています。ヨーロッパトッププレベルでも、個人での優位性をもたらすメッシ、クリスティアーノ・ロナウドのようなタイプの選手であり、チェルシーで最も違いを生み出せるタレントです。

モラタはダイナミックな背後へのマークを外す動きによってライン間にスペースを作ります。ジルーはモラタとは異なるタイプのFWで、それほど動きはしませんが、フィジカルで優位に立ちやすく、どっしりと相手CBの近くにポジションを取って足元で受けます。また、空中戦にも強いため、クロスが上がってくる時にはエリア内でのターゲットにもなります。

前線ですが、人の組み合わせによって連携の質も変化します。背後を取るモラタとスペースでプレーするアザール、どっしりと構えるジルーと衛星的にその周りでプレーするアザール、のように異なる深さの組み合わせもあれば、ジルーとモラタが組んだ場合には2人が一番深い

位置で相手CBに対して2対2の局面を作り出すこともあります。このように、チェルシーの攻撃は前線の選手の組み合わせによって多様性を生み出しています。

◆中央で数的優位＋アザールの個人の優位性を発揮しながらサイドから攻める

チェルシーは後ろの6人と場合によってはアザールが加わり、中央のエリアに数的優位を形成し、内側からサイドWBへ数多くのサポートを行ってボール保持を行い、スペースのあるサイドへ配給して前進を図るプレーモデルです【図69】。そして、片方のサイドに相手が寄れば、ロングパスによるサイドチェンジで一気に逆サイドからの侵入を試みます。

攻撃は基本的にサイドアタックを中心に据えていますが、別のオプションとしてライン間にポジションを取るアザールの足元に入れる、背後に斜めに走るモラタにパスを配給するというダイレクトな攻撃オプションも持ち合わせています。

アザールは個人で局面を打開できる個人での優位性を出せるタイプではありますが、チームとしては過度にアザールに依存している訳ではありません。あくまでチームの中の1人であり、彼に依存し過ぎることなく攻撃が機能しているチームです。

17－18のチャンピオンズリーグのラウンド16でバルセロナと対戦した時は違いを生み出す存在としてアザールを探すシーンがチームとして出ていました。ただ、そのバルサ戦でもアザール1人に依存するのではなく、ウィリアンもいましたのでアザールだけに頼ってそこを止められた時に困ってしまうようなゲームではありませんでした。

1人の能力の高い選手に依存をするタイプのプレーモデルでは、チームの連携が崩れ出し、なおかつその選手を封じ込まれてしまうとチームは攻撃の打つ手が無くなってしまいます。

しかし、17-18のチェルシーが良い時は組織的攻撃のモーメントにおいては個人の優位性とチームの連携が融合し機能して、多くのチャンスを作り出していました。ただ、怪我人や過密日程を強いられるローテーションでチームの歯車が崩れてしまう時期があったのは監督としては痛いところだったと想像します。

◆攻撃のリズムに変化をつけるセスクのロングフィード

攻撃においてはロングフィードも活用し、長短のパスを織り交ぜた攻撃を行う多様性のあるチームです。その中でもセスクは30、40メートルのロングパスを高い精度で入れていきますので、オーガナイザーという意味でもキーマンとなります。バルセロナ時代のセスクからはあまりイメージできないプレーですが、チェルシーではDFラインに降りてパスを受け、そこから前線、逆サイドにロングフィードを入れていく役割を担っています。

つまり、異なるプレーモデルを提示されてもそれに適応できるだけの能力を持った選手だということです。これはプレーモデルによって選手の求められること、あるいは出来ることが変わっていく典型的な事例です。

こうした攻撃のプレーモデルがありますので、試合がカウンター対決でオープンな展開になると強さを発揮します。一番の例は、17－18シーズンCLのグループステージ第6節でのアトレティコ・マドリー戦でした。

チェルシーに勝たなければグループステージ突破の可能性が消えるアトレティコは1－4－2－3－1、1－4－4－2で最初プレーしていました。しかし、チェルシーが3バックのサリーダ・デ・バロンからアトレティコのハイプレスをどんどんはがしていき、ボールを上手く前進させていました。

◆幅を取らない3バックのサリーダ・デ・バロン

サリーダ・デ・バロンにおけるチェルシーの特徴として、3バックはあまり幅を取りません。なぜなら、サイドにスペースとパスの角度を作りたいからです。

もし3バックがピッチの横幅一杯に広がってしまうと、3バックのサイドCBからWBへのパスが角度のない縦パスになりますので、相手のプレスが来ている時にWBが相手を背負った状態でパスを受けることになります。また、DFラインの選手間が広がった状態でボールロス

図70　ビルドアップの起点のために取る中間ポジション

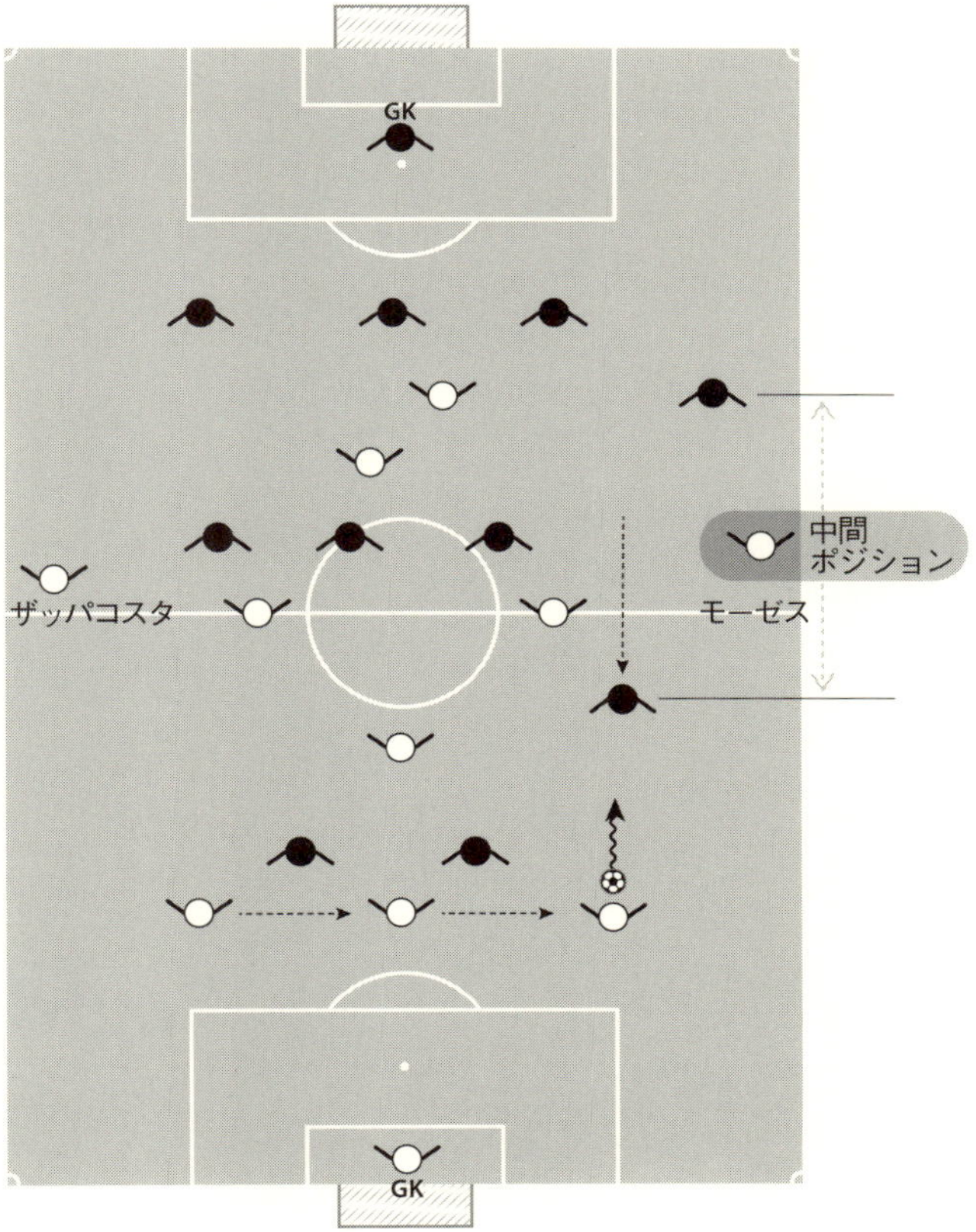

この試合のアトレティコ・マドリーは1-4-4-2で守備を行っていたが、システムのかみ合わせ上、浮いてくるのがチェルシーのウイングバックだった。モーゼス（右）、ザッパコスタ（左）のWBはあえてアトレティコのサイドハーフとサイドバックの中間ポジションを取っていたため、チェルシーとしてはそこをビルドアップの起点としていた。

トしてしまうとカウンター時のリスクも高くなります。

斜めでパスを受ければ視野の確保ができ、個人のプレー展開も有利になります。近年、欧州でも3バックを採用するチームが増えていますが、このチェルシーのように3バックの横幅をペナルティエリアの幅あたりに留めたサリーダ・デ・バロンを採用するチームが増えています。この試合のアトレティコ・マドリーは1-4-4-2で守備を行なっていましたが、システムのかみ合わせ上、浮いてくるのがチェルシーのウイングバックでした。

モーゼス(右)、ザッパコスタ(左)のWBは敢えてアトレティコのサイドハーフとサイドバックの中間にポジションを取っていたため、チェルシーとしてはそこをビルドアップの起点としていました【図70】。

これはチェルシーが採用する1-3-4-2-1システムにおけるメリットの1つです。実際、そこをビルドアップの起点としてアトレティコの守備組織をボールサイドにスライド対応で寄せておいて、そこから一気にサイドチェンジで逆サイドのWBを使う攻撃をチェルシーは繰り返していました。

冒頭でも述べましたが、攻撃においてWBは1人で低い位置と高い位置でチームの幅を取る役割を担っています【図71】。1-4-3-3、1-4-2-3-1のようなシステムでは、サイドは2人で構成しますが、チェルシーの3バックは攻守で1人が幅を取ります。

図71 1人で低い位置と高い位置でチームの幅を取るWBの役割

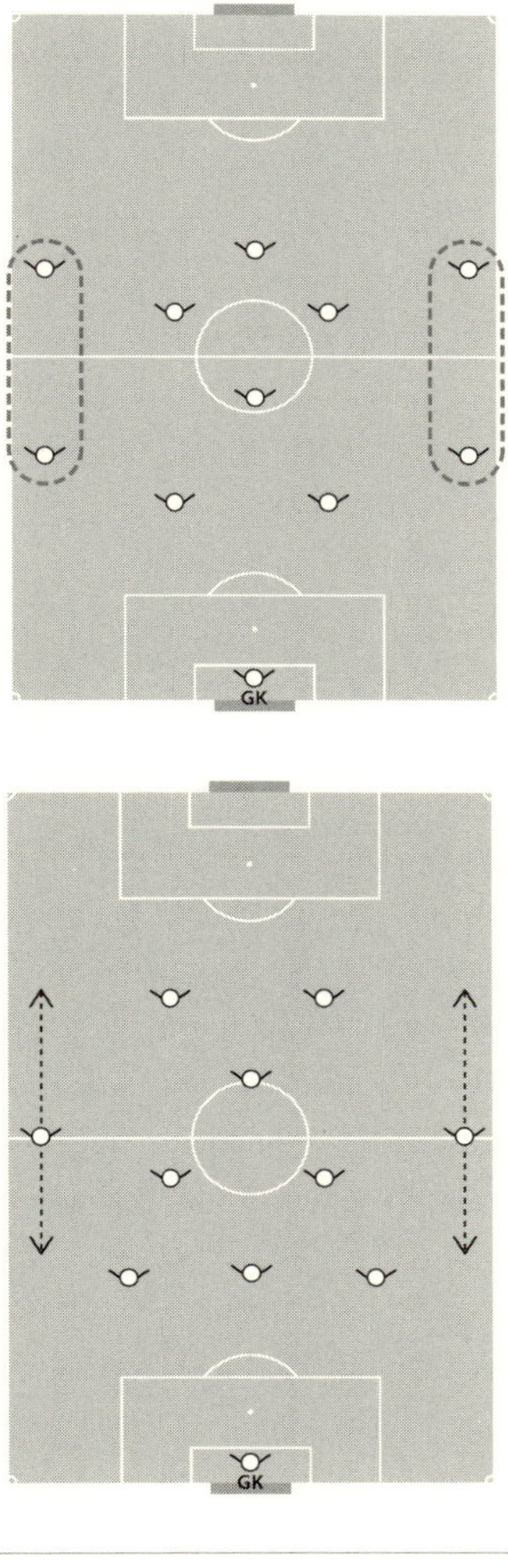

WBにとっては体力的な負荷がとても高いシステムですが、アトレティコのようにプレッシングで片方のサイドにボールを誘導し、人数をかけてそこでボール奪取を狙うようなチームを相手にした時、効果的なサイドチェンジを使うことができれば逆にメリットの大きいシステムです。アトレティコはチェルシーのWBに対してサイドバックを当てる状況に追い込まれました。すると、中央が空いてきます。両サイドバックがポジションを上げて対応すると中央のカバーリングが手薄になるためボランチがDFラインに引っ張られるからです。最終的にアトレティコのシメオネ監督は5バックにして対応しました。

この戦いは現代サッカーの縮図でした。プレミアリーグでは、グアルディオラ、コンテといった監督が3バックを採用し、マンチェスター・シティは当たり前に4バックと3バックをシチュエーションに応じて使い分けています。

戦術面で1つ進化しているプレミアの強豪が欧州の大会で依然4バックが主流のラ・リーガ勢と対戦した時、「スペイン勢が対応・適応しなければいけない状況」が出てきています。言い換えると、ラ・リーガ勢の戦術が少し後手を踏んでいるところがあるのです。この試合のようにサリーダ・デ・バロンに対するプレスで上手くはがされ、ボールを運ばれてしまうとそれに対応するために4バックから3(5)バックに変更しなければいけないチームがスペイン勢から出てきたということです。

このような現象からも、ボール保持の長いチームが主導権を握るトレンドにまた戻ってきていると感じます。守備側が主導権を持って攻撃側に対して戦術やシステムの適応を求めていた時代から、攻撃戦術が進化することで再びボール保持側が相手に変化を求める時代になってきているのです。それがチェルシーとアトレティコの試合ではっきりと見えました。

17-18シーズンも私はスペインでユース年代を指導していましたが、試合中に相手の状況によってサリーダ・デ・バロンの仕方を変えるというのはすでにスペインのユース年代（2部リーグ）の中でも当たり前に行われています。

4バックでのサリーダ・デ・バロンにおいて、ボランチがCB間に降りてきて、サイドバックが高い位置を取って後方3枚でビルドアップするのがわかりやすい例です。

そういうことはすでにスペインの育成年代では当たり前になっていますし、相手もそのサリーダ・デ・バロンに対してのプレッシングを事前に準備してきていますので、プランBからプランCまでをどこも当たり前に持つようになっています。

さらにプランBとCの使い分けが当たり前に求められる時代になっているのです。育成年代でもシステムの可変性が見え隠れした中で、各システムの完成度がより高くなっています。

チェルシーの攻撃のプレーモデル	
モーメント	組織的攻撃
システム変化	1-5-4-1→1-3-3-3-1
チーム全体のコーディネート	
●十分な幅を利用して、サイドから前進を図る ●数的優位を形成した中盤を経由して前進する	
グループのコーディネート	
●サイドへボールが渡れば、周辺の選手はサポートへ入りコンビネーションで前進する ●後方の３人は幅を取り過ぎることなく、ペナルティエリアの幅にポジションを取る ●長短のパスを織り交ぜるべく、各選手が異なる高さのポジションを取る	
個人のコーディネート	
CB	①サリーダ・デ・バロンではペナルティの幅でプレーすることを優先
	②後方から常にサポートを行い、プレーに継続性を与える
ウイングバック(WB)	①ボールサイドでは足元でパスを受けるためのサポートを行う
	②逆サイドではサイドチェンジで最大限に深い位置でパスを受けられるようなポジションを取る
インテリオール	①WB へのサポートを継続的に行い、斜めのパスを受けるようにする
	②WB とのコンビネーションでサイドから前進を図る（壁パス、斜めに抜ける）
	③サリーダ・デ・バロンで WB が高い位置にいる時、サイドに流れて DF からボールを受ける
ボランチ	①真ん中のレーンにポジションを取り、中へのパスコースを与え続ける
	②相手が一方のサイドへ寄れば、ロングフィードでサイドチェンジを実行する
トップ下&FW	① DF ラインの背後とライン間のスペースを利用するために連動する
	②中盤の選手が自分の場所を離れてスペースができている時は、ライン間に降りてスペースを埋める
	③相手 DF ラインが高く、味方がパスを出せる時は背後へマークを外す動きをする

ナポリの攻撃のプレーモデル

セリエAのナポリは元銀行員という異色のキャリアを持つマウリツィオ・サッリ監督が15-16シーズンに就任してから注目を集めているチームです。ボールをしっかりと保持し、中盤を経由する前進を強く打ち出して攻撃を試みるチームで、優勝こそ逃しましたが17-18シーズンのセリエAでは最後までユベントスと首位争いを演じました。現代サッカーにおいては、縦への速さとカウンターの部分が目立つチームが多くなっていますが、ナポリは選手層や予算規模で見た時には欧州トップクラスでも、CLベスト8の常連でもないクラブですが、格上相手であっても攻撃的な姿勢を全面的に出したサッカーで結果を出している珍しいチームです。

通常、リーグを戦う上で自チームの選手の能力がリーグトップレベルではない場合、ナポリが実践しているような攻撃的サッカーを選択することは困難です。しかし、サッリ監督は勇気を持ってそれを選択しています。それだけ難易度の高いサッカーを選択しておきながらも、安定した結果を出しているということはサッリ監督の緻密な指導の賜物です。

［17-18シーズン 基本フォーメーション］

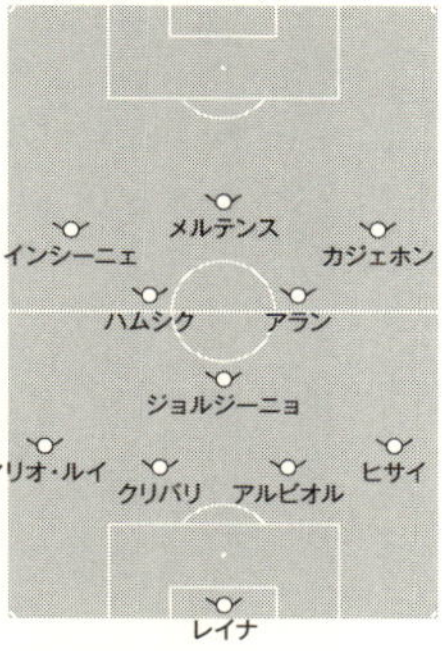

監督：マウリツィオ・サッリ

◆中央の数的優位をまず狙い、そこからの変化にリアクションを行う

攻撃のスタートポジションとしてのシステムは1-4-3-3で、システムの多様性はそこまでありません。特徴的なのはサイドアタックです。サイドバックとウイング、インサイドハーフの3人のコンビネーションでサイドから攻めるのが攻撃の明確な形です。

サリーダ・デ・バロンでは、SBが高い位置を取る台形の形を採用しています。中盤の3枚がDFラインからパスを引き出すために関わり、中盤を経由した前進を試みます。3人の中には規則性があって、2人が近いサポートに関わり、もう1人が遠い位置のサポートに関わります。ただし、この規則性は動きの中でお互いのポジションを見ながら連動しています。

ウイングの2人は中へ入るポジションチェンジを繰り返します。特に左ウイングのインシーニェは、個の能力が高い選手なので自由度高くプレーしています。そこに対してMFハムシクと左SBが合わせるように、左サイドのコンビネーションを形成しています。左サイドのポジションチェンジによるバリエーションは、「インシーニェの動きありき」ということです。

対する右サイドですが、右ウイングのカジェホンが中に入ってポジションを取ります。それで空いたスペースを右SBのヒサイが取りに上がります。そこに対してMFアランがスペースを作る動きを入れます。右サイドは、左と比べるとダイナミズムはそこまでありませんがポジ

図72 ナポリのサリーダ・デ・バロン

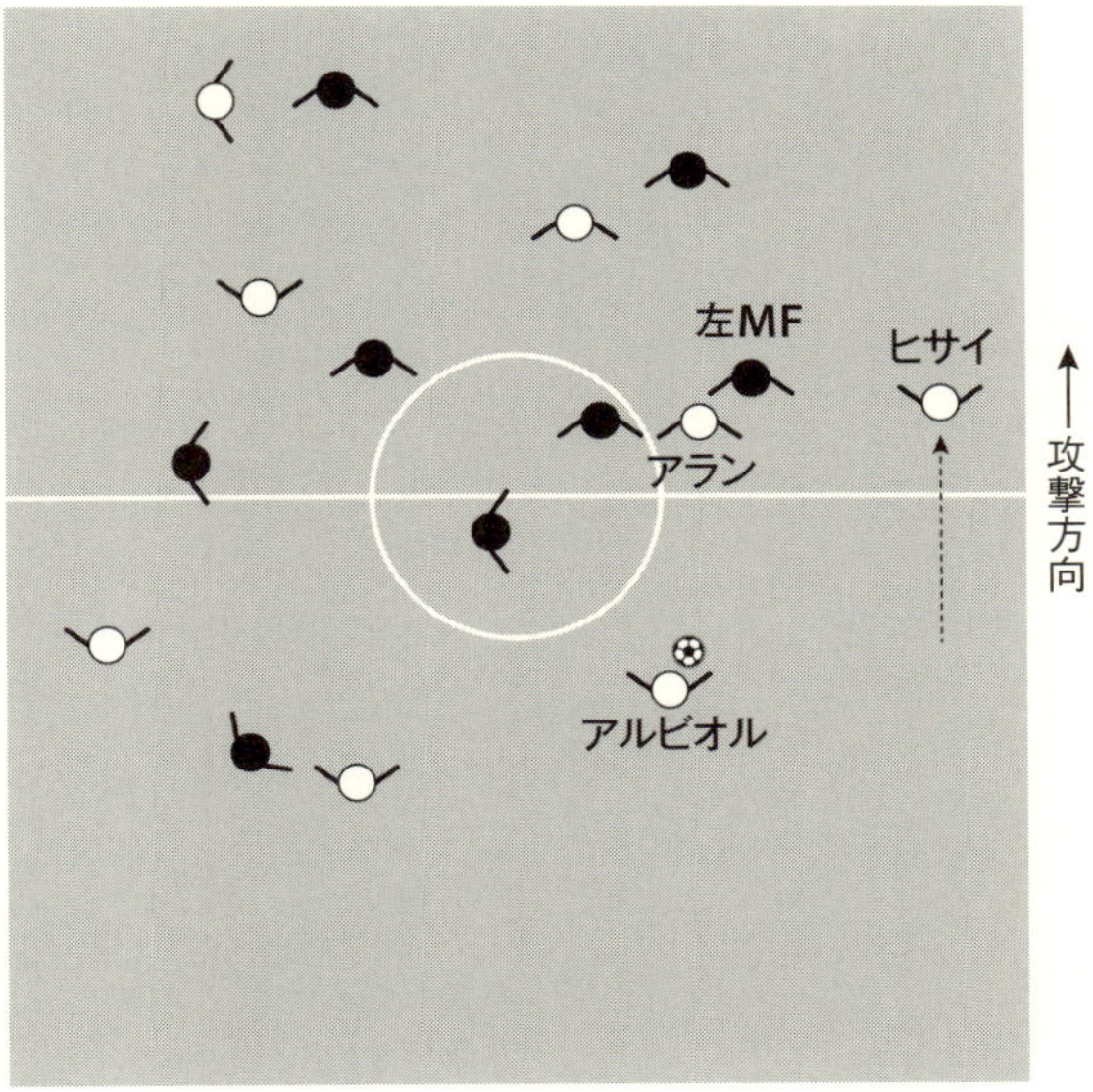

これはサリーダ・デ・バロンのシーンを表す。CB アルビオルが運ぶドリブルでボールを前進させている時に、中盤のアランは中央にポジションを取って相手の左 MF のマークを中央に引きつけると同時に、外にいる右SBヒサイのスペースを空けることに成功。これによってヒサイは攻撃の深さが十分なポジションを取ることができ、チームとしてサイドからの前進を可能にしている。

ション優位を取ろうとすることで相手の守備組織を固定し、サイドにスペースを与える構造になっています。前線1トップのメルテンスはファルソ・ヌエベ（偽9番）のような形で中盤に降りてきますので、攻撃時は中盤中央に4人がダイヤモンドの形に揃います。その時、中央で数的優位を作ることができますので、サリーダ・デ・バロンは中央での縦パスを狙います。

当然、相手チームは中央のエリアを守るために中央に人を寄せて中を閉じます。そうなった時には、サイドから一気に攻略するのが基本的な攻撃のプレーモデルです。また、ファルソ・ヌエベ（偽の9番）に相手のCBが食いついてくれば、DFラインが手薄になりますので1本のパスでカジェホンやインシーニェが斜めに抜け出すという選択肢も持っています。

ここでは、ユベントスとの試合（17-18シーズン　セリエA第15節）を用いて、ナポリの攻撃のプレーモデルを詳しく説明しましょう。

この試合でユベントスは1-4-4-2でした。ナポリのビルドアップにおいて中盤の1人が降りてくれれば、別の1人はボールから遠ざかる動きを決まり事として実践しています。

図72はサリーダ・デ・バロンのシーンですが、CBアルビオルが運ぶドリブルでボールを前進させている時に、中盤のアランは中央にポジションを取って相手の左MFのマークを中央に引きつけると同時に、外にいる右SBヒサイのスペースを空けることに成功しています。これによってヒサイは攻撃の深さを十分に作ることができるポジションを取ることができ、チー

図73　ハムシクとインシーニェの関係

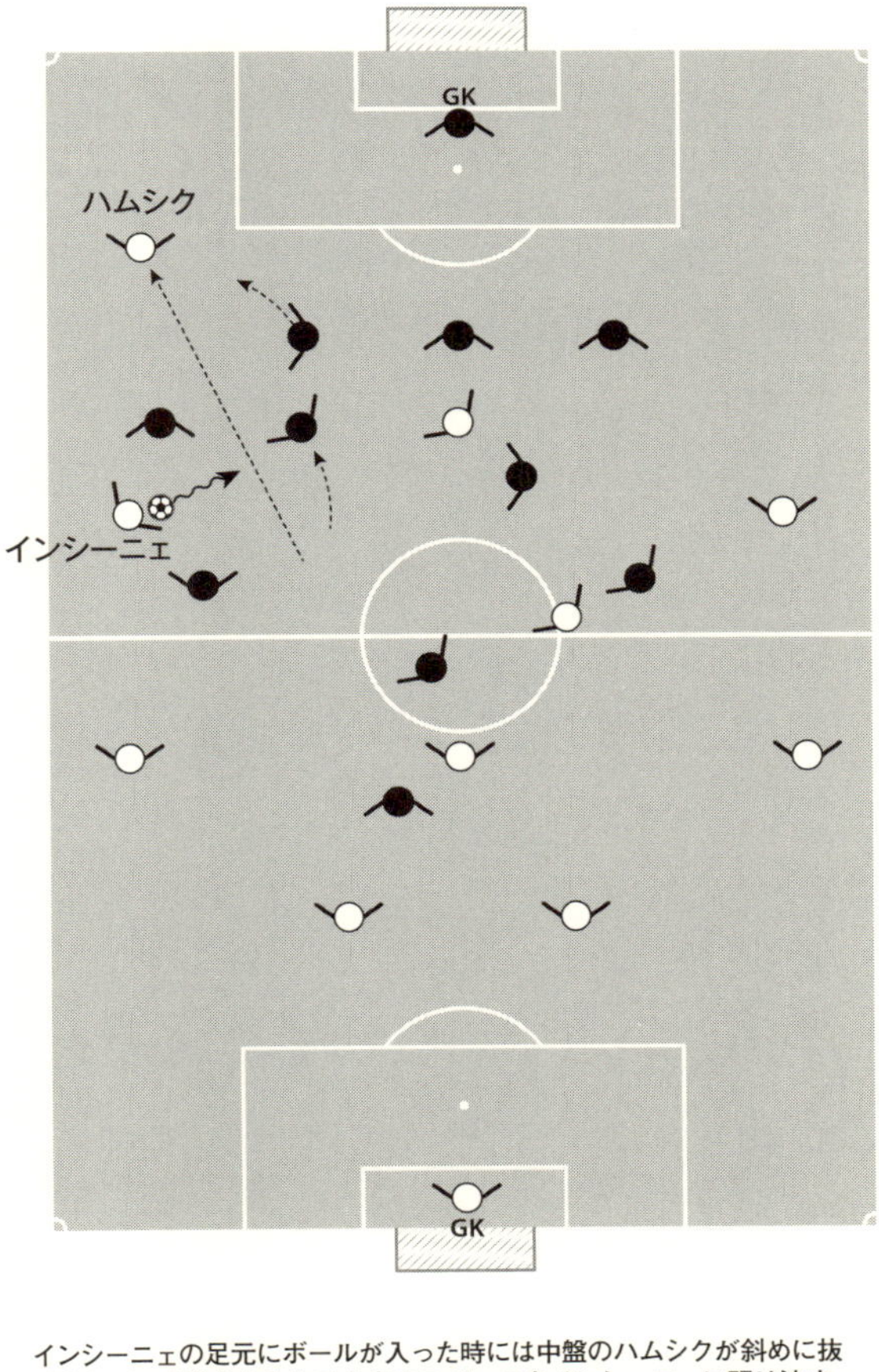

インシーニェの足元にボールが入った時には中盤のハムシクが斜めに抜け出していく動きを入れて中央のスペースをインシーニェに明け渡す。するとインシーニェは、パスもできるし中へのカットインドリブルもできる状況となる。ハムシクのように、献身的にスペースを作り出し、チームのために汗をかける選手は監督としては非常に貴重な存在となる。

図74　中盤ひし形の1-4-4-2

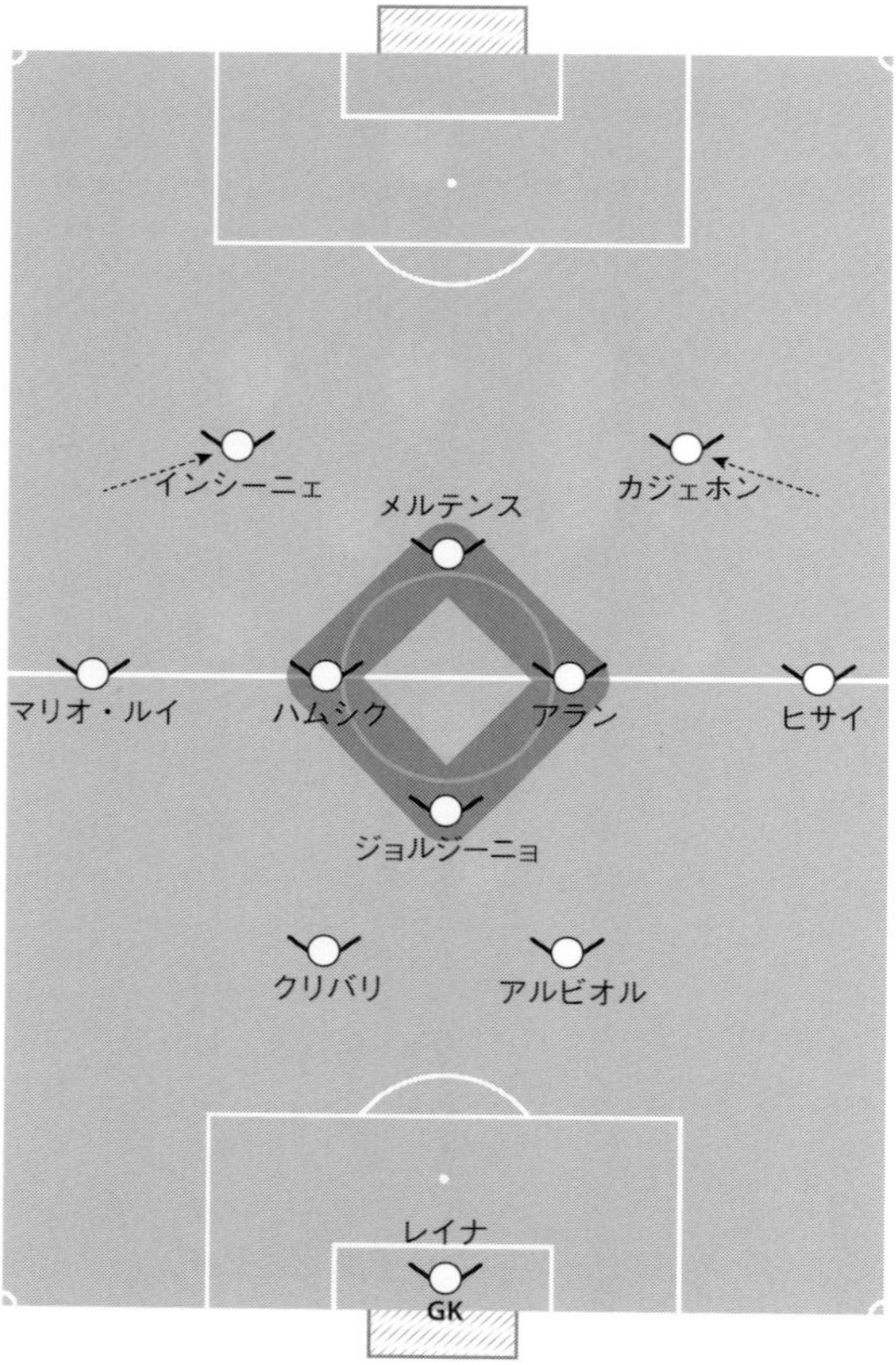

この試合の前半終盤は、左SBが最初から高い位置を取ってインシーニェが中でプレー。さらにカジェホンが中に入ってきて、両SBが高い位置を取ってメルテンスが落ちるという攻撃。その時のシステムは、中盤ひし形の1-4-4-2。カジェホンが中に抜けていって右サイドにスペースを作り、右SBが高い位置を取る形である。

ムとしてサイドからの前進を可能にしています。

◆機転の効くハムシクがインシーニェとの連携で優位性を生み出す

左のインシーニェの足元にボールが入った時には、中盤のハムシクが斜めに抜け出していく動きを入れて中央のスペースをインシーニェに明け渡します。するとインシーニェは、パスもできるし中へのカットインドリブルもできる状況となります【図73】。

ハムシクはとても知的な選手で自分がおとりとなる動きをして、クオリティの高いインシーニェが気持ちよくプレーできるようにしています。献身的にスペースを作り出し、チームのために汗をかける選手は監督としては非常に貴重な存在です。逆に言えば、クオリティの高い選手が良いプレーをしている時には必ず近くでハムシクのような目立ちはしないものの効果的なプレーをしている選手がいます。このコンビネーションはその良い例です。

この試合の前半終盤は、左SBマリオ・ルイが最初から高い位置を取ってインシーニェが中でプレーしていました。ハーフタイムに指示があったのでしょうが、後半はより顕著にはっきりとした攻撃の形になっていました。それは、カジェホンが中に入ってきて、両SBが高い位置を取ってメルテンスが落ちるという攻撃です。その時のシステムは、中盤ひし形の1-4-4-2です。カジェホンが中に抜けていって右サイドにスペースを作り、右SBが高い位置を取る形です【図74】。これは、試合の中で選手が感じて気づいたことに加え、外からの分析結果から確信を得て有効な戦術を再現させたということになります。ピッチ内外の共同作業によってプレーモデルを進化させた例と言えます。相手を中央に引きつけてからサイドアタックをするために中で数的優位を作る。つまりは、フエゴ・インテリオール（中でのプレー）、ファルソ・ヌエベ（偽9番）といった戦術アクションを実行しています。そして、SBとウイングのボールがないところでのポジションチェンジ。それを後ろから支える2人のインテリオールという構造が攻撃における特徴です。

カウンターアタックに関しては、守備はゾーン3から行くので前から誘導して中盤に入れさせ、そこで引っ掛けてショートカウンターという形も1つ持っています。

引き出しが多いことは、今の欧州サッカーのレベルではスタンダードです。イタリアの中でもそういうことをできるチームが出始めているのが今の時代を投影していると思います。

ナポリの前進の方法の第一選択はショートパスによる中盤を経由した前進であり、長いパスはあまり利用しません。それはなぜかと言うと、長いボールを仕方なく放り込んでも前線はメルテンスで高さがないので空中戦で負け、セカンドボールを拾われてしまうことがチームの理解としてあるからです。17-18シーズンはFWミリクが長期離脱していたこともあり、ウィークポイントとしては、前からプレスをかけられてロングフィードを蹴らざる得ない時に空中戦で部が悪いことが挙げられます。上手くいっている時は、狭いところをコンビネーションで突破してはがせます。しかし、上手く誘導されプレスをかけられて長いボールを蹴らされた時には攻撃が機能しないことが多いです。この先のナポリが、この問題点に対してどう着手し、どのように変化していくのかは見どころです。

ナポリの攻撃のプレーモデル	
モーメント	組織的攻撃
システム変化	1-4-3-3→1-4-4-2（中盤ダイヤモンド）
チーム全体のコーディネート	
●サイドから前進する ●ショートパスを多用し、中盤を経由する前進を試みる	
グループのコーディネート	
●中央のレーンに人を集め、相手を引きつけサイドにスペースを作る ●ライン間のスペースを利用するために異なる高さにポジションを取る ●サイドへボールが渡ったら2、3人でのコンビネーションプレーで突破を図る	
個人のコーディネート	
CB	①後方からのサポートを継続的に行い、パスコースを提供し続ける
	②前方にドリブルで持ち出し、相手を引きつけてからパスをする
右 SB	①前方のスペースを埋めるために深さを取る
	②サイドから侵入するためにコンビネーションプレーを実行する
左 SB	①インシーニェの足元にスペースを与えるため、深さを取らずCB に近い高さでポジションを取る
	②インシーニェが中へ入り、スペースができた時には後方からの攻撃参加を行う
ボランチ・インテリオール	①中央のレーンでパスコースを作るサポートをする
	②相手のボランチの背後でポジション優位と足元で受けるためのサポートを使い分ける
	③ SB とコンビネーションプレーを実行し、サイドから前進を図る（外への斜めのラン）
ウイング・FW	①前線での幅と深さを作る
	②継続的に中と外でのポジションのモビリティを発生させる
	③相手のライン間で足元で受ける動きと DF ラインの背後への動きをバリエーションを持って行う

FCバルセロナの攻撃のプレーモデル

17-18シーズンからバスク人でその前のシーズンまでアスレティック・ビルバオの監督を務めていたエルネスト・バルベルデ監督を迎え入れたFCバルセロナは、CL準々決勝でASローマ相手に大逆転負けを喫してしまったものの、ラ・リーガとコパ・デルレイ（国王杯）のドブレテ（二冠）を達成しました。

バルベルデ監督の就任によって見えた変化ですが、1-4-4-2システムを用いた守備の安定です。バルベルデ監督はギリシャでオリンピアコスを率いた経験を持ちますが、バルサ級のメガクラブを率いるのは初めてのことです。ビッグクラブの場合、メッシのようなスーパースターを扱うマネージメント能力が監督には求められますが、それに関しては初年度から上手くクリアしたのではないかと思います。

新監督として就任、ルイス・エンリケ時代最後の時期の停滞感から脱却するためにこれまでとは異なることを導入する必要があるという条件下で、元々攻撃的サッカーを哲学に据えるバ

［17-18シーズン 基本フォーメーション］

監督：エルネスト・バルベルデ

図75　バルベルデ監督の1-4-4-2

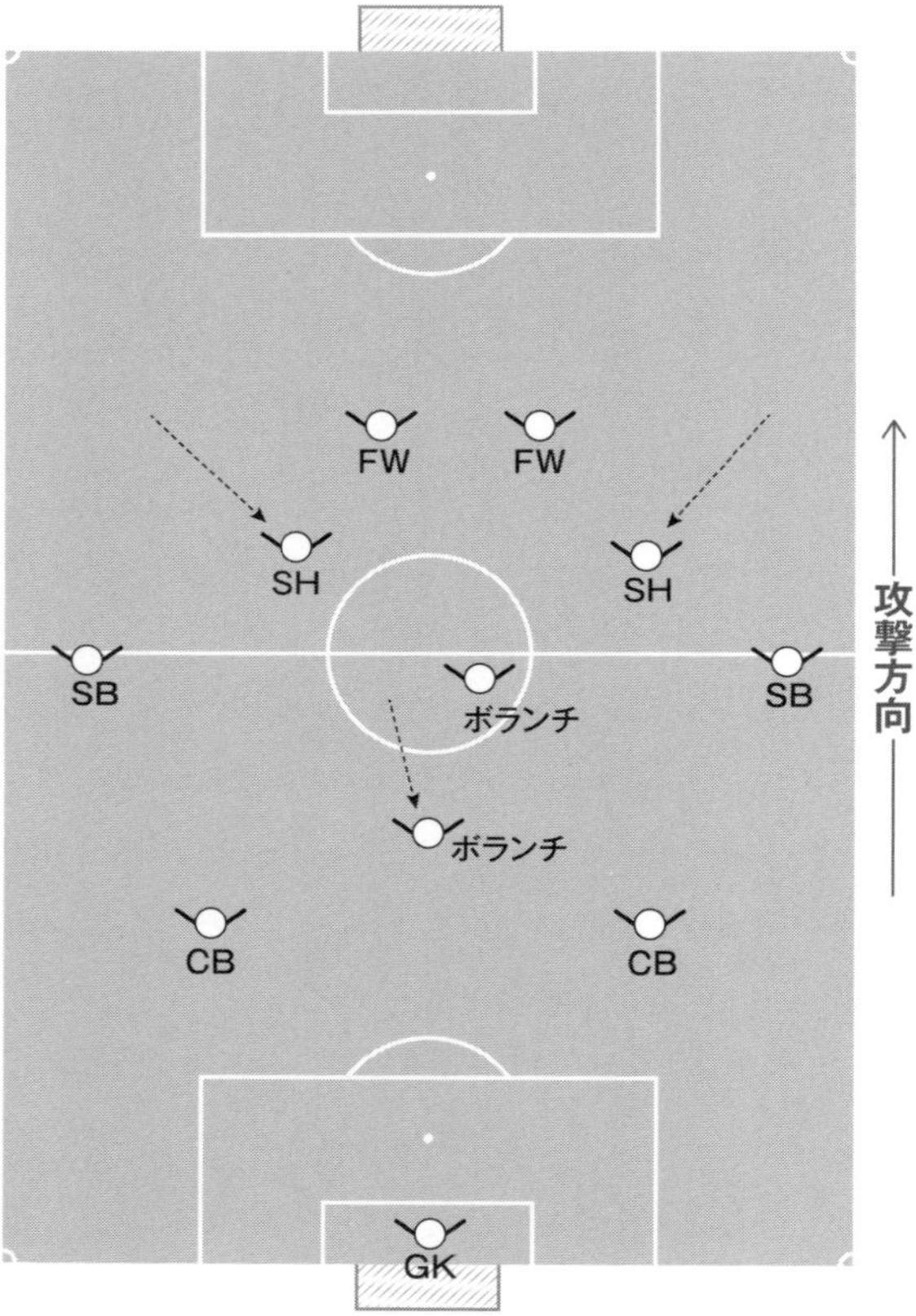

守備時に中盤がフラットにポジションを取る1-4-4-2のシステムのバルセロナだが、サリーダ・デ・バロンでは変化する。攻撃の局面に移行すると、フラットなラインがYの字になるようなポジションを形成し、DFラインはSBが高く位置を取って台形のラインを形成する。

ルサにおいて守備面の整備からチーム作りを行いました。ファンやフロントの求める声を踏まえるとバルサでそのようなサッカーをやることは簡単ではありませんが、一般的には監督として鉄板のやり方です。新しいチームを率いる時、まずはしっかりと規律を作り、論理的にわかりやすい指導で守備から作ることで失点しにくい、負けにくいチームを作るのは常套手段です。

攻撃についてはメッシ、イニエスタ、ルイス・スアレスのような選手がいるわけですが、ある意味で彼らのポテンシャルや創造性、決定力に依存する部分があっても許されます。バルベルデ監督が就任して大きく変わった点は、守備の部分の「ボールを奪いにいかずに待つ」姿勢とオーガナイズ、そしてサリーダ・デ・バロン時のポジション配置です。

17‐18シーズンの開幕時のバルセロナは、どちらかと言うと待ち受けの守備が多く、以前のバルサの時によく見ていたようなシーン、具体的に説明すればボールホルダーに対して前線のルイス・スアレスやメッシがプレッシングに出て行くアクションが少なくなっています。

システムも1‐4‐4‐2を採用し、中盤で守備のブロックを形成し、これまでのバルサよりも構えて待っているシーンが増えていました。もしかすると、それはバルサ本来のサッカーや良さとは異なるものなのかもしれません。リスクを冒して攻撃的なサッカーを志向するバルサの哲学を全て消すことはしていませんが、守備の安定を取るべくトレードオフで少し薄めている部分はあります。そうしなければシーズンを通して安定した結果は出せませんし、いくら前線にメッシ、スアレスという世界的ストライカーがいると言えども、毎試合彼らが必ず点を取ってチームを勝たせてくれるわけではありません。

バルサ本来のサッカーにおいては、守備や攻撃から守備のトランジションの局面でアグレッシブにボールホルダーへアプローチをかけてボールを奪いに行く守備対応を基本としていました。もしそこではがされたとしても、近い距離にいる味方が次、その次と出て行くイメージです。しかし、17‐18シーズン初めのバルベルデ監督のバルサの守備を見ていると、そのような方法は選択していませんでした。それはバルサというクラブにとっては大きな変化でした。ここでは、その選択が良いか悪いかの議論はしません。ある意味で、外部から呼んできた監督によって生じる変化は当然のことだからです。

前監督のルイス・エンリケ時代は攻撃時に縦に速いサッカーを繰り広げ、同様に「バルサらしさが失われた」と言われるようなことがありました。とはいえ、結果も出しましたので「バルサのサッカーではない」と批判されるようなことはありませんでした。バルサの「ボールを保持して美しく勝つ」という哲学は維持されたまま、プレーモデルに微調整を加え、サッカーが進化したということなのです。

1-4-4-2での新しいオートマティズムを採用

バルベルデ監督の下では、攻撃のプレーモデルにも変化がありました。それは、1-4-4-2のシステムから変則的なポジションチェンジを機能させるシステムの導入です。守備時に中盤がフラットにポジションを取る1-4-4-2のシステムのバルセロナですが、サリーダ・デ・バロンでは変化します。攻撃の局面に移行すると、フラットなラインがYの字になるようなポジションを形成し、DFラインはSBが高く位置を取り、台形のラインを形成します。

後方でボールを保持している時、ボランチのセルヒオ・ブスケツはCBの近くでパスコースを作り後方で数的優位を形成します。隣のラキティッチは、CBからパスを受けられる距離に居ながらもブスケツよりも一段高い位置で異なる高さを形成します。これによって中央からの前進の際にブスケツが厳しいマークを受けていてもラキティッチへのパスコースも確保されることとなると同時にポジション優位の立ち位置で相手のプレッシングの第一ラインをはがすことができるのです。

そしてさらにその1列前ではサイドハーフの選手(デンベレ、コウチーニョ、イニエスタ、パウリーニョら)が中へ入り、インテリオールのようなポジションでプレーします。

図76 プレーする選手によって優位性と機能が変化する右サイド

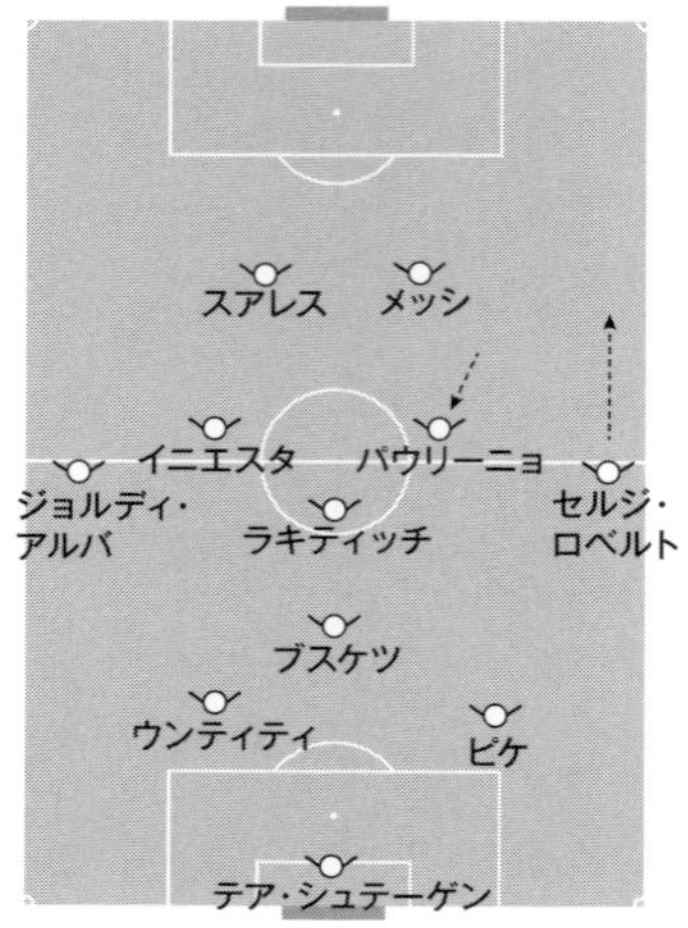

このような形で相手が1トップであれば後方は2対1の数的優位が確保され、ブスケツは中盤でプレーすることでラキティッチ、イニエスタ、メッシ、パウリーニョ（デンベレ）が中央エリアでプレーすることで数的優位を確保して中盤を支配します。

反対に相手が2トップならブスケツはさらにCBへと近づいて3対2の数的優位を作ります。ブスケツが降りて行っても、中盤には残りの3人、さらにメッシが加われば4人が中央でプレーすることになるので数的優位は十分に作れるという仕組みです。

今シーズンのバルサはこのようなシステム変更を加えながらも、サリーダ・デ・バロンで数的優位を維持してボール保持を行い、中央エリアで数的優位＋ポジション優位により前進を行うという、昔ながらのプレーモデルを維持して表現しています。

そして、2トップでプレーするルイス・スアレスとメッシですが、スアレスは相手の背後へと抜ける動きを行い、相手のDFラインを下げさせて中盤にスペースを作り出します。メッシには自由が与えられていますので、前線に残る時もあれば、中盤へ降りてサリーダ・デ・バロンに関与することもあります。さらに、今シーズンのゲームで何度か起こったプレーとしてGKから前線へのロングフィードでゴールチャンスを作り出してしまうようなシーンです。

2018年4月21日に行われたスペイン国王杯決勝（FCバルセロナ対セビージャ）の1点目がまさにその例です。バルセロナのサリーダ・デ・バロンに対して前線からのプレッシングに人数をかけて実行したセビージャに対して、手薄になったDFラインの背後にシレッセンからの1本のロングフィードでコウチーニョが抜け出しチャンスを作り出し、ゴール前に走り込んだスアレスがゴールを決めてしまったのです。

シレッセンのキックは距離にして約60メートルはありましたが、正確なキックでアシストと言っても良いくらいのゴールチャンスを1本のパスで作りました。

国王杯ではシレッセンがゲームに出場していましたが、リーグ戦やCLではテア・シュテーゲンが同じようなプレーを見せていました。これをやられてしまうと相手チームからすると前線からプレッシングに行くのが怖くなってしまいます。前向きの守備でサリーダ・デ・バロンを封じるだけでなく、背後へのロングフィードが高精度でGKから配給されるというのは非常に嫌なものです。GKのフィード能力が攻撃のプレーモデルに大きな影響を与え、バルセロナはこれでまた新たな攻撃のオプションを得たことが見事に現れたゴールでした。

◆プレーする選手によって優位性と機能が変化する右サイド【図76】

バルサの攻撃においては、プレーする選手によって攻撃の機能が異なる点にも注目です。例えば、右サイドがデンベレとパウリーニョでは周辺のエリアの選手たちに求められる動きも変わってきます。デンベレは典型的なウイングタイプのアタッカーなので、サイドに開いてボールを受けて1対1で突破していくプレーを行いますし、周囲もそうしたシチュエーションを作り出そうとしています。ですので、デンベレはインテリオールのスペースに入って行くことを優先アクションとしていません。そのスペースへはメッシが降りてきてライン間に位置し、ポジション優位を得ながらプレーすることになります。一方、パウリーニョの場合は中でプレーすることが多くなりますので、メッシはそこのスペースへに入ることなく、前線に残ることが多くなります。あるいは、サイドへ張ってボールを受けます。

この場合、右SBのセルジ・ロベルトのプレーにも影響を及ぼし、メッシ、パウリーニョが共に中央エリアへ留まっている時にはサイドのスペースを駆け上がって攻撃参加する機会が多くなります。

対する左サイドはMFのイニエスタとジョルディ・アルバという関係ですが、これまでとは大きな変化は無く、イニエスタが中でプレーすることが多くそれに連動してジョルディ・アルバは高い位置でポジションを取るという構図は維持されています。

メッシが中盤で持った時に左サイドの深い位置をジョルディ・アルバが駆け上がりチャンスを作り出すシーンは今シーズンも継続しています。

このように、バルベルデ監督に代わって攻撃のプレーモデルにも大きな変化とバリエーションがついたのが今のバルサの特徴です。手堅い守備をベースとしたチーム、サッカーを構築し、新しい刺激をクラブに取り入れたバルベルデ監督ですが、チームを率いているとシーズンの中において必ず停滞期にぶつかります。

実際、シーズン終盤の春に入ったところで疲労や怪我人もちらほら出ていました。相手チームも当然、分析を進めていて新たな対応策を練ってきますのでCL準々決勝のローマ戦のようなことも起こってしまいます。また、17－18シーズンで退団を発表したイニエスタの後釜が誰になるのかも注目です。冬に獲得したコウチーニョがどこまでフィットするのか。現在は左45度からのシュートなど得意なプレーを披露していますが、周りの選手との連携はまだ改善の余地があり、若干持ちすぎてしまう傾向があります。チームの中で、ボールを持って良い選手と認められるのか？　それとも、コウチーニョが周りに合わせてパスを散らしながらプレーするように順応して行くのかも、18－19シーズンの楽しみです。

デニス・スアレス、パウリーニョ、若手ではカンテラ育ちのカルラス・アレニャも今後台頭してくることでしょうし、中盤に空いた1つの穴を埋めるワンピースが誰になるのかも18－19シーズンの見どころです。

バルセロナの攻撃のプレーモデル	
モーメント	組織的攻撃
システム変化	1-4-4-2→1-4-2-2-2
チーム全体のコーディネート	
●ピッチ全体を幅広く使い、スペースを埋めてフィールド全体にボールが循環するようにプレーする ●中盤を経由した前進を優先的に実行する	
グループのコーディネート	
●相手が2トップの場合、ブスケツはCBの間に降りて3人のサリーダ・デ・バロンを行う ●スペースを作り、侵入するために相手陣内ではポジションチェンジを頻繁に行う ●ライン間のボールを受けるため、ポジション優位となるポジションでボールを受ける ●メッシがボールを持った時、周りの選手は背後へのマークを外す動きを行う	
個人のコーディネート	
CB	①後方から十分な幅を取りながらのサポートを継続的に行い、パスコースを与え続ける
	②相手のプレッシングに合わせて近くと遠くのパスを選択する
SB	①前進の際、サイドMFが中へ侵入している時は前方のスペースを埋めるために深さを取る
	②サリーダ・デ・バロンでは、サイドでの継続的なサポートを行う
ボランチ	①サリーダ・デ・バロンの時にCB間に落ちて数的優位を形成
	②攻撃時の警戒を行い、失ったボールへのプレスをかけられるようにする
	③フィニッシュの局面では2人のうち必ず1人が後方に残る
サイドハーフ(ウイング)	中と外で継続的にポジションを変えてサポートする
FW	①チームに深さを与えるためにゴールへ向かうマークを外す動きを行う
	②ゾーン1でのサリーダ・デ・バロンでプレスを受けている時は同サイドの深い位置でサポートする

川崎フロンターレの攻撃のプレーモデル

２０１７年シーズンに悲願の優勝を果たしたＪ１の川崎フロンターレ（以下、川崎Ｆ）は、現在のＪリーグの中では攻撃の特徴が大きく現れているチームです。２０１２年から２０１６年まで指揮を執った風間八宏監督（現名古屋監督）の影響もあって、ボール保持をコンセプトに掲げていますが、ここではＪ１王者の攻撃のプレーモデルを解説していきます。

［2017シーズン 基本フォーメーション］

監督：鬼木達

◆中央にクオリティの高い選手を集めるオートマティズム

川崎Ｆの特徴は、何と言ってもボール扱いに優れた選手が揃っていることです。クラブは一貫してテクニカルな選手を獲得していますし、日々のトレーニングでも狭いスペースでのポゼッション練習が多く、その特徴に磨きをかけています。

その中でも大島僚太、中村憲剛、家長昭博、大久保嘉人、小林悠といった主力選手は、簡単にボールを失うことがなく、特に中盤から前にはクオリティの高い選手が揃っています。

図77 川崎フロンターレのサリーダ・デ・バロン

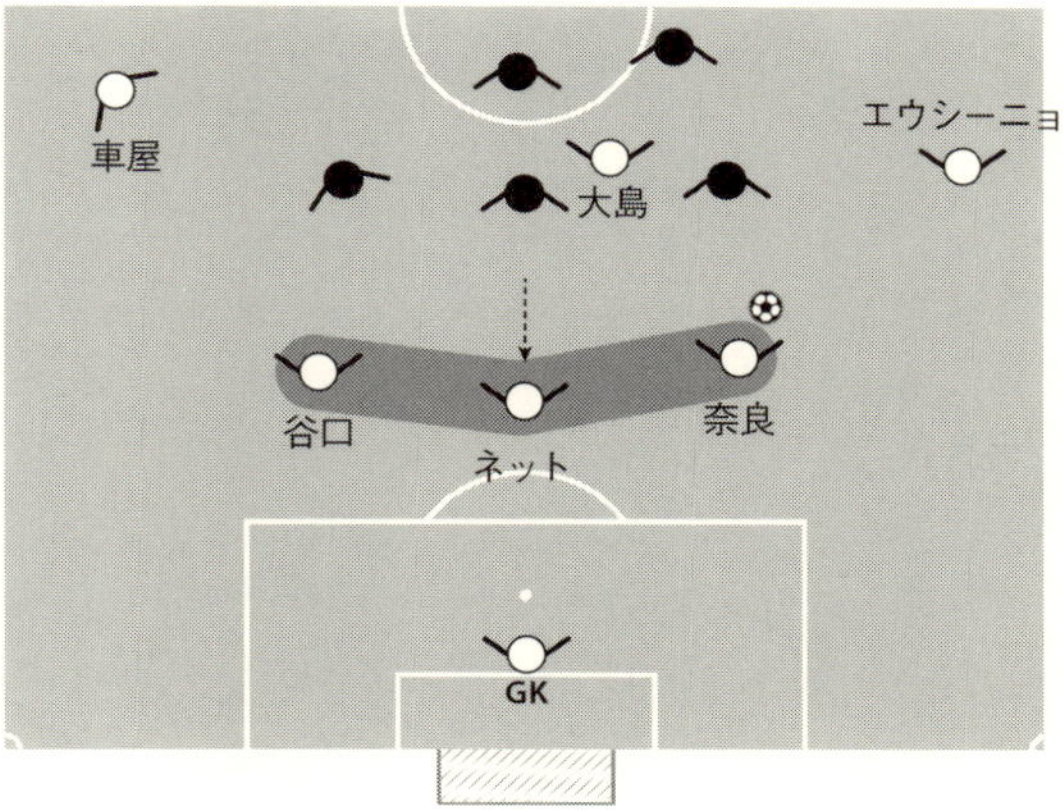

川崎フロンターレのサリーダ・デ・バロンでは、数的優位を作るためにCBの間にMFエドワルド・ネットが降りて後方3枚の形を選択する。ネットと共にボランチを組む大島はDFラインには吸収されず、相手FWのラインに対してポジション優位を取って前進のパスを受けるようなポジションを取る。自陣でのサリーダ・デ・バロンの際に、エウシーニョと車屋紳太郎の両SBは、大島と同じくらいの高さを取って外へのパスコースを作るサポートをしてボール保持を可能にしている。

攻撃のモーメントにおけるプレーモデルを見ていくと、サリーダ・デ・バロンから中盤を経由した前進を狙っています。まずはサリーダ・デ・バロンでは、数的優位を作るためにCBの間にMFエドワルド・ネットが降りて後方3枚の形を選択しています【図77】。

ネットと共にボランチを組む大島はDFラインには吸収されず、相手FWのラインに対してポジション優位を取って前進のパスを受けるようなポジションを取ります。

自陣でのサリーダ・デ・バロンの際に、エウシーニョと車屋紳太郎の両SBは大島と同じくらいの高さを取って外へのパスコースを作るサポートをしてボール保持を可能にします。

このようにすることで、後ろ3枚でボールを保持しながら中央の大島、SBの2人の3方向からボールの前進をスタートさせることを狙っています。

このようなサリーダ・デ・バロンをオーガナイズすることに加えて、さらにサイドハーフが中央のレーンへと入って来て、中央で数的優位やグループ優位を形成します。

図78では左MFの位置に入った家長が中へ入り、大島とのコンビネーションプレーで中央を突破するシーンです。このようにして相手のプレッシングの第一ラインと第二ラインを突破できれば、相手は自然と守備組織を後退させます。そうなるとライン間の距離が広がりますので、SBはさらに高いポジションを取ることができるようになります。

家長だけに限らず、中村憲剛、大久保、長谷川竜也、阿部浩之といった選手が相手の人数

図78 川崎フロンターレのプレー分析

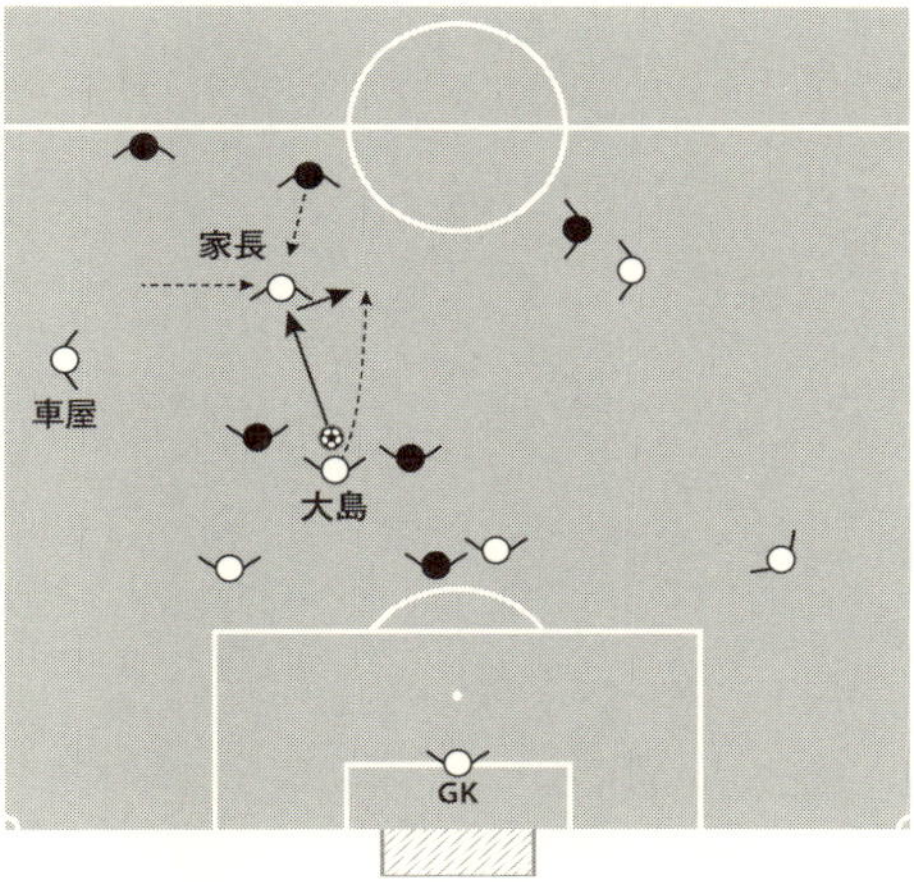

サイドMFの家長が中へ入ってきて大島とコンビネーションを図る。

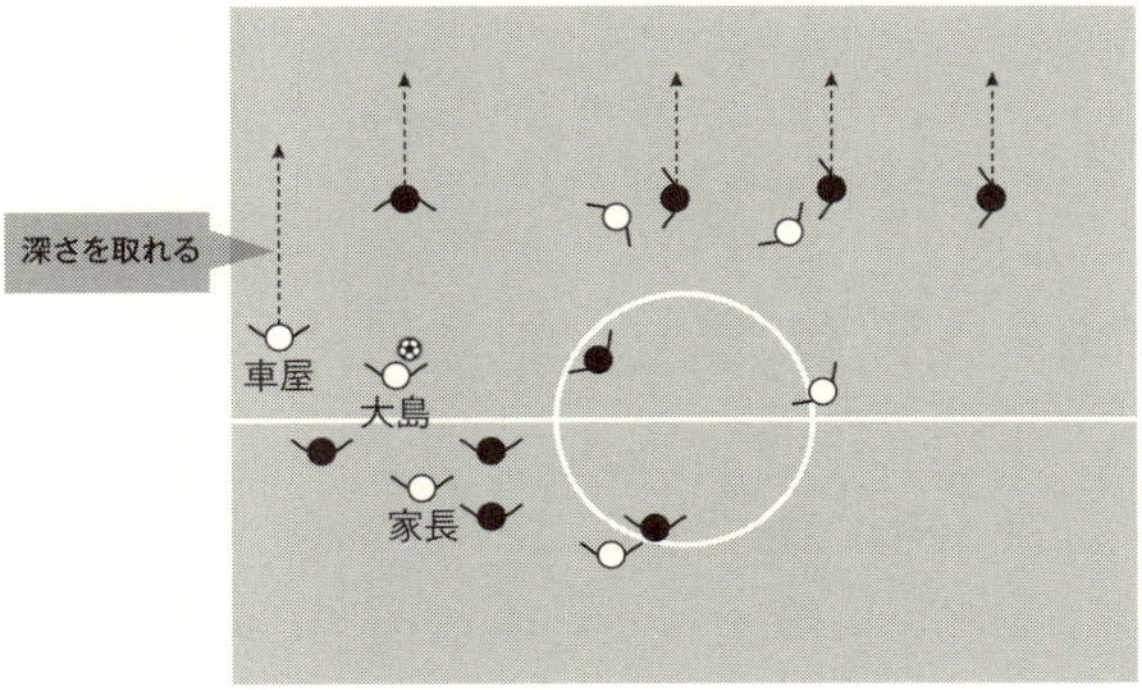

家長と壁パスをした大島は中盤をはがしてドリブルで前進。相手ＤＦラインは後退を強いられることでフロンターレのＳＢが攻撃参加するスペースが生まれる。

図79　ゾーン3で相手を押し込んだ状況の配置

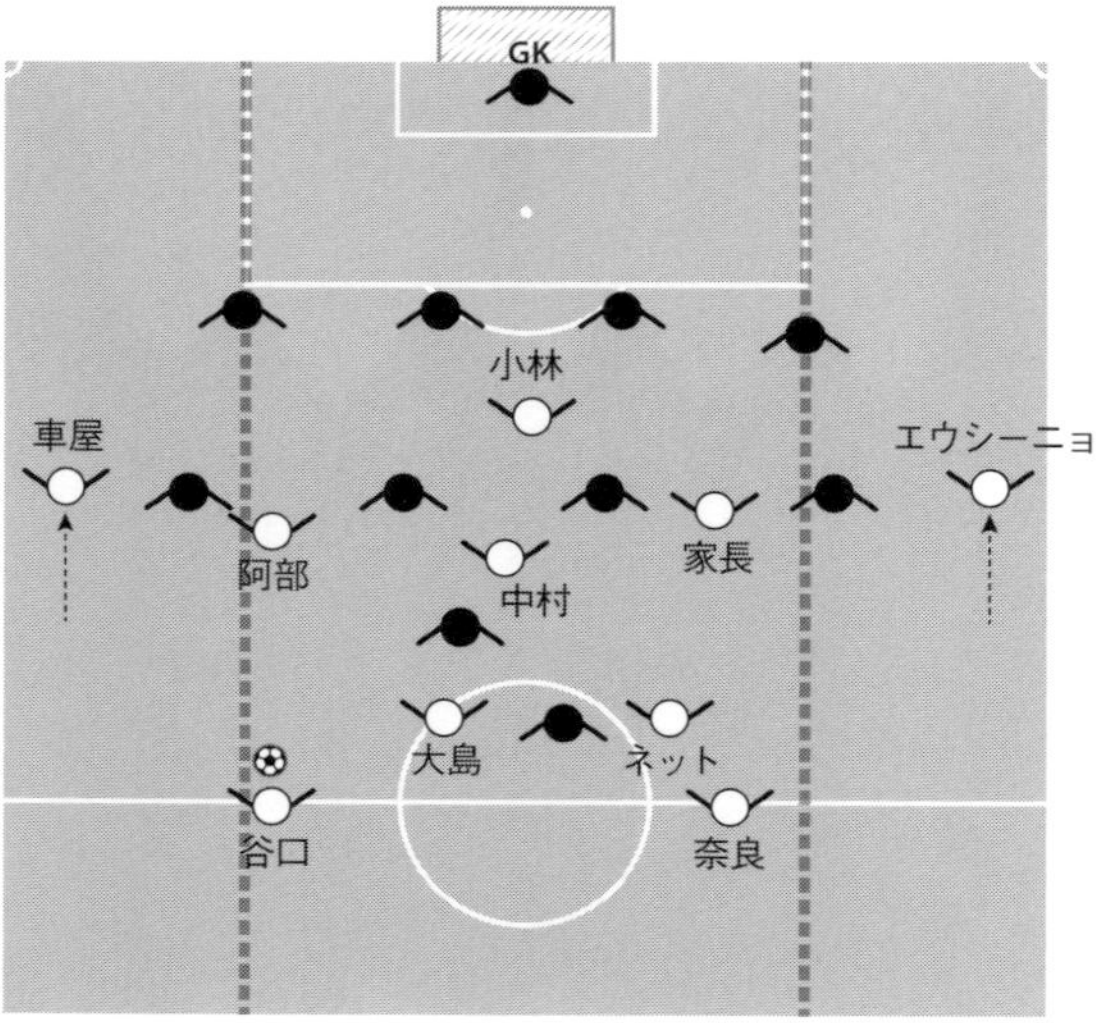

中央のレーンに人数をかけて数的優位を形成する。中央で数的優位、場合によっては数的同数でもグループ優位を発揮した場合には中盤で前向きでボールを持つことができる。中央では小林悠が相手 CB の背後へのマークを外す動きを実行。また、サイドでは SB のエウシーニョ、車屋が深い位置へ抜け出し、そこからクロスを上げるアクションによってフィニッシュへと繋げていくことができる。

よって様々な形でサポートに入り、中央でのコンビネーションを発生させます。

川崎Fと対戦するチームにとって一番厄介なのは、個人の優位性に加えてグループの優位性を作られてしまうことです。組織的なプレッシングを実行し、中盤で数的同数になって奪うチャンスができたと思っても、壁パスや3人目のアクションでその状況をはがされてしまうことがあります。これは川崎Fが継続的に積み重ねてきた「ボールを保持する」という哲学にこだわり、狭いスペースでも高いテクニックレベルをベースに局面を打開していくというプレーモデルを追求した結果です。

◆押し込んだ後のゾーン3での攻撃は三方向から

相手のプレッシングを攻略し、相手チームを相手陣内に押し込んだ後はフィニッシュのプロセスへと入って行きます。川崎FのSBはそのまま高いポジションを取り続けます。サリーダ・デ・バロンでCBの間に入っていたネットは、本来のボランチのポジションへと戻り、チームは1-2-2-5-1のような配置になります。SBが高い位置を取ることで深い位置で幅を作りますので、サイドハーフは中央のレーンにポジションを取ることが可能となります。このように中央で数的優位、場合によっては数的同数でもグループ優位を発揮した場合には中盤で前向きでボールを持つことができます。川崎Fには、精度の高いスルーパスを出すことができる中村憲剛、家長、大島といった選手がいますので、その状況を作るだけでビッグチャンスに繋がる可能性も高いチームです。

中央では小林悠が相手CBの背後へのマークを外す動きを実行します。また、サイドではSBのエウシーニョ、車屋が深い位置へ抜け出し、そこからクロスを上げるアクションによってフィニッシュへと繋げていきます。中央のエリアに関しては、2017年J1リーグ得点王、MVPに輝いた日本代表FW小林悠の動きは注目したいところです。「彼がどうして得点王になれたのか?」というと、私は「マークを外す動きのクオリティ」だと答えます。

FWがゴールを取るためには「誰と組むのか」を知っていることが重要です。現代サッカーにおけるペナルティエリア内は1タッチでのフィニッシュが求められ、いいパスを引き出すための戦術アクションはFWには欠かせないスキルとなっています。小林は自分が点を取るためのパスを誰がどのタイミングで出してくれるのかを理解している稀有なFWです。

2017年のアシストランキングを見ると、中村憲剛が11本で1位、車屋が9本で5位の記録を残しています。特に、中村憲剛がボールを持った時には決定的なパスが出てきやすいということを理解して、小林はタイミングを合わせてマークを外す動きをしています。

中村憲剛も小林との連携が高まっていくにつれ、ボールを保持する時には小林を探すようになっています。それによって、相互作用でのグループ優位が形成されていったと推測しています。中央ではこのようなグループでの優位性を活かした攻撃が成立しています。

◆ブロックを作られた時のサイドのコンビネーションプレーと新加入の齋藤学

チャンピオンチームである川崎Fと対戦するチームは、ほとんどが強固なブロックを形成する守備を採用する戦術で戦います。2018年シーズンのJ1の試合傾向を見ていてもそれが顕著になっていますが、「その守備ブロックをいかに攻略するのか?」が川崎Fの課題です。このような場合に鍵になる要素として、個人の優位性での局面打開とサイドでのコンビネーションでの局面の打開が重要になります。個人での優位性という視点で見ると、左サイドハーフでの出場機会が多い長谷川竜也は優れたボール扱いとスピードで、個人で局面打開することのできる選手です。

グループでの優位性という視点では、川崎Fのサイドの突破は主にSBとサイドハーフのコンビネーション、中盤からもう1人が絡んで3人での連携プレーによって成立しています。

この2つのパターンは基本的な2人組による突破のバリエーションです。SBがボールを保持し、サイドハーフが内側からサポートしているところでアクションを起こします。1つは壁パスでの突破【図80上】。もう1つはコーナーキックへ向けて斜めにランニングして前進をする方法です【図80下】。この形からクロスを上げるのが1つのパターンです。

図80　ゾーン3で相手を押し込んだ状況の配置

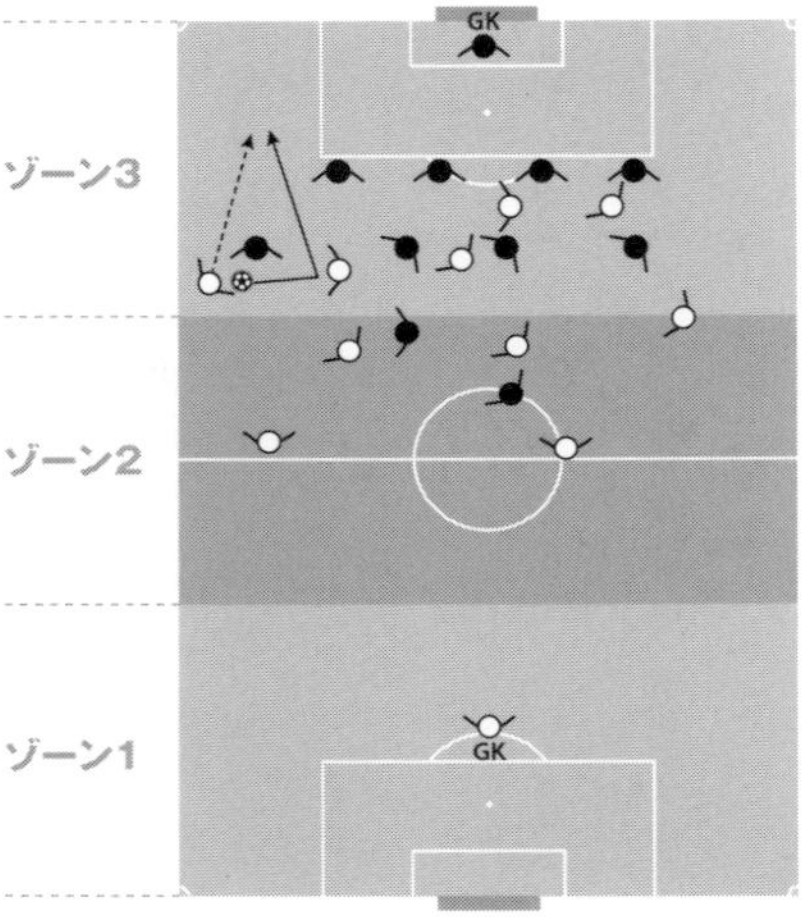

基本的な2人組による突破のバリエーション。壁パスでの突破。

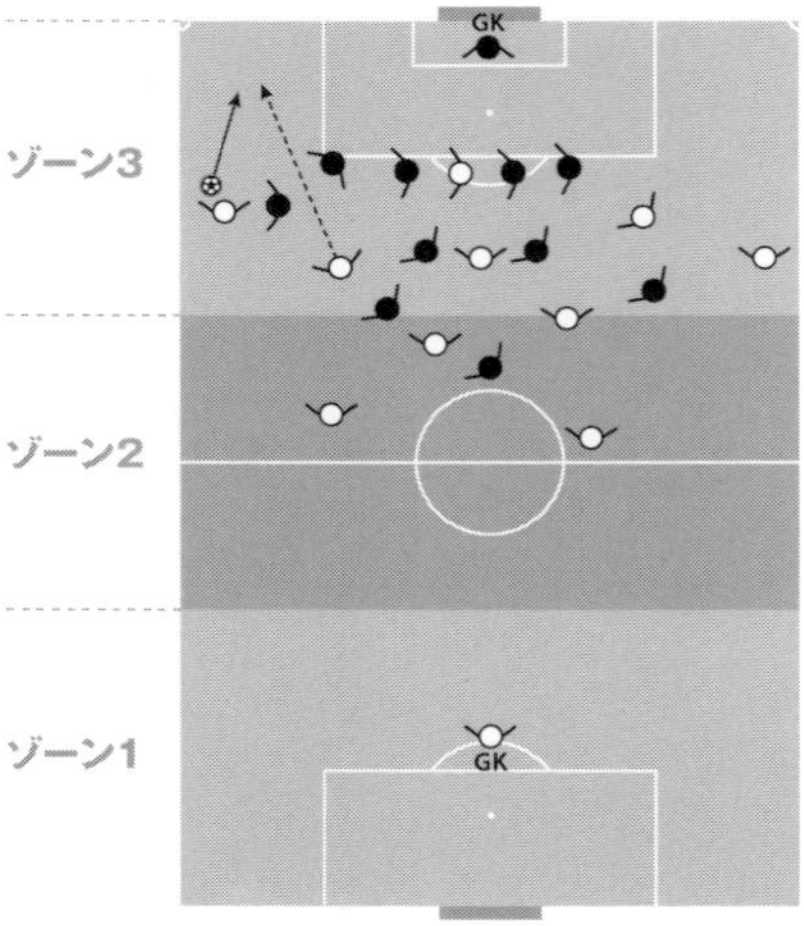

SB がボールを保持し、サイドハーフが内側からサポートしているところでアクションを起こす。壁パスでの突破を図る。

図81 3人目がかかわるサイドハーフのアクション

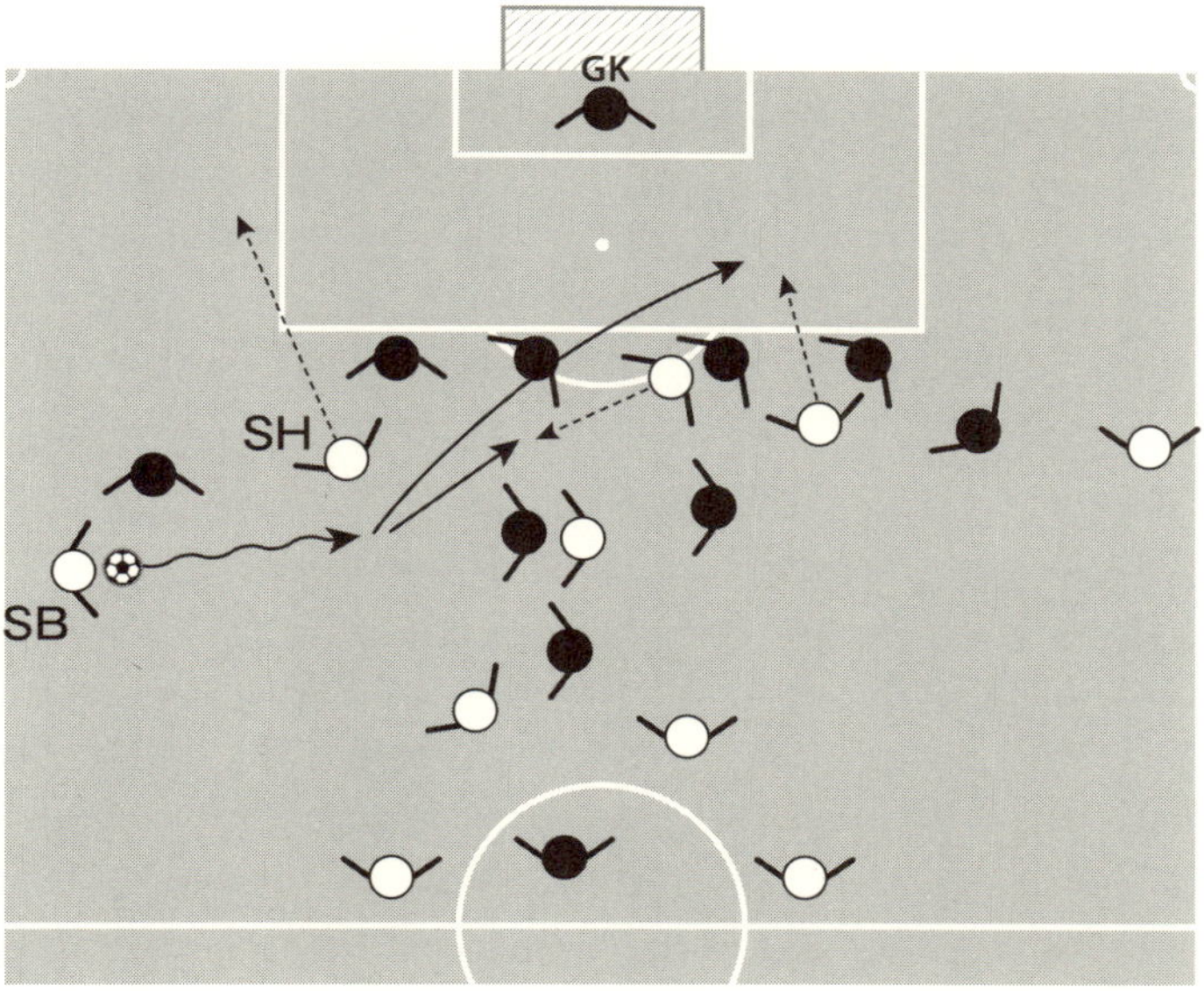

サイドハーフが斜めに抜けると相手SBはその動きに釣られるので、カバーリングが手薄になる。そこでボール保持者であるSBは中へドリブルして侵入し、ゴール前にいる選手と連携プレーを試みる。例えば、足元でパスを受けようとしているFWにパスをして、さらに自分でもう一度抜け出して壁パスを行う動きがあり、別のオプションでは、逆サイドハーフが背後に抜け出すマークを外す動きをしたところにスルーパスを出すこと。このような形で、2人組から3人組のコンビネーションプレーに発展していくのが川崎Fのサイドアタックの特徴である。

これに加えて３人目が関わる形としては、次のようなアクションがあります。サイドハーフが斜めに抜けると相手ＳＢはその動きに釣られますので、カバーリングが手薄になります。そこでボール保持者であるＳＢは中へドリブルして侵入し、ゴール前にいる選手と連携プレーを試みます。例えば、それは足元へパスを受けようとしているＦＷにパスをして、さらに自分でもう一度抜け出して壁パスを行う動きがあります。別のオプションでは、逆サイドハーフが背後に抜け出すマークを外す動きをしたところにスルーパスを出すことです。このような形で、２人組から３人組のコンビネーションプレーに発展していくのが川崎Ｆのサイドアタックの特徴です。

このようなグループでの連携プレーによる優位性で、時には数的不利な局面も突破してしまうことが川崎Ｆの攻撃の強みです。

このように数的同数や不利な状況でも局面を打開できる脅威を相手に与えれば、相手は人数をかけて守ります。つまり逆サイドが空くことになりますので両サイドを広く使って攻撃することが可能となります。だた、選手の特徴を見て行くとどうしても足元でパスを受けたがる選手が多いことから、チームとして「深さ」を取りに行くオプションが不足しているのは否めません。そうなると相手チームからすると、そこまで背後を気にせずに守備ができるので攻撃が停滞する可能性があります。味方へ近寄るマークを外す動きと、相手の背後へのマークを外す動きを行う選手をグループとしてコーディネートしてチームとしての「深さ」を作るアプローチが今後の今後のポイントだと私は見ています。

2018年シーズンには横浜F・マリノスから齋藤学が新しく入りましたが、彼は左サイドハーフで出場することが多い選手です。怪我をしての加入から、数試合の出場を果たしていますがまだ連携面では探りながらプレーをしている段階です。個人での優位性を打ち出せる選手、横浜F・マリノスではエースの座に君臨していた齋藤学がどこまで川崎Fのサイドアタックに順応し、攻撃のプレーモデルに影響を与えるのかも今シーズンの見所です。

川崎フロンターレの攻撃のプレーモデル	
モーメント	組織的攻撃
システム変化	1-4-2-3-1→1-3-6-1→1-2-2-5-1
チーム全体のコーディネート	
●ピッチ全体を幅広く使いスペースを埋めて、フィールド全体にボールが循環するようにプレーする ●中盤で数的優位を作り中央からの前進を狙う。その結果、相手が中央へ寄りサイドにスペースができた時にはサイドを使って前進する	
グループのコーディネート	
●ボランチが下がり、後方で数的優位を形成する ●中盤中央のレーンに人数を集めて数的優位を形成し、コンビネーションプレーで前進を図る。その際、異なる高さにポジションを取る ●ゾーン３では中央と両サイドの三方向から前進を図り、フィニッシュへと向かう	
個人のコーディネート	
CB	後方から十分な幅を取り、サポートを継続的に行い、パスコースを与え続ける
SB	①サリーダ・デ・バロンでは CB へのパスコースを提供する
	②前進のプロセスでは深さをとってチームに幅を与える
	③サイドハーフとコンビネーションで前進を図る
ボランチ	①１人のボランチは CB の間へ降りて数的優位を作る
	②もう１人のボランチは、相手 FW よりも高い位置でパスコースを作り、前進のパスのオプションを形成。SB にボールが渡った場合中からサポートする
	③ゾーン３に相手を押し込んだ時は、中央のゾーンでコンビネーションプレーに参加する
サイドハーフ	①深い位置でチームの幅を与えるため、広がってポジションを取る
	②SB が高い位置を取る場合、中央のエリアにポジションを取り、SB とコンビネーションプレーを実行する
トップ下	中央のエリアでポジション優位を形成し中央から前進のためのコンビネーションを図る
FW	①チームに深さを与えるため、最大限に深い位置でポジションを取る
	②ゴール前でマークを外す動きを行い、フィニッシュを狙う

ハリルホジッチ前監督の日本代表の攻撃のプレーモデル

ここでは、2017年11月の欧州遠征におけるブラジル、ベルギーとの2試合を中心にハリルホジッチ前監督時代の日本代表の攻撃のプレーモデルについて言及していきます。

対戦相手の2ヶ国はW杯本大会でも上位進出が予想される強国でした。当然、試合の要求度もW杯本大会という「本番」に近く、本番で出会うことになりそうなシチュエーションで日本代表が「何をするのか？」、「何ができるのか？」を見る上では絶好の機会となりました。

ハリルホジッチ前監督が4月9日に突然の解任となりましたが、W杯本大会での日本代表の立ち位置は変わりません。グループHで対戦するコロンビア、セネガル、ポーランド相手に基本的には「ボールを保持される展開」が長くなるでしょう。おそらく、ハリルホジッチ前監督もそれを計算して守備ベースの戦い方を日本代表に植え付けているように感じました。

前監督時代の日本代表の攻撃のファーストオプションは、縦に速いカウンターでした。ここはアジア予選から徹底されていましたし、この2試合でも見えました。中盤でボールを引っ掛

図82　ブラジル戦とベルギー戦のスターティングメンバー

日本　1 - 3　ブラジル

2017年11月10日(金)21:03KO　会場：スタッド・ピエールモーロワ

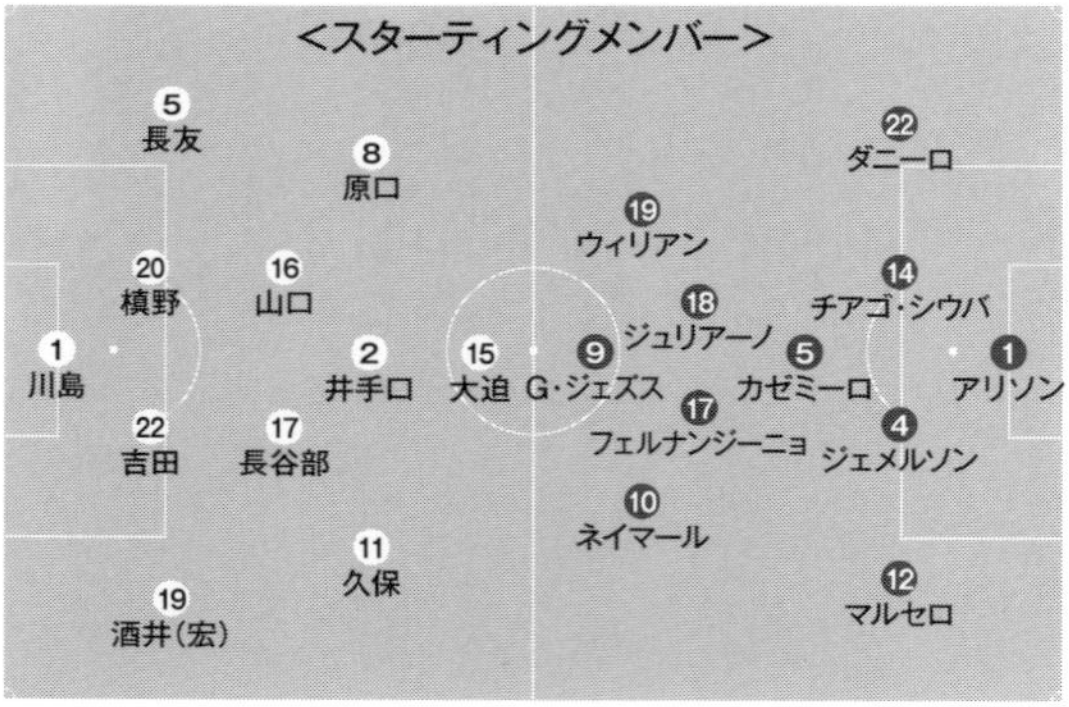

ベルギー　1 - 0　日本

2017年11月15日(水)4:45KO　会場：ヤン・ブレイデルスタディオン

けて奪った時に、まず狙っていたのが前線1トップの大迫勇也でした。奪った後の第一オプションは前線で、大迫がどこでボールを要求するかに応じて出し手が見て決めていました。

カウンターにも2つオプションがあって、1つは高い位置で前からハメに行って、相手センターバックからボランチにパスが入った時に日本代表のインサイドハーフが奪いきりに行きます。そこでボールを奪うことができた時には相手ゴールに近いエリアですのでそのままショートカウンター、狭いところのコンビネーションで抜け出していく攻撃ができていました。高い位置で奪えた時にはしっかりと攻撃が機能するし、ゴール前のチャンスも作れていました。

2つ目のオプションはゾーン2で構えて相手が攻めてきた時に奪ったボールをトップの大迫に当てて、そこで時間稼ぎをしてもらい後方から攻撃参加をするという形のカウンターアタックでした。ただ、残念ながらこの形は大迫に厳しいマークがついてしまった時にボールが収まりきらなかったり、後方からの参加が間に合わず攻撃にかけることのできる人数が少なくなってしまい、機能しにくい時間が多かったと思います。

2試合とも、キックオフから最初の15分くらいまでは日本代表のプレッシングが効果的で、高い位置でボールを奪うこともできていました。立ち上がりで相手もどのように来るのかを見る時間帯ですので、日本代表のハイプレスがサプライズとなっていたのでしょう。何度か相手の敵陣でのパス回しを引っ掛けて、カウンターにつなげていました。

図83　日本代表戦でのブラジルの対応策

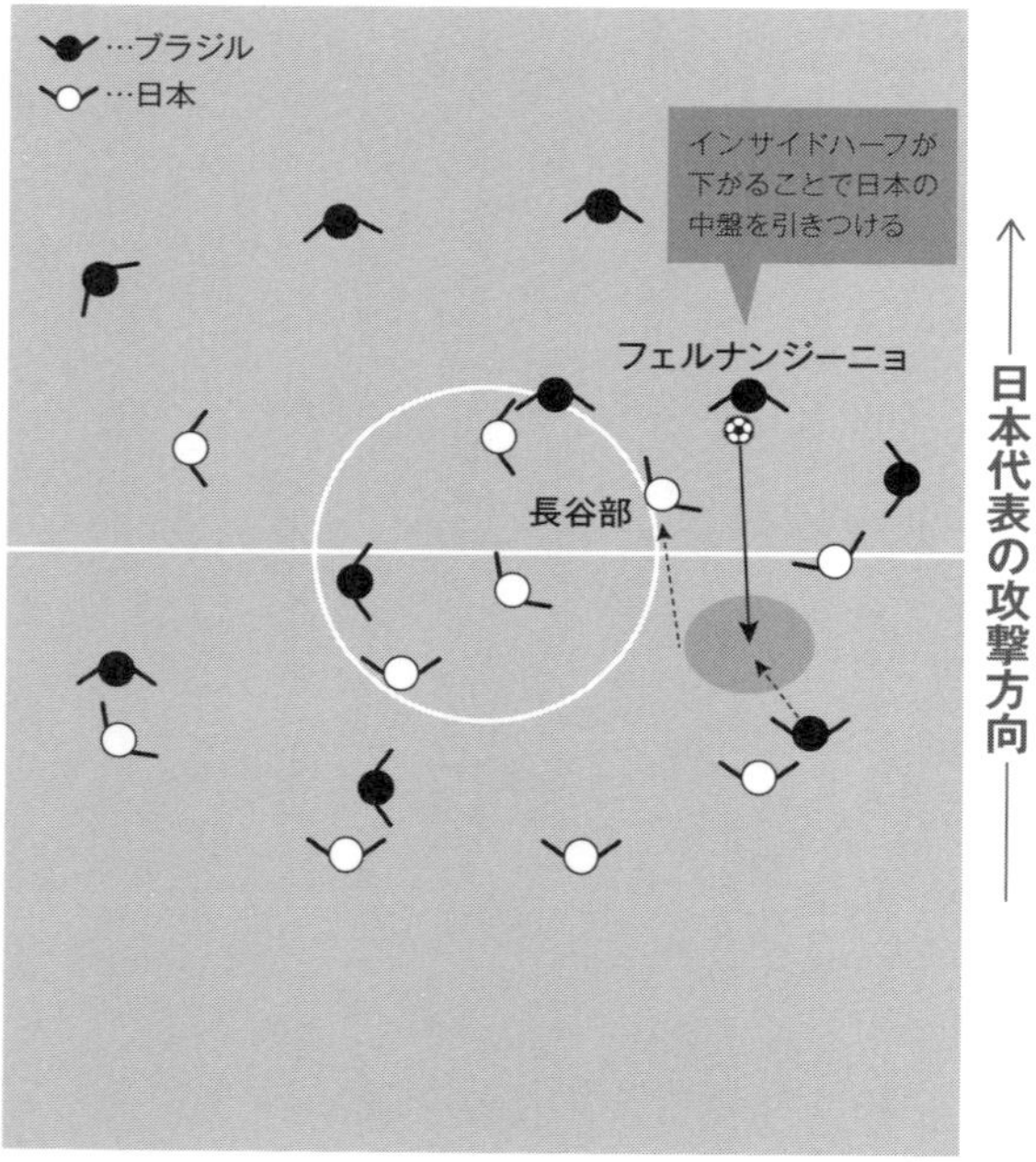

ブラジルはインサイドハーフを下げて日本の中盤の選手を引きつけてライン間にスペースを作り出していた。

ただ、その後の時間帯の攻撃は厳しいものでした。ブラジルもベルギーも欧州トップレベルでプレーしている選手たちですから、戦術の変化に順応する力は当然ながら高いものでした。日本が前からプレッシングに来ていると察した時に、ポジションの移動を変えてズラしたり、あえて日本のインサイドハーフを引きつけるような動きをボランチがして、日本のアンカーである山口蛍の両脇のスペースを狙うような攻撃に変えていました。

そのような時にはライン間にボールを通されてキープされ、相手にボールの前進を許してしまいますから、日本はズルズルと下がってしまいます。守備面で言えば、どうしても相手のサイドバックが高い位置を取った時に日本の両サイドハーフはマンマーク対応でズルズルと引いてしまう傾向があるので、6バックになってしまいます。そうすると、ボールを奪った時に前線へつけるボール、オプションが前線の大迫1人になってしまうので、相手のセンターバックに先読みされて潰されてしまいます。そういう時間が2試合共に続いていましたし、攻撃できない厳しい展開となっていました。ゾーン1に押し込まれた時には、基本的に攻撃が機能していませんでした。それはカウンターを上手く成立さえることができていなかったからです。そこはハリルホジッチ前監督の戦術、サッカーにおける1つの課題でした。

改善策としては、守備をオーガナイズすることです。サッカーは4つの局面がグルグルと回っていますので、カウンターに問題がある時の原因はその前のモーメントである「守備」が整っ

図84　ブラジル戦における日本代表戦の改善方法

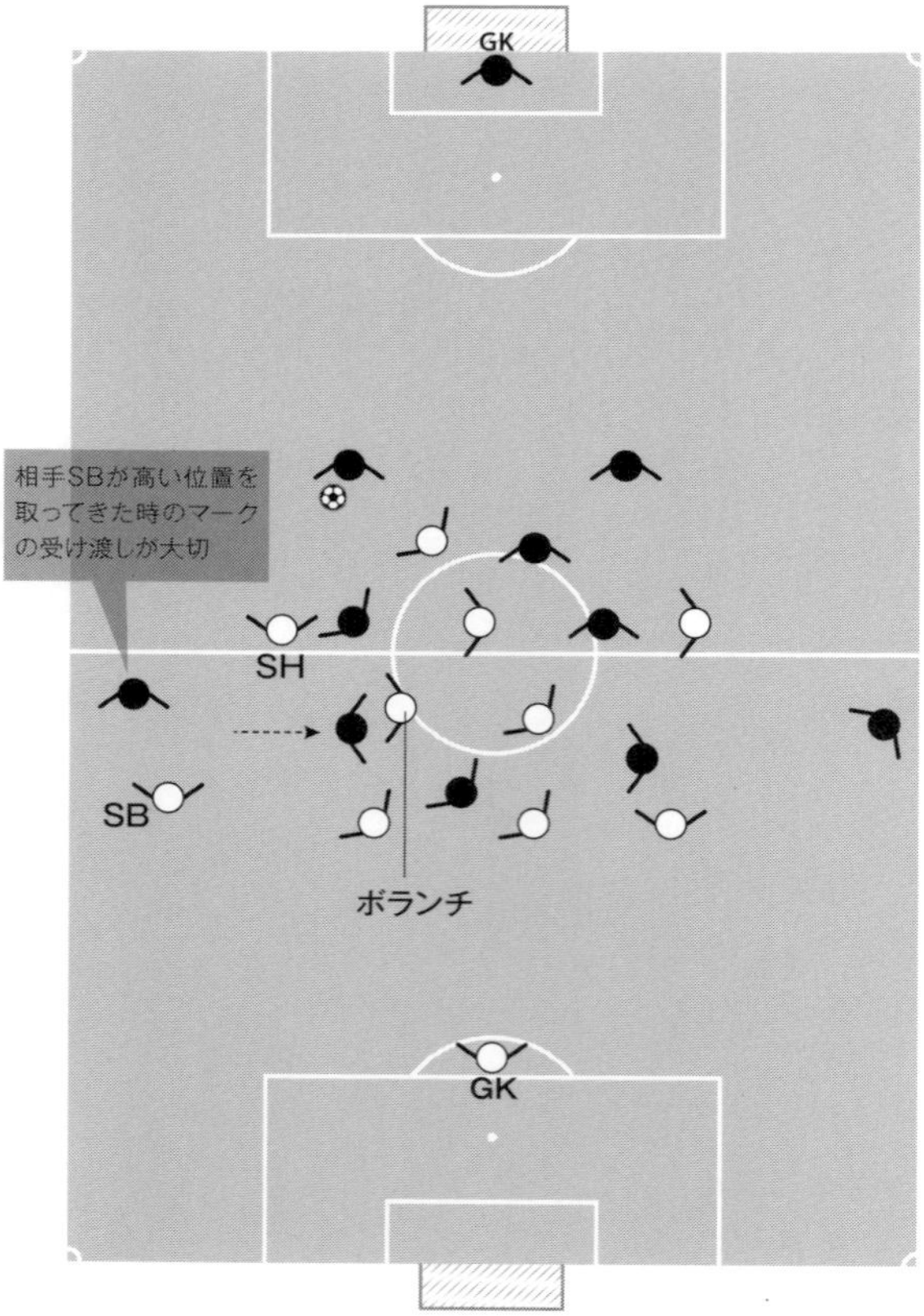
GK
相手SBが高い位置を取ってきた時のマークの受け渡しが大切
SH
SB
ボランチ
GK

ゾーン２で守っている時に相手のサイドバックが高い位置を取ってきた時の対応として、サイドバックとサイドハーフ、ボランチも含めてマークの受け渡しを行うことが大切。相手の SB が高い位置を取ってくるということは相手のサイドハーフ（ウイング）が中に入ってくる。それをSBがボランチに受け渡して、SBは高い位置を取る相手SBをつかまえれば良い。

図85　ライン間にポジションを取るブラジルの前線の選手

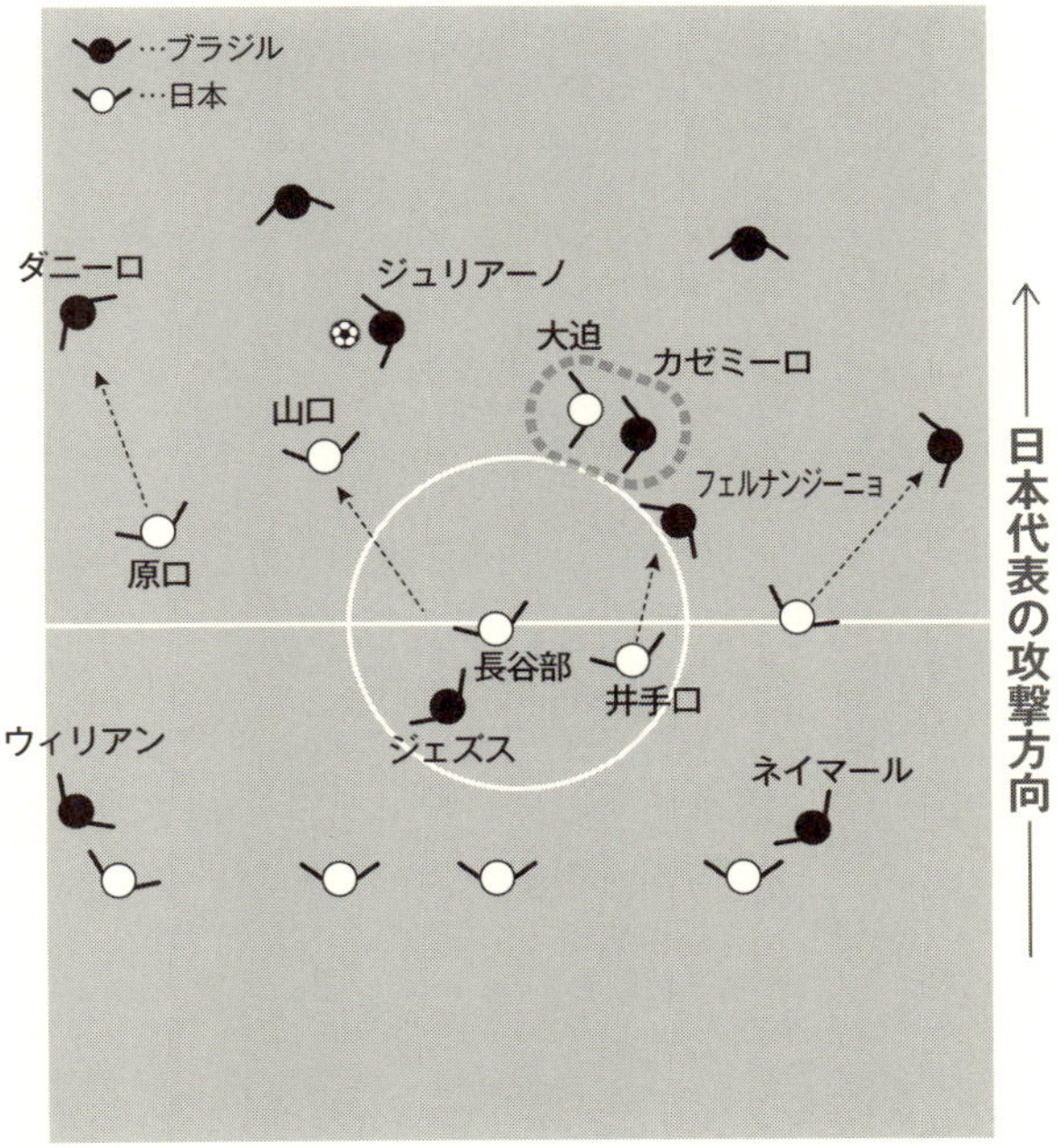

前半26分のシーン。中盤の３選手がサリーダ・デ・バロンに関わるために降りてきた時に、そのスペースを前線のネイマール、ガブリエル・ジェズス、ウィリアンが降りてきて、ライン間を使うような攻撃を実行してきた。ブラジル代表は、日本代表の戦い方に合わせて攻撃し、ピッチ上の選手が「ここにスペースがあるな」ということを感じ取る能力が高い。

ていないのです。ポジションがズレた状態で守備を行っていますので、ボールを奪った時のポジションバランスも悪くなります。

具体的に改善方法を提示しましょう。ゾーン2で守っている時に相手のサイドバックが高い位置を取ってきた時の対応ですが、そこはサイドバックとサイドハーフ、ボランチも含めてマークの受け渡しを行うのです。相手のSBが高い位置を取ってくるということは相手のサイドハーフ（ウイング）が中に入ってきています。それをSBがボランチに受け渡して、SBは高い位置を取る相手SBをつかまえればいいのです。

サイドハーフは相手の中盤がDFライン付近に降りてくることが多いので、そこをつかみます。そうしたマークの受け渡しをオーガナイズすることで後ろにズルズルと下がることなく守備組織を一定の高さで維持することが可能となり、ボールを奪った時のカウンターが成立しやすくなります。ただし、マークの受け渡しができる時とできない時があります。

1つはパスを出される瞬間にマークの受け渡しはしないこと。だからこそ、ボール保持者がパスを出せない局面を作ることが守備に求められます。どういうことかというと、前線の選手が牽制をかけてパスコースを消すこと、前線のプレスと後ろのマークの受け渡しのタイミングを合わせることが必要です。

サイドハーフでこのような守備が上手いのは乾貴士です。守備の判断が的確なのでカウンターに行く距離も相手ゴールに近いところでスタートできます。他の日本代表のサイドハーフはまだ守備のジャッジという点で見た時には乾ほどのレベルにありません。

攻撃面で見た時の日本人の良さですが、やはりテクニックレベルは高いので、狭いエリアをコンビネーションではがして突破できます。ただし、ハリルホジッチ前監督時代の日本代表の攻撃のプレーモデルを見た時に、そこを上手く活かすところまでチームとして至っていませんでした。できていないのではなくて、プロセス上そこまで至っていなかったということです。なぜなら、カウンターがオーガナイズされていませんので、相手陣内深いところまでボールを持っていくことができていなかったからです。それができれば、相手を押し込むことができますし、そこから先が日本の強みを出せるエリアです。

ハリルホジッチ前監督時代はプレーモデル自体が「縦に速く」見えてしまうところがありましたから、守備のところでもう少しオーガナイズがあって、カウンターが成立するようになれば攻撃の機能性も上がったと思います。押し込まれた展開でのカウンターで大迫1人では厳しいですから、守備でマークの受け渡しのオーガナイズを設定してサイドハーフの選手が低い位置からではなく、もう少し高い位置から攻撃、カウンターをスタートさせることができれば、もう少し高い位置でボールを受ける回数、時間は増えたはずです。

日本代表の攻撃のキーマンですが、やはり大迫になるでしょう。彼は身体の使い方が上手く、ボールが来る前に先に身体をぶつけて相手を抑えてから処理するコンタクトスキルを持っています。ベルギー、ブラジルのようなセンターバック相手でもひるむことなく、身体をぶつけて前線でボールを収めることができていました。そうしたFWはこれまでの日本代表にいなかったと思います。それはドイツに行って得たスキルだと思いますし、戦術的に見ても彼のようなポストプレーは攻撃の時間稼ぎができるので大きいです。

また、乾もキーマンとなりえる存在です。彼は足元でボールを受けた時に、1人で1人を確実にはがせる選手です。そういう選手は前線で必ず起点となります。攻撃の部分だけを見れば、浅野拓磨の縦に抜けるスピードも魅力です。縦に速いアクションをチームとして仕掛けたい時には持ち味が活きる選手です。

西野朗監督になり、選手の選出にも若干の変化が出てくるでしょう。これまで様々な理由で招集回数が少なかった乾、本田、岡崎、香川がピッチに立った時に守備のポジショニングが変わりカウンターに変化が出るのか？　という部分は注目のポイントです。

サイドで中間ポジションを取ってそこから相手のCBへ飛び出して行くようなプレッシングからのショートカウンターと、ゾーン2でポジショニングを維持したところから人数をかけてミドルカウンターを仕掛ける、そしてカウンターが成立しなかった後には組織的攻撃へのフェーズへと移行し、日本の特徴であるテクニックと俊敏性を活かしたコンビネーションプレーを見ることができるのかを期待したいと思います。

ロシアW杯で優勝候補筆頭に挙げられるブラジルについても少し触れておきましょう。攻撃局面におけるスピード、インテンシティの高さは圧倒的でした。何より上手いと思ったのは、2対2、3対3といった2人組、3人組のグループでのコンビネーションの多様性です。

例えば、左のマルセロとネイマールのコンビネーションが良い例ですが、マルセロがネイマールにパスを出してインナーラップを仕掛けた時に日本の中盤が付いてくれば一度止まるといったバリエーション、阿吽の呼吸ができあがっています。日本からすればわかっていても止められない攻撃、コンビネーションでした。完成度という言い方はおかしいですが、2人組の関係ができ上がっているところはブラジル特有だと思います。自由の中にも規律があって、コンビネーションする相手が何をするのかわかっているからできるプレーです。

もう1つは、チームとしてのオーガナイズ、狙いがあること。中盤の3選手がサリーダ・デ・バロンに関わるために降りてきた時に、そのスペースを前線のネイマール、ガブリエル・ジェズス、ウィリアンが降りてきて、ライン間を使うような攻撃ができていました。日本代表の戦い方に合わせて攻撃していましたし、ピッチ上の選手が「ここにスペースがあるな」ということを感じ取る能力はやはり高いものでした。

とはいえ、1つ疑問に思ったことは、ブラジル人は選手がピッチ上で感じ取りながらやっているように見えたことです。一方、ベルギーは確実に外からの指示で戦術を変えていました。よって、戦術的に変わるスピードはベルギーの方が早かったのです。

日本戦でのベルギーは戦い方を20分くらいで変えてきましたが、ブラジルはもう少し遅い変化でした。どちらが良いのかというと、変化が早い方が先手を取ることができますので、欧州トップレベルのスカウティング、分析のスピード感はブラジルの選手たちが持つアドリブ力に勝っている印象を受けました。

ブラジル人の良さとして、ピッチ上での空気感、相手の出方を汲み取るのが上手い、早いというのがありますが、外からの指示はそこまでないなという印象です。戦術を仕掛けあうスピードはベルギーのような欧州トップレベルの国と比較すると遅く見えましたので、ロシアW杯でどういう対応をするのかは逆に楽しみです。

ハリルホジッチ前監督の日本代表の攻撃のプレーモデル	
モーメント	守備から攻撃の切り替え
システム変化	1-4-2-3-1、1-4-5-1、1-4-1-4-1
チーム全体のコーディネート	
●ゾーン３で奪った時は周辺の選手のコンビネーションでフィニッシュへ向かう ●ゾーン1、2で奪った時には大迫へボールを配給してからカウンターを発生させる ●トップへ配給できない時は組織的攻撃へ以降	
グループのコーディネート	
●ゾーン3のショートカウンター	第一波：FW、両サイドMF、トップ下の４人でカウンター
●ゾーン2、1からのカウンター	第一波：FW、両サイドMFの３人でカウンター
	第二波：中盤の３人が参加
	第三波：組織的攻撃へ移行する際のポジショニング
個人のコーディネート	
SB、CB	組織的攻撃へ移行する時のために後方でパスコースを作るサポートを行う
サイドMF	幅を取ってサイドのレーンから深さを取るアクションを実行する
トップ下、MF	①トップの選手に対して前向きでサポートをしてボールを受けたら深いスペースへ配球
	②もしも深いスペースへパスできない時は安全なパスを選択してボールを保持する
FW	相手のCBと中盤の間にパスコースを作るサポートをして、ボールを受けたら味方が攻撃参加する時間を作る

Chapter 4

攻撃のトレーニングメソッド

トレーニングへの落とし込み方

これまで、サッカーの全体構造から攻撃のフェーズ（攻撃／守備から攻撃のトランジション）の詳細を見てきました。Chapter 4では「攻撃の構造を知り、分析もできるようになった。各シチュエーションの理想像も何となく持てた」というところから、次のステップである「チームに落とし込む作業」となるトレーニングメソッドをお伝えします。

分析や試合の批評は指導者以外の人でもできる仕事ですが、チームへのプランニングの落とし込みは指導者にしか出来ない仕事です。ビジョンを明確にし、選手と一定の方向へと導き、失敗と成功を経て、目的へと辿り着くためのサッカーを教える難しさや、選手ができるようになった時の喜びは指導者にしかわからない部分であり醍醐味です。

理想のアクションはあるけれど、果たしてそれが今の自分のチームや選手にとって適切なものなのか、と考えることもあります。世間一般的には誰もが「バルサのようなサッカーをしたい」、「メッシのような選手を育てたい」と考えていますが、ほとんどの人（クラブ）が実現できない無理難題です。バルサは下部組織の時から最高レベルの選手を寄せ集めているからこそ、複雑なサッカーを教え込むことができるのです。運動が苦手な選手が集まったクラブや、友達と一緒

図86　戦術指導の成熟度・年代ごとにおける進展

※コンテクストとは試合の状況。ゾーン、エリア、システムなどを指す。

にサッカーをできるだけで十分と言うモチベーションの子供たちが集まるスクールで、あまりにもハードルの高いものを提示してもそれは適切な指導とは呼べません。

だからこそ、指導対象の年齢、年代やレベルに応じて練習メニューなどをコントロールしながらトレーニング計画を組むことが重要なのです。

ここからは、いくつかのポイントに絞ってトレーニング計画に必要な要素を見ていきます。以前から言っていることなのですが、スペインはおろか世界中どこを探しても「魔法のメニュー」は存在しません。よく質問されることの1つに「スペインではどのような練習をしているのですか?」というものがありますが、残念ながらスペインでもメニューやトレーニングに関しては日本と遜色ありません。ロンド(ボール回し)、ポゼッション、ポジショナルアタック、ゲーム形式など日本でもよく見るトレーニング形態がほとんどです。

では、何がスペインと日本の違いかと言うと、「何のためにそのメニューが組まれていて、そのキーファクターは何なのか?」という背景にあるものの深さと明確さです。ここが決定的に違います。スペインではこの「コンテクスト(背景、文脈)」をとても大事にします。

スペインにおいて第三者がトレーニングを見た時に考えるのは、「それはどのシチュエーションで、何の目的のトレーニングなのか?」です。

●選手たちが何を見て、どこを狙うプレーしているのか?

●指導者はどのようなプレーを褒めているのか？
●修正をかけているのか？

トレーニングでこうした点を見ています。いつも4バックでプレーしているチームがトレーニングにおいて、5バックでカウンターを試みるようなトレーニングをしているのを見たとします。すると練習後の会話はこうなります。

「今週はどこと試合？　もしかして次は5バックでプレーするの？」

「そうです。相手はこうやって攻めてくるから、次は5バックでこう守り、カウンターの時にはこのスペースを突くためにこういう攻撃を仕掛けます」

翌週、再会した時には「5バックでの試合はどうだったか？」と聞くことで再び会話がスタートします。こうした会話、ディスカッションは小学生年代の指導者でも当たり前に行っています。トップから低年齢までの指導者が**「試合で勝つため」に必要なトレーニングをする**ということがスペインでは根底にありますので、「試合のどの状況で必要とされるアクションなのか」を考慮してトレーニングを設定しています。

目の肥えた指導者であれば、しっかり狙いが込められたセッションを見た時、ドリルのパス練習だったとしても「こういうプレーをしたいんだろう。きっとこのアクションはあのシチュエーションで使うはず」という予想を立てながら練習を見ます。

コンテクスト（背景、文脈）を考慮する

スペインの選手たちは日本人よりもテクニックは無いように見えますが、なぜ試合になると上手にプレーできているのでしょうか？

多くの指導者の方々から、この類の質問を私もよく受けますが、何が違いを生み出しているかと言うと、スペイン人は実践の中でトレーニングをすることが多いのです。獲得したテクニックや戦術アクションが試合で効果的に現れるにはコンテクスト（背景、文脈＝試合の状況）が含まれるオーガナイズでトレーニングを行うことが重要です。

なぜなら、試合と全く違う状況下でのプレーの反復、例えばコーンを並べ、ジグザグドリブルを繰り返す、４対１のボール回しを行うようなことは試合における「どのシチュエーション」なのかがわかりにくいからです。

コンテクストが含まれないトレーニングを繰り返すことで、ボール扱いの向上、周りの状況を把握する、などのベースはでき上がりますが、それだけでは足りません。一日のトレーニングの中で、コンテクストが含まれる設定を取り入れて、試合と近い状況下でプレーする時間を確保しましょう。

図87 2対1の攻撃が数的優位の状況下のプレーでコンテクストがない設定

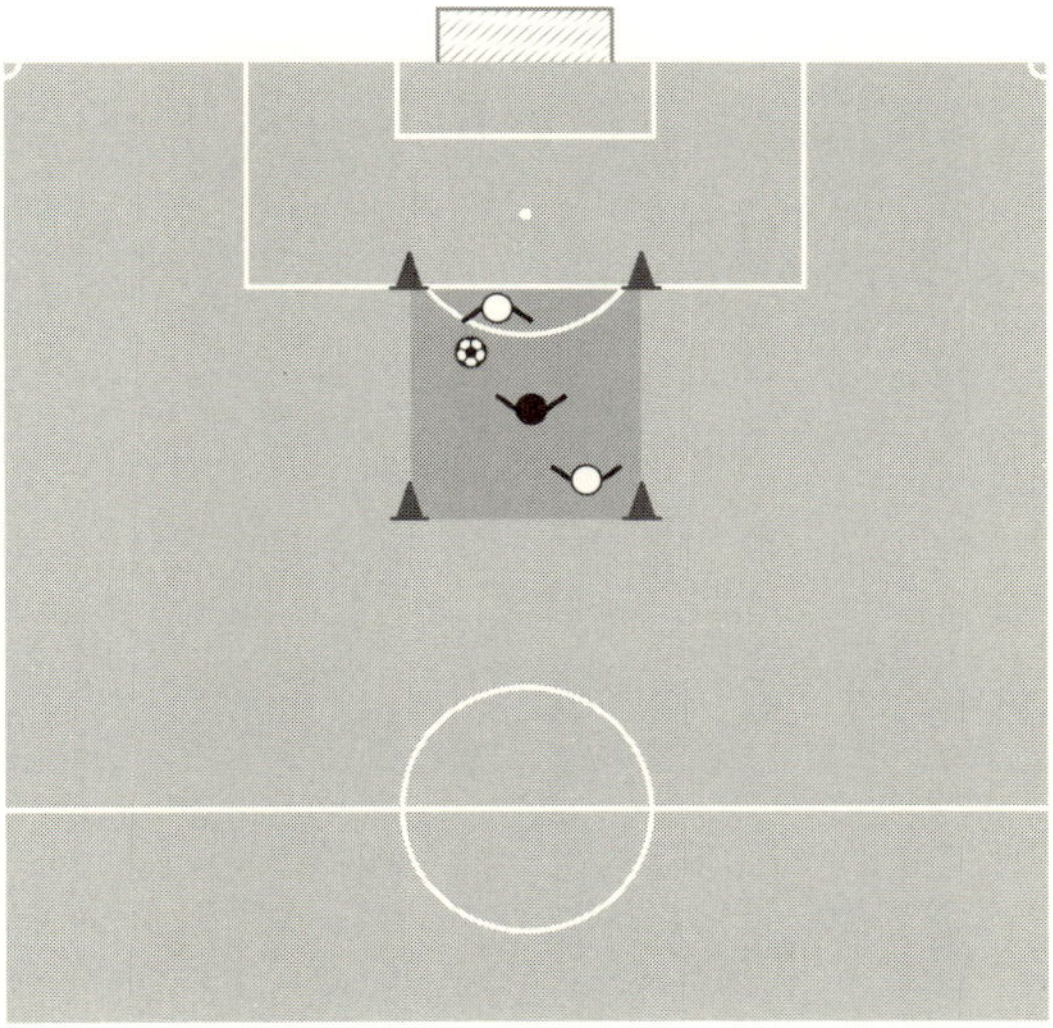

■グリッド内での2対1（攻撃が数的優位）の設定　エリア設定も試合のどの状況なのかも背景にないので戦術的意図が明確になりにくい。この設定では「幅をとる」、「サポートのパスコースを作る」などの戦術アクション、コントロール、パス、ボールをプロテクトするなどのテクニックアクションを発揮することにはなるが、それらの戦術／テクニックアクションが何のために発揮されるのかがわかりにくい。

図88 2対1の攻撃が数的優位の状況下のプレーでコンテクストがある設定①

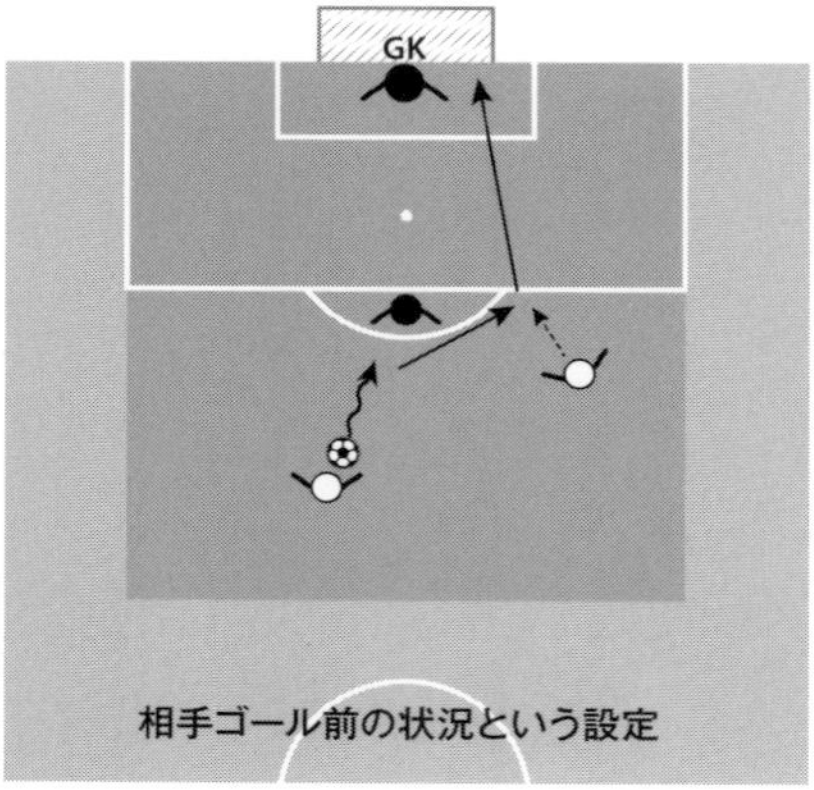
GK
相手ゴール前の状況という設定

■「相手ゴール前、ゾーン3」の「真ん中エリア」という状況が背景にある2対1（攻撃が数的優位）の設定

攻撃の2人は「フィニッシュ」がアクションの戦術意図となり、そのために幅と深さをとるポジションを取る、ドリブルで引きつける、シュートを打ちやすいコントロール・オリエンタード、というような戦術/テクニックアクションを駆使してプレーすることになる。バリエーションとしてはゾーン3では時間をかけて攻撃をすることはできない（コンテクストの一つ）があるので「○秒以内にフィニッシュを行わなければならない」というルールを加えて、より試合に近い状況下へと近づけることができる。

図89 2対1の攻撃が数的優位の状況下のプレーでコンテクストがある設定②

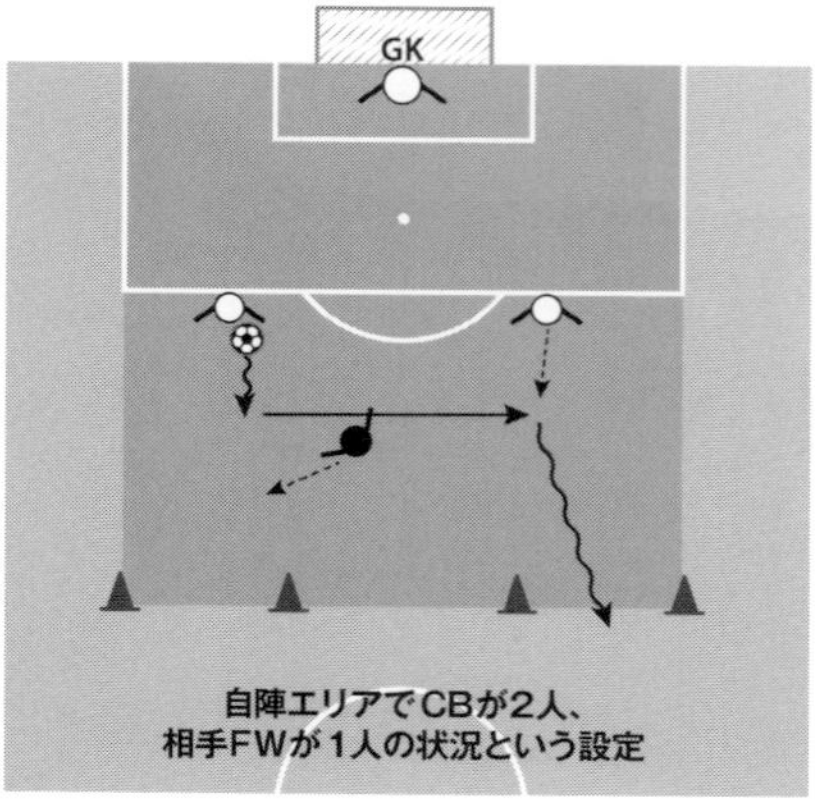
GK
自陣エリアでCBが2人、
相手FWが1人の状況という設定

■自陣エリアであるゾーン1の真ん中のエリアの状況下での2対1（攻撃が数的優位）の設定

攻撃の戦術意図は「ボール保持」と「前進」。幅を取る、ドリブルで相手を引きつける、パスで相手を越える、コントロール・オリエンタードで相手ラインを越える、などが挙げられるが、図88とはキーファクターが異なる。

図88と図89の2つの「2対1」は、状況が異なるため、テクニック／戦術アクションのキーファクターと選手に求められるプレーの基準も異なります。より試合に近い状況でプレーして必要な要素を学んでいますので、トレーニングの効果がより早く試合に現れます。

プレーモデルを含むチーム戦術と「5つの戦術意図」を考慮する

個人アクションとチーム／グループの戦術アクションとは切っても切り離すことのできない関係にあります。ここでは、その関係と仕組みをさらに深く見ていきます。

『サッカーの新しい教科書』、『サッカー 新しい守備の教科書』でも紹介してきましたが、プレー中にはボールをどちらのチームが保有しているかによって「攻撃」と「守備」の局面が存在し、さらに細かく分類すると4つのモーメントに整理することができます。

【攻撃】

- 守備から攻撃へのトランジション（切り替え）のモーメント（ボールを奪い、相手の守備が整っていない）
- 攻撃のモーメント（相手チームの選手が守備のポジションにつき、組織が整っている）

【守備】

●攻撃から守備へのトランジションのモーメント（ボールを失い、自チームの守備が整っていない）
●守備のモーメント（自チームの選手が守備のポジションにつき、組織が整っている）

これらの4つのモーメントにおいて、各プレーヤー、各グループ、各チームは攻守それぞれで「戦術的意図」となる5つずつの項目をベースにプレーします。

【攻撃の戦術的意図】

●引きつける／●相手の守備組織をかく乱する／●ボールを保持する／●前進する／●フィニッシュ

【守備の戦術的意図】

●ゴールを守る／●時間をかける／●攻撃を誘導する／●相手の前進を妨げる／●ボールを奪う

これらの戦術的意図は概念であり方法論とは異なります。**図90**にもある通り、チーム／グループ／個人の戦術アクションは、戦術的意図を達成するための要素になります。

図91にある例では、ライン間にスペースを作ることで「相手の守備組織をかく乱」すること、そのスペースを使う、加えて深さを取ってパスを受けるアクションによって戦術的意図である「前進」

図90　4つのモーメントにおける戦術的意図

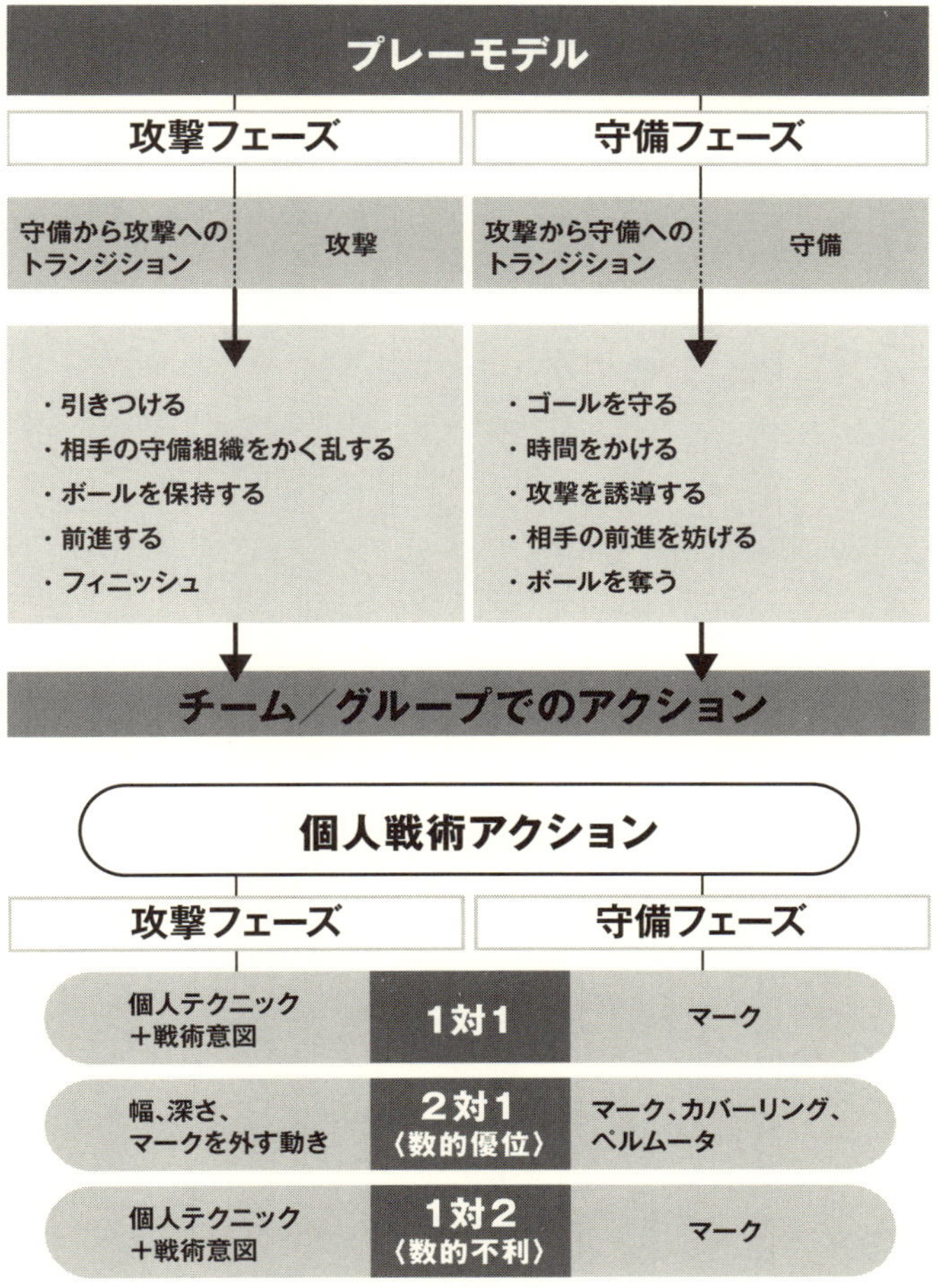

を達成しています　チームプレーであるサッカーというスポーツをこのような視点で理解することで、トレーニング計画を練る際にも「4つの局面のどのモーメントなのか？」からスタートすることができます。

続いて「そのモーメントにおいて戦術的意図は何か？」を設定し、その意図を達成するに当たってのチーム／グループ／個人の戦術アクションはそれぞれ何で、その中からどこにフォーカスを当て、コーチングするかを絞ることが可能になります。実際にトレーニング計画を練る場合には、ウォーミングアップから最後のメニューへ移行するにつれてプレーモデルを含むコンテクストがある状況が濃くなっていくはずです。

これまで日本のサッカーはコンテクストが含まれない状況下でのテクニックアクションによる反復で、世界でも稀に見るくらいボール扱いに長けた選手たちが育ってきました。これは紛れもなく日本サッカーにおける財産の1つで、国外のサッカー関係者も高い評価を下しています。日本サッカーがさらに飛躍するためには、そのハイレベルなボール扱いを試合における戦術的意図、プレーモデルの中で個人戦術とリンクさせて発揮できるよう仕向けていくことが必要となります。

戦術アクションの習得は、テクニックアクション習得の後に行うわけではありません。テクニックはあくまで戦術的意図を実現するための道具ですから、あるプレー状況下に選手を置い

図91　戦術的意図を達成するための例

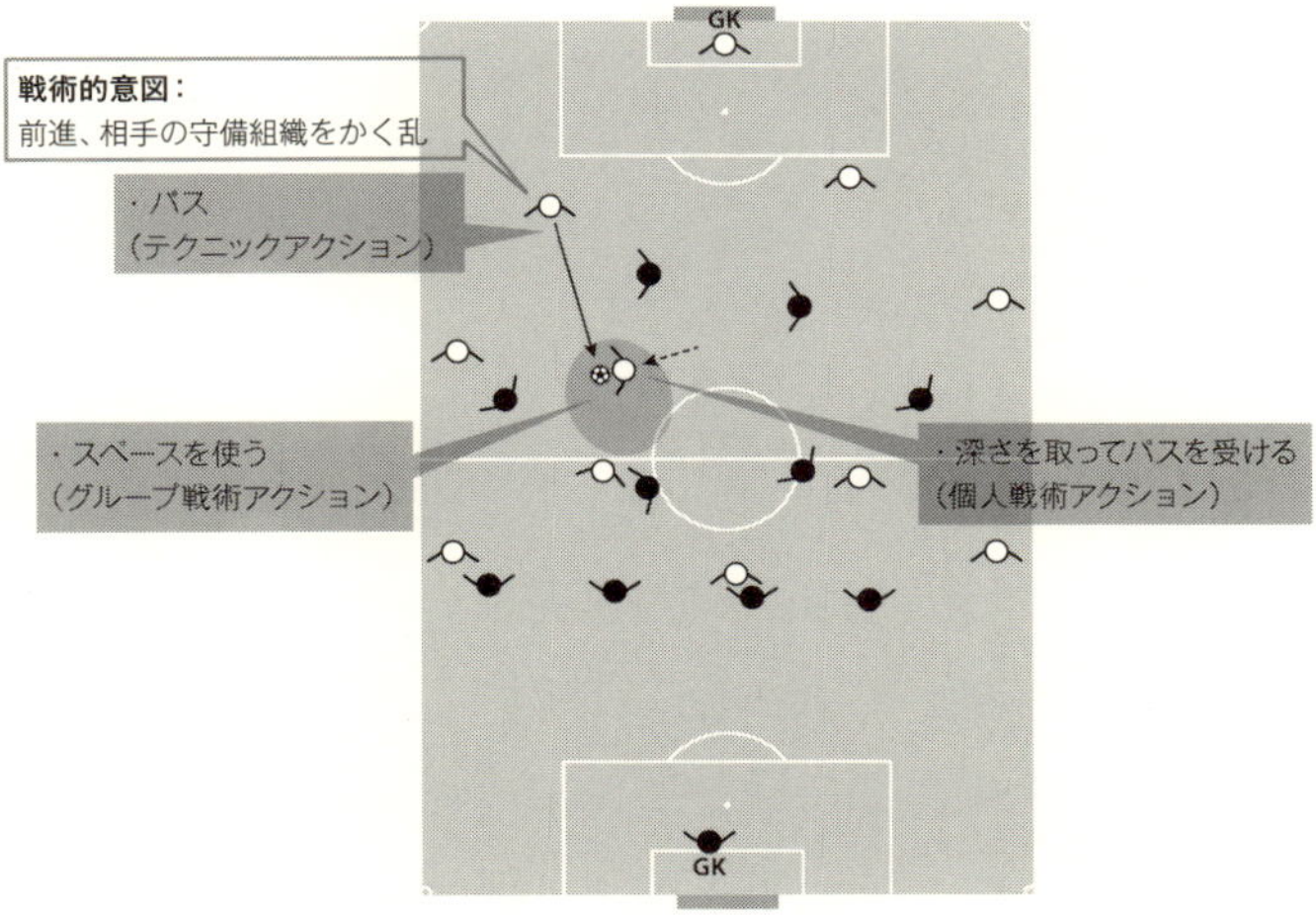

てあげさえすれば、自然とボールにタッチすることになり、テクニックは向上します。

テクニックや個人戦術を習得するにあたり、試合のどの状況（フェーズ／モーメント）で何の戦術的意図のためにそのアクションが必要なのか？　という考え方をすると、トレーニングでコンテクストが含まれるトレーニングが「試合に使えるテクニック」を効果的に習得するメソッドだということを理解してもらえると思います。

トレーニングを構築する際には、以下のことを考慮すると良いでしょう。

●戦術意図は何がテーマとなるのか？

●その際に必要なチーム・グループ・個人戦術アクションは何か？

●必要なキーファクターは何か（状況の解決策）？

この3つをしっかりと抑えておけば、集団・個人の戦術アクションを獲得するためのトレーニングの準備は「できている」と言っていいでしょう。

積極的にボールから遠いところを見るようにしよう

Chapter 2のテオリア（理論）の部分でも出てきましたが、チーム戦術をコーディネートするにあたり「ボールに関与する選手」と、「プレーに関与する選手」がいることは覚えていますか？

人間の視覚の特性上、どうしてもサッカーのプレー中は、ボールの周辺を見てしまいがちです。そうなると、パフォーマンスをチェックできる範囲はボールに関わる選手のみ、となってしまいチーム全体をコーディネートすることができません。

現代サッカーにおいては、ボールから遠い選手が結果を生み出すといっても過言ではなく、いいチームほどプレーに関わる選手であるボールから遠いところの選手までが正しいポジションを取り続けています。遠い選手が機能して初めてチームが生き物のように働くのです。

そのため、指導者はできるだけ遠いところを見るように心がけなければいけません。あまりプレーに入り込みすぎず、俯瞰してサッカーを見るような意識が必要です。その際、心の中に出てきてしまうのは、「選手のプレーの全てをコントロールしよう」という感情です。

私も昔はそうだったのですが、「選手のプレーを改善したい」と躍起になり、プレーに対して非常に近い距離感（物理的にも感情的にも）での指導をしています。そうなると、どうしても余裕がなくなってしまい、プレーを俯瞰して見ることができません。

遠いところが見えるようになると、チームのパフォーマンスが違って見えてきます。

ボールに関与する選手のミスが、実はプレーに関与する選手たちのポジショニングミスのせいで起こっている、ということにも気づくでしょう。せっかくサイドチェンジしたにも関わらず、逆サイドの選手のポジショニングが悪く、チャンスにならない場面でその原因に改めて気づくかもしれません。それでも「遠くを見るのが難しい」という方は、こんな方法を試してください。

1つは、誰かにお願いをして一緒に指導してもらい役割分担すること。スペインの「第二監督」ではありませんが、2人で「近く」と「遠く」を分けて見る役割を分担してみるのも良いでしょう。自分が遠くを見ても良いですし、その逆でも良いと思います。ちなみに、私は第二監督として意図的にボールから遠いところを見るようにしています。それはなぜかというと、監督は近い場所をよく観察し、プレーのインテンシティを求めるタイプだからです。ですので、私が俯瞰的に見る役を意図的に受け持っています。このようにして、組む指導者のタイプによっても見るポイントは変わってきます。

もう1つは、ビデオを使いゲームやトレーニングを撮影して、後にボールから遠い選手のパフォーマンスをチェックすることです。リアルタイムでは気づくことができないことも後から冷静に何度も見ることができるこの方法は様々な気づきを与えてくれると思います。最近ではスマートフォンやタブレットでも高画質の動画が撮れますから、三脚にセットして設置しておけば後は何も気にせず指導に集中することもできるはずです。

一日のセッションをフルで撮影できれば良いですが、それも大変でしょうからメインのメニューだけでもこのような方法でチェックすることがまずはスタートになると思います。

下の写真は私のチームのトレーニング分析用で使ったビデオのキャプチャーです。このくらいの範囲で撮影できればボールから遠い選手のポジショニングも確認することができるでしょう。

個人戦術を獲得するためのトレーニング

ここからは個人戦術を獲得するためのトレーニングを紹介していきます。日々のトレーニングで私が気をつけていることは、チームや選手にある「どの課題を向上させるためのトレーニングなのか？」です。パフォーマンス分析から問題があるシチュエーションを見抜き、その問題を解決するための策を練り、それをチームに落とし込みます。

その際に気をつけるべきことは、

●戦術意図の設定

●関係が深い戦術

●テクニックアクションの整理

●キーファクター（起こりうる問題に対する解決策）

を事前に持っておくことです。ここがしっかりと定まっていれば、ランダムコーチングにならずに的を絞って選手のパフォーマンスを改善できるコーチングができるようになるでしょう。

それでは、攻撃の個人戦術の「幅」、「深さ」、「マークを外す動き」の3つの要素をどのようにトレーニングするのかという例を紹介します。

ただし、気をつけて読んでほしいことが1つあります。

キーファクターを読むと「◯◯の時は△△をする」という表現になっていることに気づくと思います。私がスペインに来て現場の指導者のコーチングの内容を聞き取っていた時に気づいたことなのですが、スペイン人指導者は皆このような言い回しで指示を出していたのです。

要するに、あるシチュエーションにおいて1つの解決策を与える言い回しをしているのです。

このような伝え方を日本にいる時はしていませんでした。日本の周りの指導者を見ても、このタイプの伝え方をしている人はいなかったように思います。

どちらかというと、「今どうだった？」、「他にもっと良い選択肢はなかった？」という質問をして、「考えさせる」コーチングをしている指導者が大半でした。

スペインに来た当初はまだ日本式の指導方法が抜けなかった私にとって、スペイン人の「◯

○の時は△△をする(しなさい)」という伝え方は非常に新鮮だったと同時に、「これはわかりやすい」と関心しました。選手からすれば、「この状況下ではこうすれば良い」ということがはっきりとわかります。それが戦術的に機能するコーチングであれば、選手は納得してプレーしますので、指導者の指示をさらに聞くようになります。逆に指導者が求めることが戦術的におかしくて機能しない場合、選手からの信頼が薄れていくことも事実です。

そういう意味で、スペインは明確な司令(キーファクター)が出されて選手は一度それを呑みますが、同時にその指示が正しいかどうかをジャッジしています。要するに、選手も指導者を評価しているのです。それが日本では「今どうだった?」という発問形式なので明確な答え、指示は出ていません。選手が評価する対象はあくまで「自分のプレー」であり、指導者を評価することはありません。

この評価される環境こそがスペインから優秀な指導者が出てくる要因の1つです。10年近くスペインで指導現場に立ち、数多くの指導者を見てきましたが、評価を上げていく監督は育成年代で結果も出し、選手からの信頼を勝ち得ています。逆の場合は、指導するチームが与えられなくなり、現場から消えていくという厳しい世界でもあります。ですので、これ以降はキーファクターの言い回しにも注意を払って読み進めてください。

5対2のロンド（ボール回し）

戦術的意図 ボール保持、前進

オーガナイズ 10m（幅）×15m（深さ）

縦長のグリッドを設定し攻撃方向を与える。攻撃チームはボールを保持しながら後方から前にボールを前進する意図を持ってプレーする。5対2という設定ではあるが、その中に2対1があることを意識する。「ボール保持者と自分」という関係と、ボール保持者は「誰と2人でプレーしているのか」という関係性を常に考えてプレーすること。

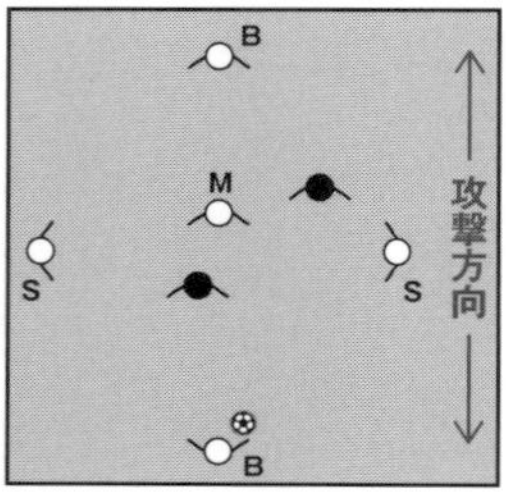

幅に関わるキーファクター

このトレーニングではプレーするポジションによって求められるキーファクターが異なる。ここではB（後方）、S（サイド）、M（真ん中）の3つに分けて整理していく。

Bのプレーヤー

このポジションは後方でプレーする選手にあたる。Sの選手を後方からサポートすることでボール保持の戦術的意図を機能させることになる。そこで大事になるのは、「寄るのか？」、「離れるのか？」という幅の調整をすること。

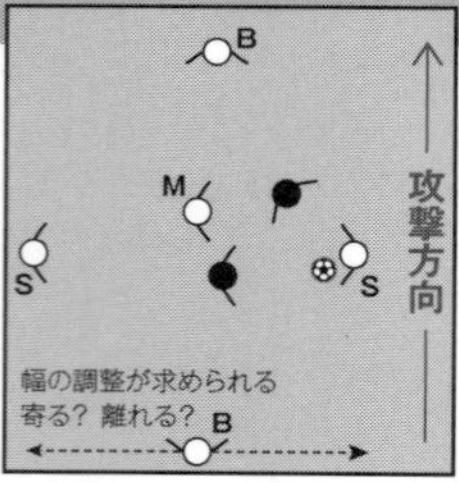

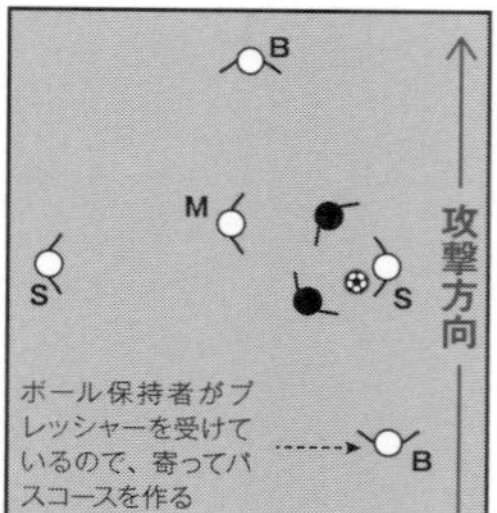

▲ボール保持者Sがプレッシャーを受けている場合、パスコースを作るために近寄る。この場合、前進よりもボール保持の戦術的意図を優先させる必要があるため、パスコースを作ることが優先となる。

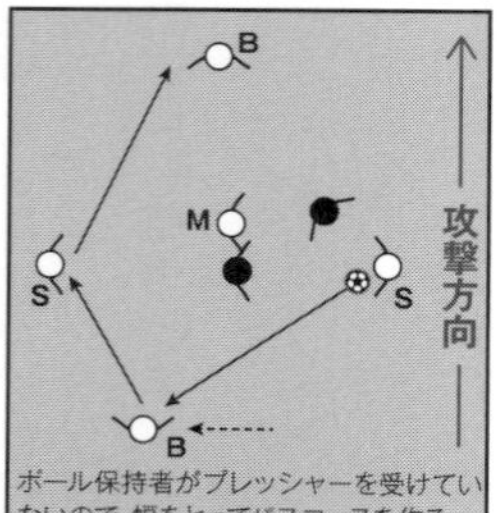
ボール保持者がプレッシャーを受けていないので、幅をとってパスコースを作る

▲ボール保持者Sがプレッシャーを受けていない場合、ボールから離れて幅を取る。守備者が2人をマークできないようにポジションをとることが効果的となる。こうすることでBはスペースでプレーする余裕ができ、サイドチェンジのパスコースも容易に確保することができる。

Sのプレーヤー

1 Sのポジションはグループの中でボール保持者との幅を最大限に取る役割を担っている。基本的にはサイド一杯まで開いたポジションで「幅」を形成することが重要。無闇にボールに寄って近づかない。寄ってしまうと幅が取れず、守備者が複数の攻撃者をマークしやすくなってしまう。幅を確保しながらBのボール保持の状況によって幅を維持しながらポジショニングの高さ（深さ）を調整する。

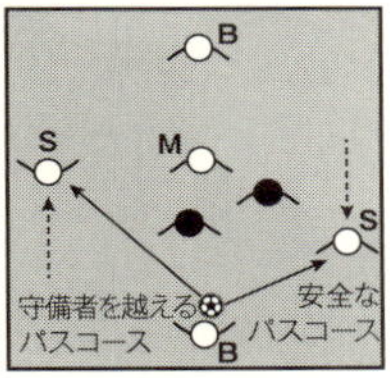
B
S
M
S
守備者を越える
パスコース
安全な
パスコース
B

▶ボールを保持するためのサポートをする場合、守備者にインターセプトされないような安全なパスコースを作れる高さにポジショニングを取る。また、ボールを前進させるためのサポートをする場合、守備者を越えるパスを受ける高さにポジションを取る。Bを経由してサイドチェンジする時などがこれにあたる。

---

2 守備者とボール保持者の状況によって、これらのポジションの調整をするようにする。理想はS同士がお互いに異なるサポートの種類を実行すること。そうすることで、グループとして「ボールを保持しながら前進できる可能性」を持った組織プレーが機能する。右の図の例は、Bと右のSとでボール保持のパス交換を行い、相手が寄ってきたら左サイドのSが高いポジショニングでボールをもらい、前進している流れである。

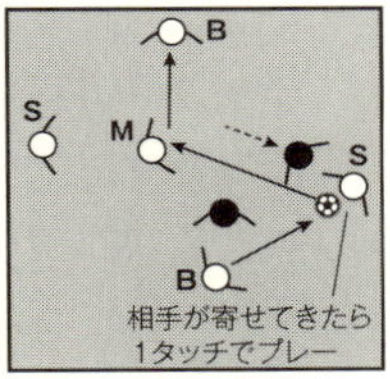
B
S
M
S
B
相手が寄せてきたら
1タッチでプレー

▶体の向きを作り、プレーの選択肢を減らさないようにする。気をつけるべきことは体の向きがBの方になりすぎてMが見えなくならないようにすること。ボールばかりに目がいってしまいがちだが、体の向きを開いてMや高い位置にいるBも認識できるようにする。相手のプレッシャーのかけ方によっては、1タッチでプレーすることが求められる。

幅を習得するためのトレーニング例

ゴール前の2対1

戦術的意図 フィニッシュ、相手を引き付ける

オーガナイズ ゴールエリア（幅）×30m（深さ）

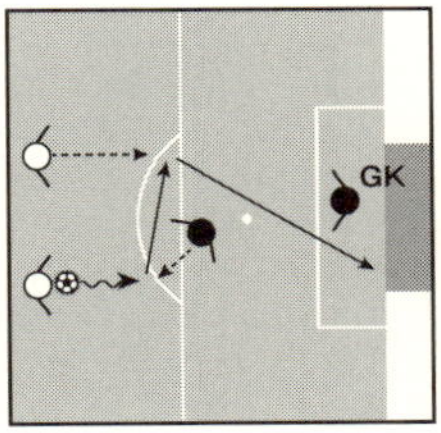
GK

ゴール前を想定した状況での2対1。幅を確保しながら相手ディフェンダーのプレーにどう対応するかが重要となる。この状況でディフェンダーは以下のようにプレーする可能性があり、その時に適したプレーはそれぞれ異なる。

1 ボール保持者へアプローチした場合
フリーな味方へパス

2 非ボール保持者をマークした場合
ドリブルでそのまま前進してシュート

3 中間ポジションを取って対応した場合
ドリブルでディフェンダーを引きつけてパス

GK
ディフェンダーが寄せて来ない場合はそのままドリブルで持ち込んでシュート

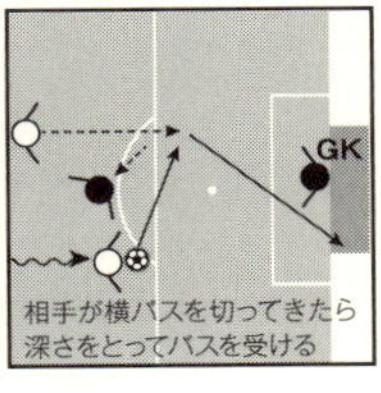
GK
相手が横パスを切ってきたら深さをとってパスを受ける

◀ボールを持たない選手は、相手のポジションによって足元で受けてからコントロールで相手を越えてシュートするか、ディフェンダーの背後へのパスを受けるためのポジションを取るかの判断が求められる（幅が取れた後の深さの調整）。

5対3のロンド（ボール回し）

戦術的意図 ボール保持、前進

オーガナイズ 12m（幅）×20m（深さ）

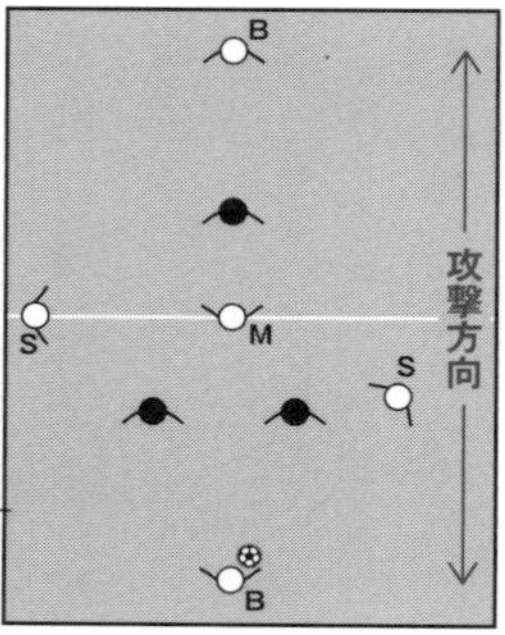

縦長のグリッドを設定し、2つのゾーンに分け、常に逆ゾーンにボールを送るという目的。また、ディフェンスは1つのゾーンに2人までしか入れないというルールを設ける。攻撃チームは常にボールを保持しながら、後方から前にボールを前進する意図を持ってプレーすること。5対3という設定ではあるが、その中に2対1があることを考慮する。「ボール保持者と自分」という関係と、ボール保持者は「誰と2人でプレーしているのか」という関係性を常に考えてプレーすること。

深さに関わるキーファクター

このトレーニングで深さの調節をしなければならない選手は、主にサイドと中央にいる選手。サイドの選手をS、中央の選手をMとして、それぞれに分けてキーファクターを整理していく（後方の選手はBとする）。

Sのプレーヤー

1 Sはボール保持者との深さの調整をしてグループとして前進するのか、ボール保持をするのかを判断する。常に前進の可能性を探らなければならないので、無闇にボールに寄らない、近づかない。寄ってしまうと深さが取れなくなり、守備者が1人で複数の攻撃者を同時にマークしやすくなってしまう。Bのボール保持の状況や守備者のポジショニングによってポジショニングの高さ（深さ）を調整する。

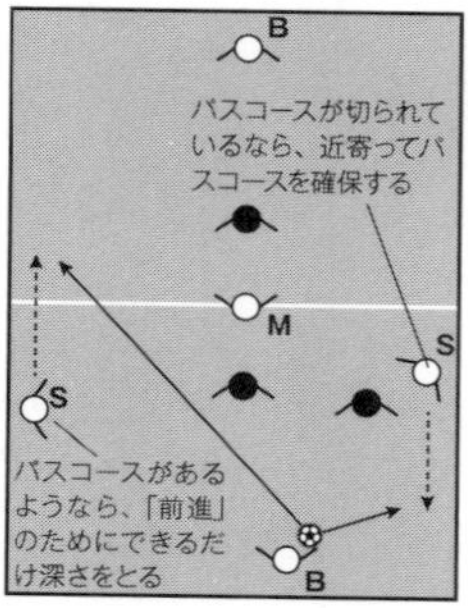

◀ボールを保持するためのサポートをする場合、守備者にインターセプトされないような安全なパスコースを作れる高さにポジショニングを取る。

▶ボールを前進させるためのサポートをする場合、守備者を越えるパスを受ける高さにポジションを取る。守備者がMへのパスを警戒して中に寄ったポジショニングを取る、あるいはBを経由してサイドチェンジする時などがこれにあたる。

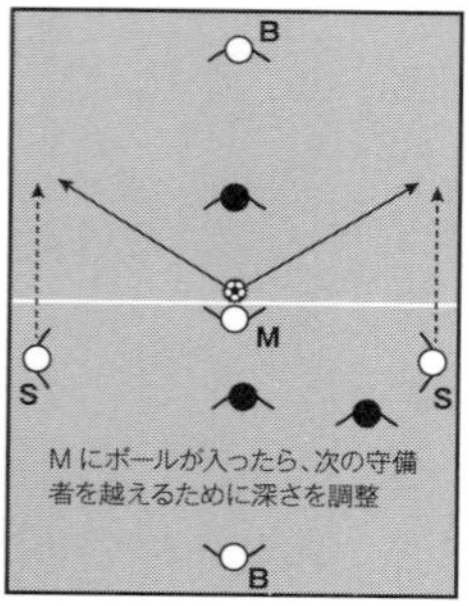

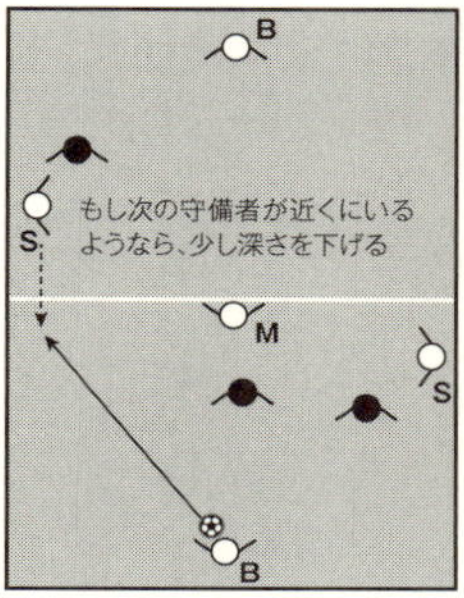
B
もし次の守備者が近くにいる
ようなら、少し深さを下げる
S
M
S
B

2 Sは守備者とボール保持者の状況によって、これらのポジションを調整する。理想はS同士がお互いに異なる深さを取ることで、グループとして「ボールを保持しながら前進できる可能性」を持った組織プレーが可能にする。ただし、前進の可能性を探る際に気をつけなければならないのが、次の守備者のポジショニング。遠くにいるようなら、前進するためのパスコースのある限り高い位置で深さを取るべきである。近くにいるようなら、ボールを受けてもすぐにプレスを受けてしまうので、反対サイドのBにパスを出せない可能性が高くなる。よって、最初の守備者を越えつつ、次の守備者のプレスも受けにくい高さにポジションを調整する必要がある。

Mのプレーヤー

Mはまず最適な深さを取ることによって「相手守備組織をかく乱」する役割を担う。Bのボール保持時に近寄ってしまうと、同ゾーンの守備者を引き連れてしまうので、Bがプレーするためのスペースを失う。守備者の背後にポジションを取ることで、守備者がボールとマークを同一視野に入れることを難しくさせる。この時、守備者がとる対応は以下のものとなる。

1 **中へのパスコースを切るポジションを取る**

2 **ボールとマークを同一視するために、ボールエリアの2人がプレスの位置を下げる**

1 **の場合**

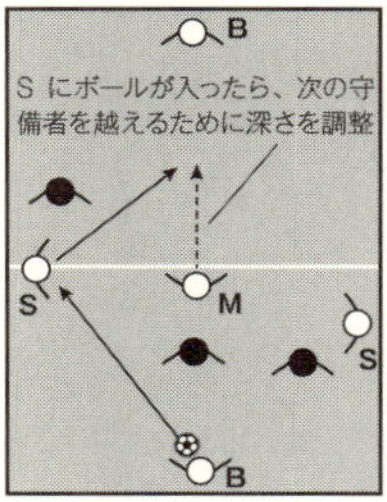
B
Sにボールが入ったら、次の守備者を越えるために深さを調整
S
M
S
B

◀Sへのパスが可能になる。よって、Sが最初のプレスを越えた瞬間、Mは次の守備者を越えるためのポジションに高さを調整する（3人目の動き）。

2 **の場合**

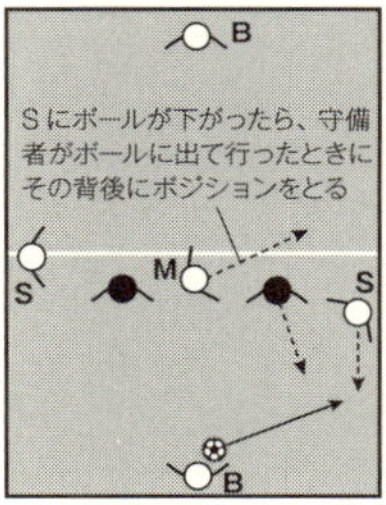
B
Sにボールが下がったら、守備者がボールに出て行ったときにその背後にポジションをとる
S
M
S
B

◀Sと協力して深さの調節をすることで「相手を引きつける」必要がある。もし1人のSが下がれば、相手がボールに出て行った瞬間にその守備者の背後にポジションを取る。

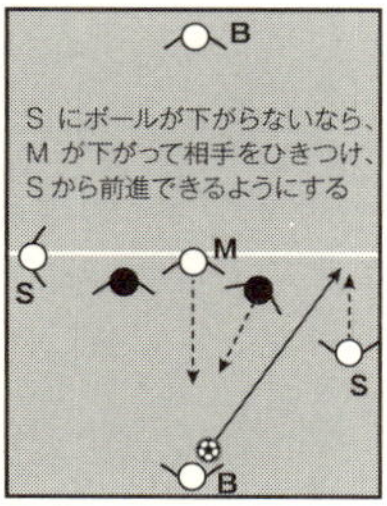
B
Sにボールが下がらないなら、Mが下がって相手をひきつけ、Sから前進できるようにする
S
M
S
B

▶もしSが下がらないなら、Mが下がって「相手を引きつける」ことで、Sから前進する可能性を探る。

2対2+2フリーマンのボールポゼッション

戦術的意図 前進、相手を引き付ける

オーガナイズ 15(幅)×20m(深さ)

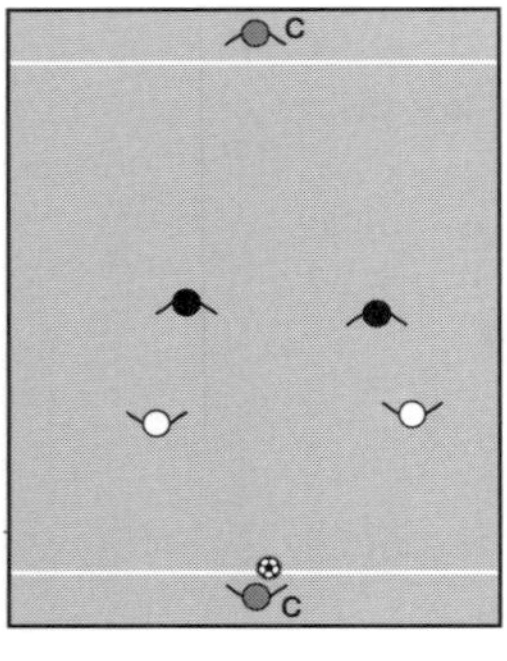
C
C

攻撃側は一方のフリーマンから反対側のフリーマンへボールを送ることを目的とする。フリーマンはボール保持時、もし攻撃者にパスが出せないようならドリブルで中のゾーンに入っても可。フリーマンが外のエリアにいる場合、フリーマン同士のパスは禁止。ドリブルで中に入ったらフリーマンも反対側のフリーマンにパスができる。守備者はゾーンの外でボール保持時のフリーマンにはプレスに行くことはできない。この練習では中でプレーする攻撃者が深さの調節をしなければいけない。大事なことは、ボールの状況によってポジションを変えること。フリーマンがゾーンの外でボール保持している時、そこから距離を取り、守備者の背後にポジションを取ることが求められる。なぜなら、この時ボールに近寄ってしまうと、守備者はマークとボールを同一視しやすくなり、両方を同時に守ることが可能になってしまうから。近寄ってしまうと守備者を引き連れてしまうことになるので、「相手守備組織のかく乱」が実行できず、ボール保持者はスペースを失ってしまう。

深さを取るためのキーファクター

一度深さを取ることができたらフリーマンは前へのパス、もしくはドリブルで前進という選択肢を持つことになる。その際、守備者がとる対応は以下のものが考えられます。

1 マークについていく

2 ドリブルで前進してくるフリーマンにプレスに行く

1 の場合

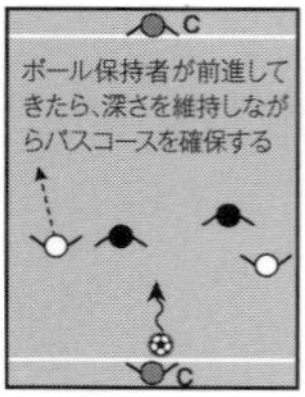
C
ボール保持者が前進してきたら、深さを維持しながらパスコースを確保する
C

▲フリーマンは「相手を引きつける」ためにドリブルを選択。この時のキーファクターとしては【中の攻撃者は「前進」するためのパスの選択肢を与え続けるために深さを維持しながら、斜めのパスコースを作り直す】となる。

2 の場合

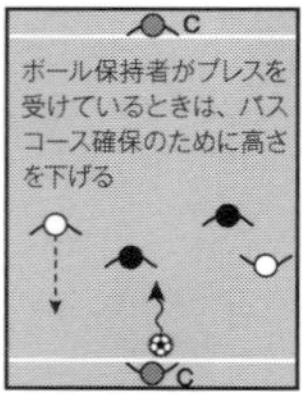
C
ボール保持者がプレスを受けているときは、パスコース確保のために高さを下げる
C

▲キーファクターとしては【ボール保持者がプレスを受けている時には近寄ってパスコースを確保する】となる。なぜなら、前へのパスが難しくなるからである。

「ボールに近寄るマークを外す動き」を習得するためのトレーニング例

ゴール前での2対1

戦術的意図 前進

オーガナイズ 20m(幅)×25m(深さ)

縦長のグリッドを設定し2つのゾーンに分け、GKからゾーン1の攻撃者にパスをしてスタート。攻撃者2人はゴールを目指し、守備者はボール奪取を目指す。プレー開始はゾーン1の選手からゾーン2の攻撃者へパスを必ず行ってからスタートとなる。ゾーン2でパスを受ける選手はどこでパスをもらっても良い(ゾーン1でも2でもらっても良い)。

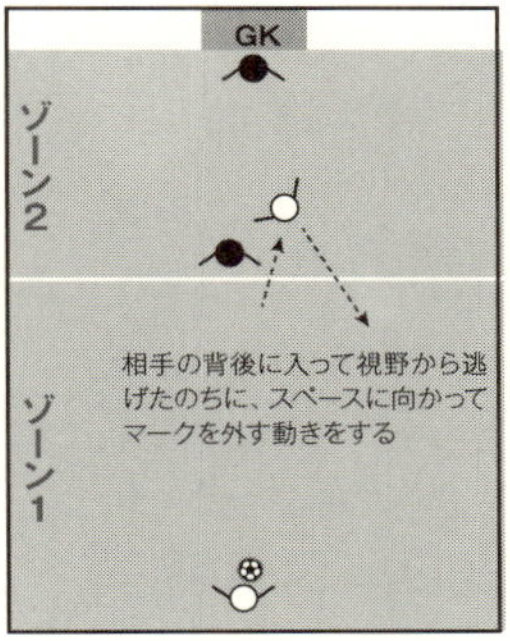
GK
ゾーン2
ゾーン1
相手の背後に入って視野から逃げたのちに、スペースに向かってマークを外す動きをする

マークを外す動きに関わるキーファクター

1 味方がボールをコントロールするまでは相手の背後のポジション優位の立ち位置を取る(図のようなポジショニング)

こうすることで守備者はボールとマークを同時に見ることができなくなる。通常、守備者はボールからは目を離すことができない。よって背後にポジションを取ればマークがいつどの方向に動き出すのか把握できなくなる。

2 守備者がボールに視野を向け、自分から目を離した瞬間に動き出す

マークを外す動きの中の一番のポイントであるタイミングの設定。この場合は守備者が自分についてくることをより困難にするため、ボール保持者よりも守備者の状況を見ていつ動き出すのか判断する。

3 スピードの変化をつける

実際にマークを外す動きをするまでは、あまり動かずにポジションを取っておくという意識を持つ方が望ましい。なぜなら自分の視野から外れたものが突然速く動き出した方が、守備者がマークについていくことが困難になるから。加えて、ボール保持者から見ても味方が「どこでボールを欲しがっているのか」がわかりやすい。

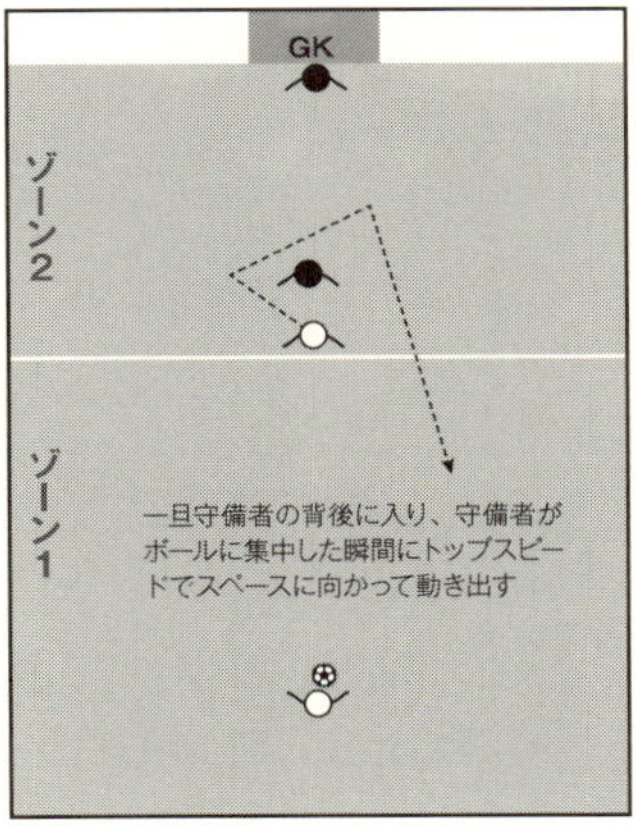
GK
ゾーン2
ゾーン1
一旦守備者の背後に入り、守備者がボールに集中した瞬間にトップスピードでスペースに向かって動き出す

4対4のミニゲーム

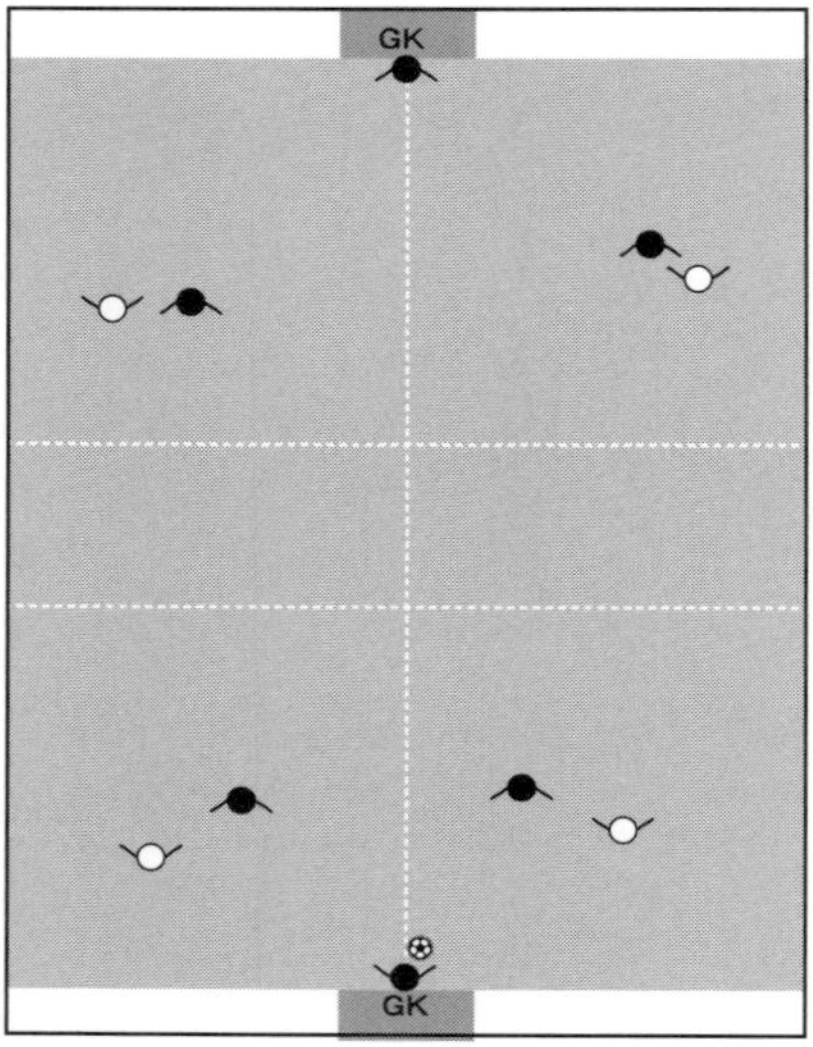

戦術的意図 ボール保持、前進、相手を引き付ける

オーガナイズ 30(幅)×40m(深さ)

ゲーム形式で得点を競う。ボールが外に出た時やゴールの後は必ず相手チームのGKからプレーを再開させる。コートは6つのゾーンに分けられており、プレー再開の時は全選手必ず図のように各自のゾーンに位置する。後方のゾーンでプレーする選手は、前方に出て行くことはできない。

マークを外す動きに関わるキーファクター

1 自チームのボールになれば、ボールよりも前に位置する選手たちは相手の視野から外れた位置にポジションを取る

自チームのボールになった際は、味方が前にパスできる状態になるまで 守備者の背後にポジションを取ることで、深さを保つことができ、かつ守備者はボールと自分を同一視することができなくなる。

2 ボール保持者が前に顔を上げた瞬間にスペースに向かって動き出す

ここでもボール保持者と動き出しのタイミングを合わせることが重要。今回はボール保持者の状況次第ではパスが不可能な場合もある。よって非ボール保持者はボール保持者の状況(顔が上がっているか否か)を見て動き出すタイミングを判断しなければならない。なお、この時の戦術意図は「前進」になる。

3 もしパスが来なかったら、もう一度深さを取る

適切なタイミングで動き出したとしても、パスが来ないことはある。そのときそこで足を止めてしまっては、守備者はボールとマークを同一視できてしまう上に、ボール保持者周辺のスペースもなくなってしまう。よって、もしパスが来なかったら、もう一度相手の背後に入り込んで深さを取る。もし可能なら背後でパスを受けるようにする。

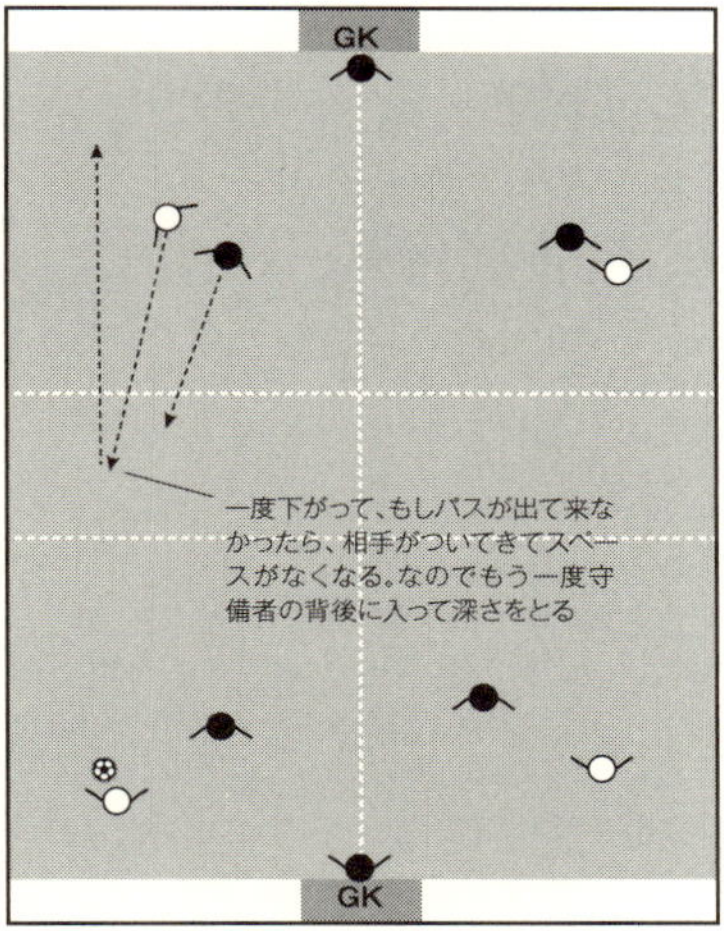
GK
一度下がって、もしパスが出て来なかったら、相手がついてきてスペースがなくなる。なのでもう一度守備者の背後に入って深さをとる
GK

4 ボール保持者が強いプレスを受けている時には、すぐに動いてパスコースを作る

ボール保持者が強いプレスを受けている時はすぐにサポートに入らなければ、自チームがボールを失ってしまう。この時「ボール保持」の戦術意図の下、すぐにボールに近寄るマークを外す動きを行わなければならない。

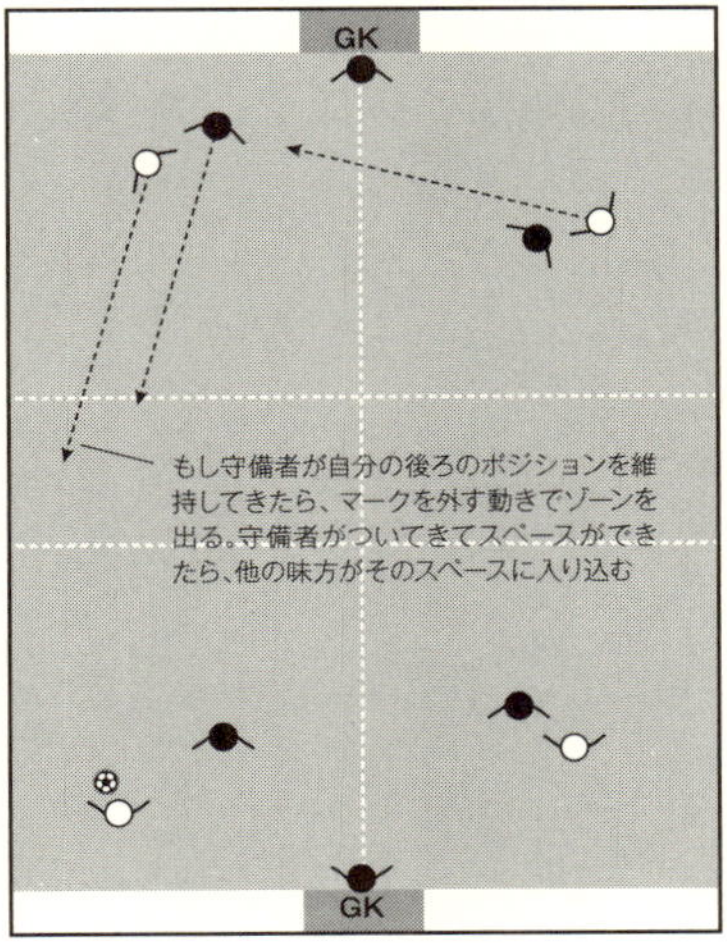
GK
もし守備者が自分の後ろのポジションを維持してきたら、マークを外す動きでゾーンを出る。守備者がついてきてスペースができたら、他の味方がそのスペースに入り込む
GK

5 守備者が自分の後ろにいて、ボールと自分を同一視できるポジションを維持してきたら、自分のゾーンを出るようにマークを外す動きをする

守備者の背後にポジションを取った際、相手がポジションを修正してボールとマークの同一視ができるようにすることがある。その場合「相手を引きつける」という戦術意図の元、自分のゾーンから出るようにマークを外す動きを行う。それによって相手が動きについて来れば「スペースを作る」ことができ、他の味方が空けた「スペースを使う」というグループ戦術が可能になる。

「相手の背後に抜けるマークを外す動き」を習得するためのトレーニング例

ゾーンゴールの1＋1パサー対1

戦術的意図 前進

オーガナイズ 20m（幅）×30m（深さ）

縦長のグリッドを設定し2つのゾーンに分け、守備者が攻撃チームのパサーの選手にパスをして開始する。攻撃チームは選手Aがパスを受けてゴールを目指す。守備者はボールを奪い、2つのうちどちらかのミニゴールへのシュートを目指す。ゾーン1内ではオフサイドはないが、ゾーン2内ではオフサイドあり。

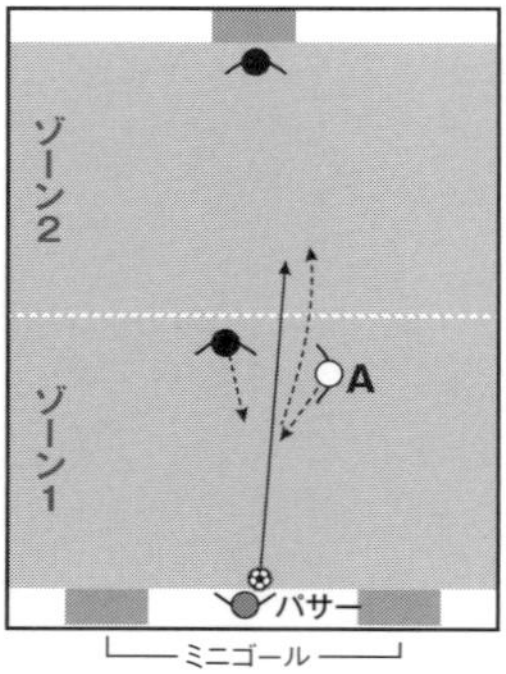

「相手の背後に抜けるマークを外す動き」に関するキーファクター

この練習では選手Aが、ゾーン2でパスを受けるためにマークを外す動きを試みて攻撃を行う。

1 味方がボールを受けるまでは守備者の視界から逃げるため、守備者の横に離れる

この時に相手よりも前に出ているとオフサイドになる可能性が高くなる。それを避けるために、守備者よりも1歩低い位置で横に離れることで、オフサイドを避けると同時に守備者がボールとマークを同一視することができなくなるようにする。

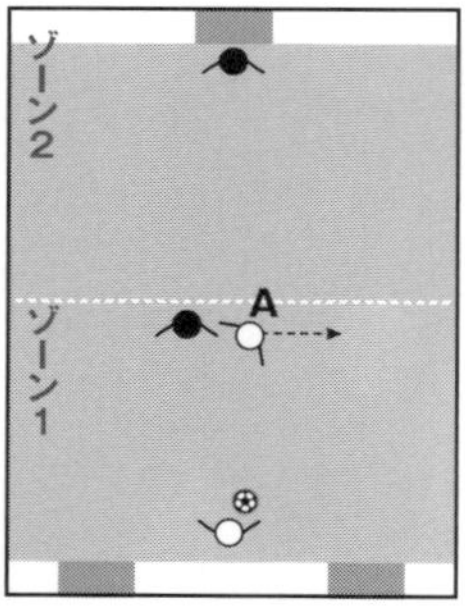

2 守備者が自分から目を離して、ボールに目を向けた時に動き出す

ボール保持者とタイミングを合わせる際に、ここでは守備者の意識を基準にする。裏に抜ける前に守備者から離れようとすれば、守備者もそれについて来る。その際、守備者はマークの動きに意識を向けているが、守備者は基本的に常にボールから目を離すことができないため、ボールに意識が集中する瞬間が必ずある。守備者がマークを視界に入れている状況で「マークを外す動き」を行っても、守備者がマークについていくことができるのでパスを受けることは難しい。そこで守備者がマークへの警戒を失って、ボールに意識が向いた瞬間に動き出す。そのためには常に守備者の目を見て動く必要がある。またボール保持者もいつでもパスを出せる状態にしておく。

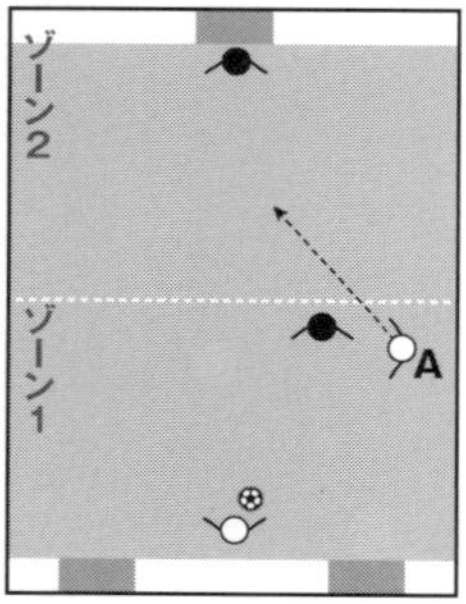

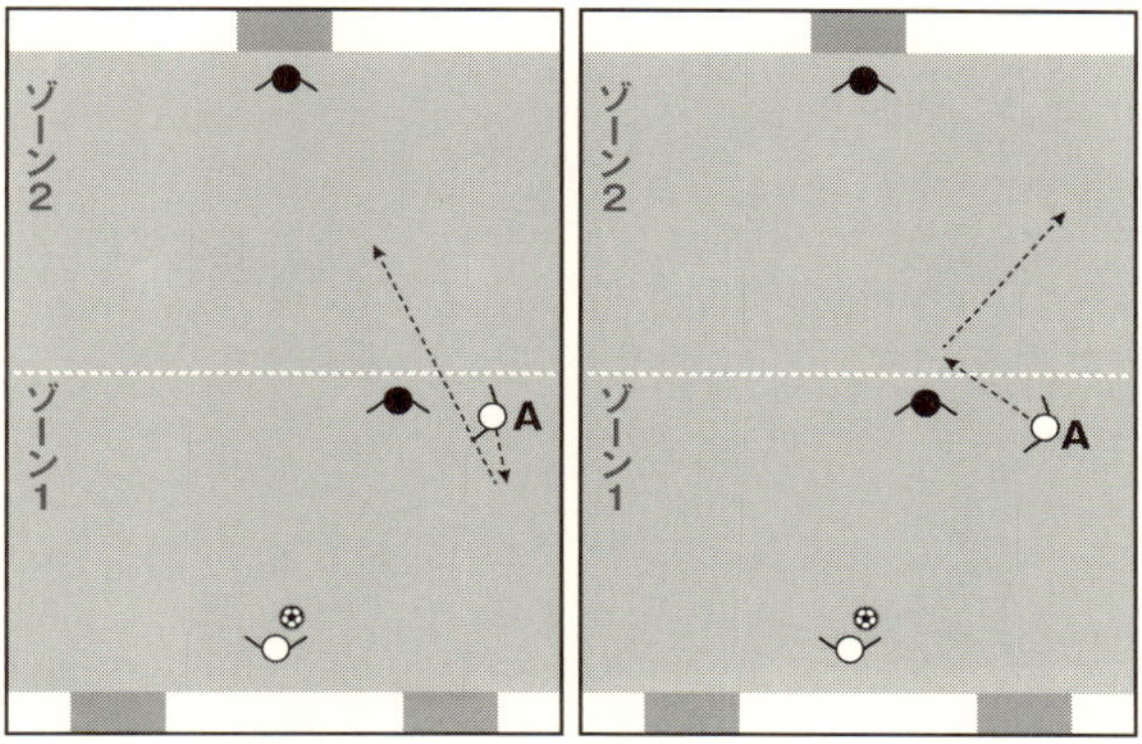

3 フェイントを入れてから裏に抜ける

味方がボールを受けるまでは守備者の視界から逃げるため、守備者の横に離れる。この時に相手よりも前に出ているとオフサイドになる可能性が高くなる。それを避けるために、守備者よりも1歩低い位置で横に離れることで、オフサイドを避けると同時に守備者はボールとマークを同一視することができなくなるようにする。

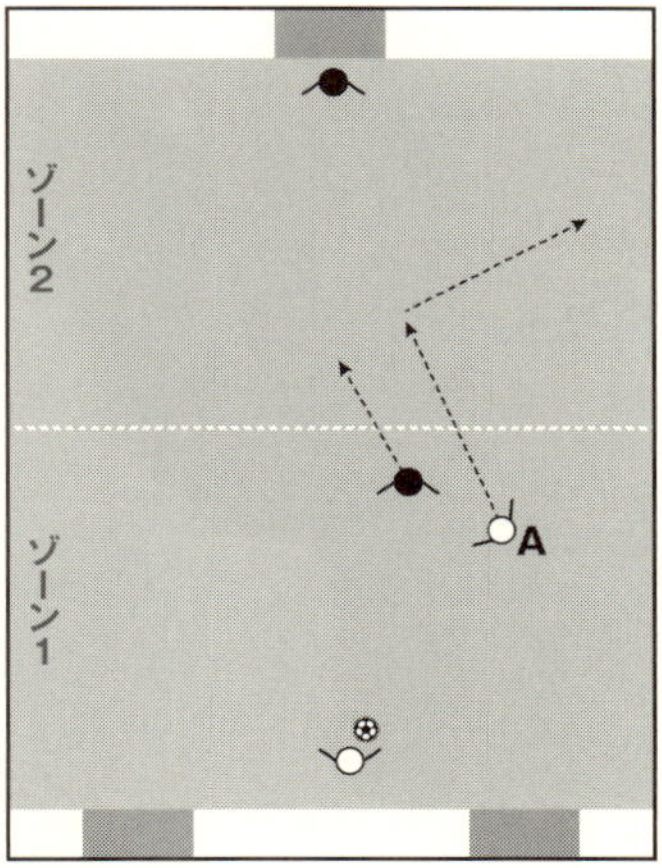

4 もし守備者がついてきてパスを受けられない時は、「マークを外す動き」を続ける

それでも守備者が「マークを外す動き」についてくることはある。しかしそこで足を止めてはならず、続けてパスを受けるように動き続けなければならない。ただしこの時、再度方向チェンジを入れなければ守備者のマークを外すことは難しい。

4対3+GK

戦術的意図 フィニッシュ、前進、相手を引きつける

オーガナイズ 25(幅)×40m(深さ)

ゾーンを3つに分け、始まる際には図のように位置する。攻撃チームは大きいゴールに向かって攻め、守備チームはボールを奪い、2つ設置されたミニゴールに向かって攻める。ゾーン3ではオフサイドあり。

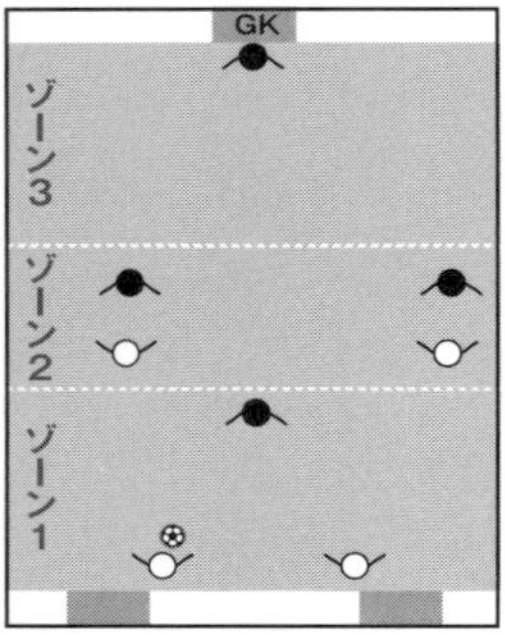

「背後に抜けるマークを外す動き」に関するキーファクター

この練習ではゾーン2にいる攻撃の選手が「マークを外す動き」を行って攻撃を有利に進める。

1 ゾーン1の選手がボールを前に向かってコントロールするまでは守備者の死角に入る

この時にあまり動き回りすぎると、ボール保持者もいつパスを出すべきなのか見分けにくく、両者のタイミングを合わせることが難しくなる。よって、動き出すタイミングが来るまではあまり動かず、守備者の死角でじっとして入るほうがいい。

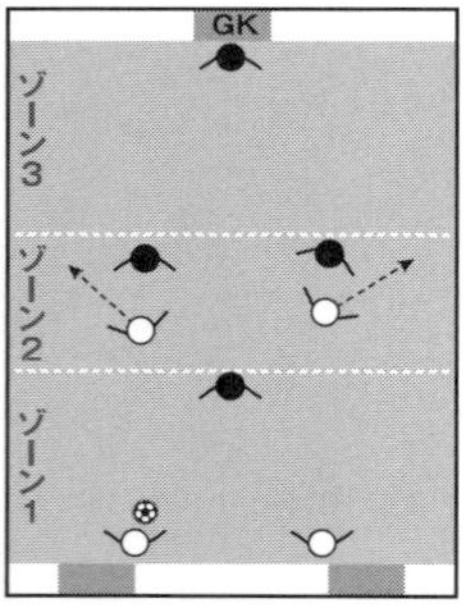

2 ゾーン1の味方が前に向かってボールをコントロールまたはドリブルをした瞬間に動き出す

ボール保持者とタイミングを合わせる際に、ボール保持者の状況を基準にする。ボール保持者がボールを持っていても、ディフェンスのプレスを受けていたり、前を向くことができていなかったら裏へのパスは出すことができない。よってフリーで前に向かってコントロールをした瞬間、もしくは前に向かってドリブルした瞬間にゾーン2の選手は裏に抜け出すなどの基準を設定する。それによってゾーン2の守備者はマークについていくべきか、ボールに向かってプレスに行くべきか迷うことになる。もちろんこの時、フェイントを事前に入れた方が良い。

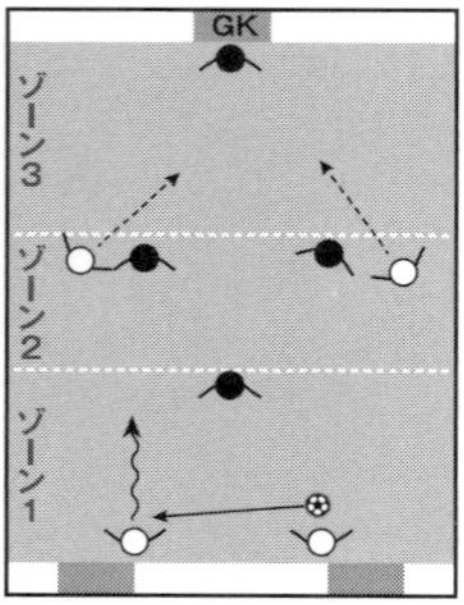

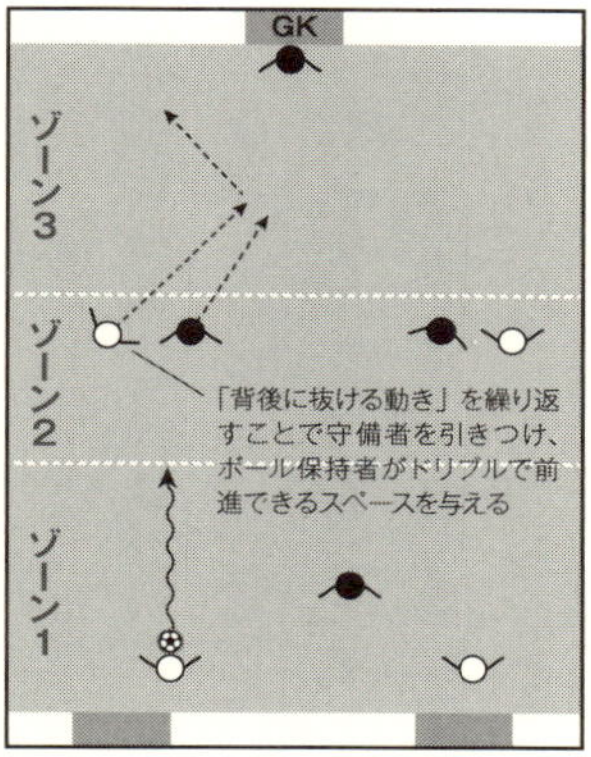

3 もし守備者がマークについて来たら、「マークを外す動き」を続ける

ただし、この時選手にかける言葉は「足を止めるな」ではなく、具体的にどのように動き続けなければならないのかを指導する必要がある。この時、もしボール保持者がドリブルで前進して来ているならば、「フィニッシュ」という戦術意図の元、もう一度「相手の背後に抜ける動き」を繰り返す。

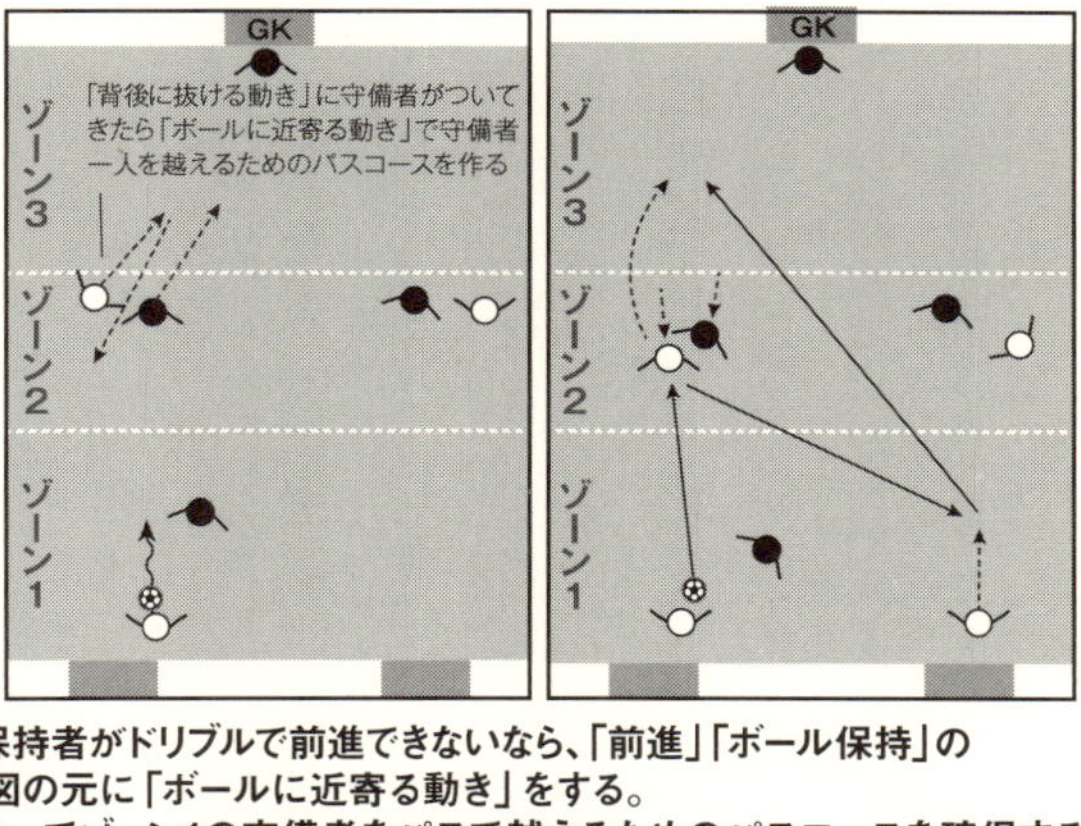

4 ボール保持者がドリブルで前進できないなら、「前進」「ボール保持」の戦術意図の元に「ボールに近寄る動き」をする。それによってゾーン1の守備者をパスで越えるためのパスコースを確保する

下がってパスを受けたあとは、もしターンできるなら前を向いて1対1を仕掛ける。もし前を向けないならばワンタッチで後ろの選手にパスをして、すぐにもう一度「背後に抜けるマークを外す動き」を繰り返す。ボールを受けた後も、今度はゾーン2の守備者を越えて前進することが必要となるのでスペースがあるならターンして1対1で前進してフィニッシュすることも可能。もしスペースがなく前を向くことができないのなら、一度ボールを味方にパスして、もう一度守備者の背後でパスを受けるようにマークを外す動きをすることが求められる。

おわりに

最後までお読み頂きありがとうございました。

執筆をしている最中に、日本代表の監督が突如交代するという「事件」が起きました。少なくとも私にとっては「事件」と呼べる監督交代で、ロシアW杯2ヶ月前の時期に「コミュニケーション」を理由に代表監督が交代する事態はサッカー先進国では起こることはなかなか無いでしょう。監督交代の是非は今後何度も議論されていくでしょうし、W杯での日本代表の結果によってその評価は変わります。

チームスポーツという特性上、監督が交代することによってチームの雰囲気が改善し、パフォーマンスが良くなることはあります。監督が求めるサッカーはそれぞれ異なり、そこに正解はありません。W杯で上を目指すという目的に対して、現時点で今回の事件（監督交代）が正しいのかどうかは私にはわかりません。ただし、私が非常に残念なのはこのような事件が「起きてしまった」という事実です。それによって、今の日本サッカー界は明らかに揺らいでいます。

ロシアW杯で日本は改めて世界のサッカー地図におけるポジション、現在地を見せつけられることになると思いますが、世界のサッカーの進化は本当に速いということをスペインにいて痛感する毎日です。

2年前の前作『サッカー 新しい守備の教科書』にも記載しましたが、ヨーロッパのサッカーでは分析の質が高まり、知り合いの分析システム関係者によれば「サッカーの進化のスピードは5倍になった」と言っています。前作から2年が経過しましたが、DAZNマネーが入ってきているJリーグ、特にJ1トップクラブにおいても、欧州で今や当たり前になっている分析システムを「導入している」、「活用して進化のスピードを早めている」といった声、試みは聞こえてきません。

私が知らないだけで、そうした分析システムを駆使してスピーディーにサッカーを進化させているJクラブがあるのかもしれませんが、もし2年前と同じような状況だとすれば、すでにこの2年でヨーロッパ（世界）トップレベルとの差が「5倍に広がった」という見方もできます。

実際、日本のFIFAランクを見ていると、順位をどんどん落としています。5月17日発表（原稿執筆時点）での日本の順位は「60位」で、もはやアジアの中でも優位性を保てていません。

私にとっての日本サッカーは、明らかな「停滞期」に入っています。日本が進歩しているのは間違いないのですが、その歩み比べて世界、欧州最先端のクラブや代表は何倍ものリーチで前に進んでいますので結果として「停滞」か、あるいは「後退」しているのです。

幸い、私は世界サッカー強国の1つであるスペインで、その進化の様子をリアルな情報に囲まれながら見て、学ぶことができる環境にあります。そうした私にできることは、こうした書籍執筆というアクションを通して、日本サッカーに警鐘を鳴らし、結果として背中を押して進化、進歩に貢献することだと考えています。もちろん、本書はその内容から指導者をメインの読者層として設定していますが、まえがきにも書いた通り幅広い人に届き、本書がきっかけで皆さんの指導やサッカー理解に何らかの変化があることを願っています。

スペインと比較した時、日本はまだまだ国民のサッカーIQ、サッカーリテラシーで向上の余地があります。スペインでは、バル(カフェ、居酒屋)でビールを飲みながらサッカーを見ているおじさんのサッカーIQが予想外に高いことは日本でも周知の事実かと思います。

サッカーの歴史と文化が100年以上あるスペイン(欧州)と一概に比較することはフェアではありませんが、今のままではどんどんスペインをはじめとするサッカー先進国に引き離されてしまいますので差を縮めるためにもまずはサッカー情報の質の向上が欠かせません。

また、日本サッカー界として今考えなくてはならないのは、「指導者の育成」だと思います。本書にあるような内容、サッカー(攻撃)の理論を指導者学校できちんと扱い、指導者が理解して現場に立つことが最低限の条件です。インターネットやSNSのインフラ化によってこれだけ情報が氾濫する時代ですので、私たちはいくらでも欲しい情報を手に入れることができるようになっています。インターネットでは、プロチームのトレーニング映像を観ることができますし、本屋に行けばサッカー先進国で活用されている練習メニューが載っている書籍が所狭しと並んでいます。しかし、スペインの育成年代における実際の現場で、ロッカールームの中で、何が起きているのかは実際にこちらに足を踏み入れないとわからない、伝わりません。

スペインではどの年代の選手でも、年間30試合を超えるリーグ戦を戦います。育成年代の指導者であっても、プロさながらのチームマネジメントの能力を求められますし、それがなければ小学生年代のチームであっても満足なシーズンを送れず途中解任という憂き目にあうことがあります。シーズンを通してチームを指揮、指導する経験を積まなければ、監督としての戦術眼や統率力が育ちません。

10年間、スペインで過ごした今私が思うことは、「日本を飛び出して良かった」、「スペインに来て良かった」ということです。そして、私がスペインで経験したような「指導者学校でサッカーを学術として学び、現場で戦う経験を積む」という指導者が成長するための道のりを次世代に続く後輩のために整備する目的の元にプレサッカーチームという組織を立ち上げ、バルセロナでサッカー指導者を養成するアカデミーを創設しました。

これまで20名を超える卒業生が出てきていますが、彼らも本書にあるようなスペインサッカーの理論を指導者学校で叩き込まれ、リーグ戦を戦う環境に揉まれてアカデミーを巣立って行っています。10年前と比べると、海外に行くという行為のハードルはかなり下がっています。

だからこそ、これからの時代、これからの日本サッカーを担う若者には積極的に海外に出て勉強して欲しいと考えています。日本の外に出て、異なるサッカーに触れることで必ず何かを感じることになりますから行先は、スペインでもドイツでも、アジアでも、どこでもいいのです。

様々なものを日本式の見方だけでなく、あなた独自の視点で情報を選択して自分のサッカー感を作り上げることを望みます。まさに皆さんがそれぞれ独自の「サッカーの教科書」を作っていただき、本書がその助けになれば幸いです。

最後になりましたが、私の稚拙な文章力・構成力をサポートしていただいた小澤一郎さん、スケジュールがずれ込んだ中でものパシエンシア（忍耐）を持ってご対応いただいたカンゼン様、特に編集担当の吉村洋人さんに改めて多大なる御礼申し上げます。

そして、本書に最後までお付き合いいただいた皆さまにグラシアス（ありがとう）を送らせていただきたいと思います。この書籍がきっかけでどこかで皆さんとお会いし、お話ができることを楽しみにしています！

Muchas gracias y hasta luego!!

２０１８年５月吉日　坪井健太郎

[著者]

坪井 健太郎

Kentaro Tsuboi

1982年、静岡県生まれ。静岡学園卒業後、指導者の道へ進む。安芸FCや清水エスパルスの普及部で指導経験を積み、2008年にスペインへ渡る。バルセロナのCEエウロパやUEコルネジャで育成年代のカテゴリーでコーチを務め、現在はCEエウロパユースの第二監督を務める。2012年にはPreSoccerTeam, SLを創設し、代表としてグローバルなサッカー指導者の育成を目的にバルセロナへのサッカー指導者留学プログラム『PST アカデミー』を展開中。著書に『サッカーの新しい教科書』、『サッカー 新しい守備の教科書』(ともにカンゼン)がある。的確な戦術分析能力と戦術指導に注目が集まっている。スペインサッカーライセンスレベル2保有。

PreSoccerTeam
http://www.spain-ryugaku.jp/soccer/

[構成]

小澤 一郎

Ichiro Ozawa

1977 年、京都府生まれ。サッカージャーナリスト。早稲田大学教育学部卒業後、社会人経験を経て渡西。バレンシアで 5 年間活動し、2010 年に帰国。日本とスペインで育成年代の指導経験を持ち、指導者目線の戦術・育成論やインタビューを得意とする。専門媒体に寄稿する傍ら、ラ・リーガ(スペインリーグ)、UEFA チャンピオンズリーグなど欧州サッカーの試合解説もこなす。これまでに著書 7 冊、構成書 4 冊、訳書 5 冊。株式会社アレナトーレ所属。

※本書に登場する選手やチームの情報は2018年5月15日時点までのものとします。

カバー・本文デザイン●ゴトウアキヒロ
本文デザイン●土井敦史（noNPolicy）
編集協力●一木大治朗
イラスト●小林哲也
写真● Getty Images
編集●吉村 洋人（カンゼン）

サッカー 新しい攻撃の教科書

発行日	2018年6月26日 初版 2021年3月6日 第4刷発行
著　者	坪井 健太郎
構　成	小澤 一郎
発行人	坪井 義哉
発行所	株式会社カンゼン 〒101-0021 東京都千代田区外神田 2-7-1 開花ビル TEL 03（5295）7723 FAX 03（5295）7725 http://www.kanzen.jp/ 郵便為替 00150-7-130339
印刷・製本	株式会社シナノ

ISBN 978-4-86255-459-8
Printed in Japan
定価はカバーに表示してあります。

本書に関するご意見、ご感想に関しましては、kanso@kanzen.jpまでEメールにてお寄せください。
お待ちしております。